苏州人口老龄化问题研究

陈相芬　著

中国出版集团

世界图书出版公司

图书在版编目(CIP)数据

苏州人口老龄化问题研究/陈相芬著.
—广州:世界图书出版广东有限公司,2015.12
ISBN 978-7-5192-0610-9

Ⅰ.①苏…　Ⅱ.①陈…　Ⅲ.①人口老龄化-研究-苏州市　Ⅳ.①D669.6

中国版本图书馆 CIP 数据核字(2016)第 015000 号

苏州人口老龄化问题研究

责任编辑	韩大才
封面设计	高艳秋
版式设计	白　玲
出版发行	世界图书出版广东有限公司
地　　址	广州市新港西路大江冲 25 号
电　　话	020-84459702
印　　刷	虎彩印艺股份有限公司
规　　格	787mm×1092mm　1/16
印　　张	13.25
字　　数	259 千字
版　　次	2016 年 2 月第 1 版　　2016 年 2 月第 1 次印刷
ISBN	978-7-5192-0610-9/C·0059
定　　价	40.00 元

内容简介

　　根据联合国的标准,一个国家(地区)60 岁以上的老年人占总人口比例达到 10%或者 65 岁以上老年人占总人口比例达到 7%,就属于人口老龄化国家(地区)。苏州于 1982 年步入老龄化社会,比全国提前了 18 年。

　　改革开放以来,苏州作为苏南经济的领头羊,在高速经济增长的同时,面对快速到来的老龄化时代,如何应对老龄化带来的挑战,已经是摆在政府面前迫在眉睫的重大问题。

　　为了缓解苏州人口老龄化问题带来的影响,课题组针对该问题展开了详细深入的研究。通过定性定量分析,论述了人口老龄化对苏州经济社会产生的影响,并分析了当前人口老龄化进程中出现的一些问题。未来我们应该采取一系列有效措施应对人口老龄化问题。加强对老龄化问题的重视,积极促进老龄事业的发展,加强社会养老服务建设,加快社会保障体系建设,完善老年社会管理体系,提高老年人生活品质,构建老龄产业发展体系,不断转变经济增长方式,充分挖掘劳动力资源,促进苏州经济社会持续稳定发展。

　　本书撰写受苏州市科学技术局资助项目《人口老龄化问题对苏州经济社会的影响及对策研究》(编号:SR201244)基金资助。

作者简介

　　陈相芬,1978年出生于山东省日照市,汉族,博士,2007年7月毕业于吉林大学。现任苏州经贸职业技术学院副教授。2012年被评为江苏省"青蓝工程"中青年学术带头人培养对象。任职以来发表论文二十余篇,主持省市各级课题十余项。主编教材两部,副主编教材三部。

目　　录

第一章

人口老龄化的现状与趋势

第一节　人口老龄化的演变进程

一、人口老龄化

任何一个国家和地区的人口都是由少年儿童人口、劳动年龄人口和老龄人口组成的。人口年龄结构反映的就是各个年龄组人口在总人口中所占的比例关系。

根据反映年龄结构的一定指标，按照一定的标准，把人口区分为三个不同的类型，即年轻型、成年型和老龄型。1956 年联合国发表的《人口老龄化及其经济社会含义》，提出了划分人口年龄结构类型的标准，如表 1-1 所示。

表 1-1　国际通用人口年龄结构类型划分标准

	年轻型	成年型	老龄型
65 岁及以上人口比重	4%以下	4%～7%	7%以上
0～14 岁少年儿童比重	40%以上	30%～40%	30%以下
老龄比（老龄人口/少年儿童人口）	15%以下	15%～30%	30%以上
年龄中位数	20 岁以下	20～30 岁	30 岁以上

表 1-1 中列出的有四种划分标准分别为：老龄人口在总人口中所占比重，少年儿童人口在总人口中所占比重，老龄比（老龄人口/少年儿童人口）和年龄中位数。其中以老龄人口在总人口中所占比重是划分人口年龄类型最常用的一种指标。本书采用的就是这种指标。由于当时制定这项指标是按发达国家老龄的起点年

龄 65 岁计算的,因此表 1-1 中所用的是"65 岁及以上人口比重"达到 7％及以上的人口,属于老龄型人口,老龄型人口的国家和地区,称为老龄型国家和地区。1982年联合国在维也纳召开的老龄问题世界大会为了适应发展中国家和地区的需要,在原来以 65 岁作为老龄的起点年龄的同时,把 60 岁也作为老龄的起点年龄.因此,在划分人口类型时,也可使用 60 岁及以上老龄人口比重作标准,60 岁及以上老龄人口占总人口的比重达到 10％及以上的人口,也属于老龄型人口,这种老龄型人口的国家和地区,同样称为老龄型的国家和地区。

由此可以得出,人口老龄化是指总人口中因年轻人口数量减少、年长人口数量增加而导致的老年人口比例相应增长的动态。其包括两层含义:一是指老年人口相对增多,在总人口中所占比例不断上升的过程;二是指社会人口结构呈现老年状态,进入老龄化社会。人口老龄化是一个相对概念,老年人数量的绝对增加并不意味着人口的老龄化,其从总体上描述了人口年龄结构的变动趋势。当前国际社会公认的评价标准是"如果一个地区或国家的 65 岁及以上老年人口占总人口的比重超出 7％,或 60 岁及以上老年人口占总人口比重超出 10％,意味着该地区或国家进入老龄化社会"。老年人口的年龄界定通常为 60 岁或 65 岁。为了方便运用相应的统计数据,本书界定 65 岁及以上人口为老年人口。

目前,全球超过 65 岁的人口突破 6 亿,占全球总人口比重为 8％。2014 年末,中国大陆总人口(包括 31 个省、自治区、直辖市和中国人民解放军现役军人,不包括香港、澳门特别行政区和台湾省以及海外华侨人数)136782 万人,60 周岁及以上人口 21242 万人,占总人口的 15.5％,65 周岁及以上人口 13755 万人,占总人口的 10.1％。可见,世界很多国家都已进入了人口老龄化社会行列。我国更是超过了世界平均水平,许多城市早已进入人口老龄化社会。

二、人口老龄化的全球性蔓延

人口老龄化在 20 世纪中叶以前,还仅局限于欧洲社会,而进入 20 世纪 70 年代,迅速发展成为全球范围的"银发浪潮"。

世界上率先进入老龄化社会的国家是法国,1870 年,法国 60 岁及 60 岁以上老龄人上升到 12％,65 岁及 65 岁以上老龄人口比例超过 7％,42 年后,瑞典人口年龄结构也过渡到老龄型,英国也在 61 年后达到老龄型标准。其后,老龄化大门向着发达国家敞开,在 20 世纪 40—50 年代,发达国家人口老龄化达到高峰,目前发达国家总体 60 岁及 65 岁以上老龄人口比例超过 18％,65 岁及 65 岁以上老龄人口比例超过 13.5％,达到严重老龄化阶段。

进入 20 世纪 70 年代后,人口老龄化成为全球范围的普遍发展趋势。特别是发展中国家后来居上,人口老龄化速度远远快于发达国家,纷纷进入了人口老龄化社会的行列,1975 年,世界上超过半数(52%)的老龄人口居住在发展中国家。到 2000 年,发展中国家的老龄人口数量超过世界老龄人口的 60%。

美国人口普查局(U. S. Bureau of the Census)在一篇题为《进入 21 世纪的全球人口老龄化》的文中预测,在 21 世纪上半叶,发展中国家的人口老龄化进程将进一步加快,年增长率高于发达国家。与发达国家相比,发展中国家到 2025 年的老龄化水平相当于发达国家 1950 年的水平。尽管发展中国家的老龄化程度比发达国家低,但是老龄人口数量的增长速度却比发达国家快。1950—2025 年发达国家老龄人口将增加 2.2 倍,而发展中国家将增加 5.8 倍。发展中国家经济不发达,加上老龄人口增长快、人数多,老龄问题更加难以解决。目前全世界 60 岁以上老龄人口总数已达 6 亿,有 60 多个国家的老龄人口达到或超过人口总数的 10%,已经进入了人口老龄化社会的行列。世界卫生组织于 1996 年发表的一份关于世界人口老化问题的调查报告中,估计到 2020 年,全世界老龄人口将超过 10 亿,占全球总人口比例的 9.5%,其中,发展中国家将占 7.1 亿,世界人口老龄化趋势将继续发展,范围将更为普遍,速度将明显加快。老龄化社会将成为所有国家发展的共同归宿。如果说 20 世纪老龄问题为发达国家所关注,那么 21 世纪的老龄问题将是一个既包括发达国家又包括发展中国家在内的全球性的问题。

联合国经济与社会事务部 2002 年出版的《1950—2050 年世界人口老龄化》报告审视了整个世界:较发达及较不发达区域、主要地区与区域以及个别国家的人口老龄化进程。对每一个国家提供 1950—2050 年期间的人口统计概况,并突出人口老龄化的相关指标。《1950—2050 年世界人口老龄化》报告说明下列四个主要调查结果:

1. 人口老龄化现象是世界历史上空前的状况。60 岁及以上老龄人所占比例的增加是伴随着 15 岁以下年轻人所占比例的减少同时发生的。预测到 2050 年,世界上老龄人口的数量将在历史上首次超过年轻人的数量。而且,1998 年较发达国家已经发生了这种年轻人和老龄人的相对比例的历史性扭转。

2. 人口老龄化是普遍性的,是影响全球的一种现象。各个国家人口中的老龄人数和劳动年龄人口数相比较而言,有稳步增多的趋势,这将直接影响作为社会基石的世代间和世代内的平等与团结。

3. 人口老龄化对人类生活的各个方面都将产生重大的后果和效应。在经济领域,人口老龄化已经或将对经济增长、储蓄、投资与消费、劳动力市场、养老金、税收及代际转让发生冲击。在社会层面,人口老龄化影响了保健和医疗照顾、家庭结构及生活安排、住房与迁徙。在政治方面,人口老龄化会影响投票模式与代表性。

4. 人口老龄化是长久的。在 20 世纪内,老龄人口比例继续上升,预测这个现象在 21 世纪仍将继续存在。例如,老龄人口的比例 1950 年为 8%,2000 年是 10%,预测 2050 年将达到 21%。

报告中还有以下主要调查内容:

1. 老龄化的趋势大体上是不可逆转的,过去那种年轻人口比例高的情况,不可能再度发生。

2. 人口的增加是人口从高生育率和高死亡率转变为低生育率和低死亡率的结果。当 21 世纪开始,世界人口中有接近 6 亿老龄人,为 50 年前数量的 3 倍。到 21 世纪中叶,将有约 20 亿老龄人,这一年龄组在 50 年间将再一次翻两番。

3. 就全球而言,老龄人口每年以 2% 的速度增长,比整个人口增长快很多。预期至少在今后 25 年内,老龄人口将继续比其他年龄组更快速地增长。60 岁及以上的老龄人口的年增长率在 2025 年至 2030 年间将达到 2.8%。这种迅速增长在大多数国家将需要在经济和社会方面作广泛深入的调整。

4. 在老龄人口的数目和比例上,不同区域之间有显著的差距。在较发达国家,2000 年有将近 1/5 的人口年龄在 60 岁及以上;预计到 2050 年这一比例将到达 1/3。在较不发达国家,目前仅有 8% 的人口超过 60 岁,不过,到 2050 年老龄人口将接近总人口的 20%。

5. 由于发展中国家人口老龄化的速度比发达国家快得多,发展中国家就没有太多时间调整适应人口老龄化的后果。而且,发展中国家的人口老龄化的社会经济水平比发达国家更低。

6. 目前世界的年龄中位数为 26 岁。人口最年轻的国家是也门,其年龄中位数为 15 岁,最年老的国家是日本,其年龄中位数是 41 岁。到 2050 年,预计世界年龄中位数将会增加 10 岁,到达 36 岁。届时,人口最年轻的国家预期将是尼日尔,其年龄中位数为 20 岁,预计最老的国家是西班牙,其年龄中位数为 55 岁。

7. 老龄人口本身也在老龄化。世界上增长最快的年龄组是最老的,其年龄在 80 岁及以上。他们目前是以每年 3.8% 的速度增长,占老龄人口总数的 1/10 以上。到 21 世纪中期,有 1/5 的老龄人将是 80 岁及以上。

8. 可能支助比(每个 65 岁或更老的人有多少个 15～64 岁的人),或用 PSR 表示,其含义为可能劳动年龄人口所承担的负担。从可能支助比可以看出人口老龄化的冲击,可能支助比已经下降和将继续下降。从 1950 年至 2000 年,可能支助比从每个 65 岁或更老的人有 12 个工龄降至 9 个工龄的人。到 21 世纪中叶,预计可能支助比将下降至每个 65 岁或更老的人有 4 个工龄的人。可能支助比对社会保险计划,特别是传统的制度(在这种制度下目前的工人支付当下退休者的福利)有重大的影响。

9. 老龄人口中妇女占大多数,因为女性的预期寿命高于男性。在 2000 年,全世界 50 岁及以上的人口中,妇女比男人多 6300 万人,妇女人数为男人的两倍至五倍。

10. 老龄人的健康状况一般随年龄增加而恶化,因此随着老龄人口的数量增多,长期需要照顾的人数也增多。父母支助比,就是 85 岁以上的人口与 50～64 岁的人的比数,显示家庭可能必须向其最老的成员提供支助的状况。就全球而言,在 1950 年每 100 个 50～64 岁的人有少于 2 个 85 岁以上的人。到 2000 年,这一比例提高至 4:100,预计到 2050 年将达到 11:100。

11. 发达国家年老工人的参与率较低。在较发达国家,60 岁以上的男人有 21% 在经济上是活跃的,而较不发达国家的男人则 50% 经济上是活跃的。在较发达国家,老龄妇女有 10% 是经济活跃的,而较不发达国家则是 19% 经济活跃。较不发达国家的老龄人较大程度地参与劳动力市场,主要是由于退休计划所覆盖的范围有限以及所提供的收入相对地说来较少。

世界经合组织 2007 年的统计表明:经合组织成员国 65 岁及以上老龄人口比重,2005 年平均为 13.95%,比 1960 年的 8.5% 上升了 5.5 个百分点。同期上升幅度最大的是日本,上升了 14.5 个百分点。

很显然,史无前例的人口老龄化,源自 19 世纪和 20 世纪,继续发展至 21 世纪,这种现象正在改变这个世界,生育率降低加上日益长寿在所有社会的结构方面都产生了和继续产生重大变动,最值得注意的是在年轻人和老龄人的比例上发生了历史性的倒转。人口老龄化的深远、普遍和持久的后果向全球都提出了巨大机遇和挑战。

三、我国人口老龄化的演变趋势

在老龄化进程中,发达地区早已完成了以生育率下降为主导向以老年人死亡率下降为主导的过渡,这属于高级阶段。而中国人口老龄化是由生育率减退引起的初级阶段,今后随着低生育率的长期化,21 世纪以后中国人口老龄化的进程将逐渐加快,严重的人口老龄化将成为中国最大的人口问题之一。

1. 人口老龄化发展速度

根据预测模型的推算(参见表 1-2),中国人口老龄化的发展速度更快、时间更短。

表 1-2　2000—2065 年中国人口年龄结构及老年预测数据

年份	人口总数/千万人	14 岁以下/(%)	15～59 岁/(%)	60 岁以上/(%)	平均增长速度/(%)	60 岁以上/(%)	老少比/(%)
2000	126.58	22.85	66.71	10.44	—	7.09	31.02
2005	130.56	17.82	70.36	11.82	3.15	8.35	46.85
2010	134.14	16.05	70.11	13.83	3.75	9.34	58.15
2015	137.22	16.21	67.01	16.78	4.42	10.94	67.48
2020	138.23	15.58	65.41	19.01	2.68	13.56	87.03
2025	137.09	14.01	63.13	22.86	3.59	15.50	110.60
2030	134.64	12.06	60.39	27.56	3.44	18.86	156.46
2035	131.22	11.13	57.75	31.12	1.93	22.90	205.76
2040	126.73	11.23	56.14	32.62	0.25	25.77	229.342
2045	120.82	11.34	54.10	34.56	0.20	26.74	235.79
2050	113.64	10.95	50.80	38.25	0.81	28.22	257.76
2055	105.83	10.28	50.52	39.20	−0.93	31.49	306.49
2060	98.08	9.97	51.68	38.35	−0.94	32.01	320.91
2065	90.68	10.20	51.99	37.80	−1.84	30.82	302.07

　　从相对量上看,中国 65 岁以上老年人口占总人口的比重由 7% 上升到 14%,只需 21 年,快于世界上人口老龄化速度最快的日本,而其他发达国家完成这一过程用了更多的时间(参见表 1-3),法国用了 115 年,瑞典用了 85 年,德国和英国用了 45 年。中国老年人口占总人口比重由 14% 上升到 28%,大约需要 38 年时间。

表 1-3　中国与部分老龄化国家的人口老化速度比较

国家	65 岁及以上老年人口占总人口比例					
	达到特定比例的年份			所需年数		
	7%	10%	14%	7%～10%	10%～14%	7%～14%
中国	2000	2013	2021	13	8	21
美国	1945	1975	2010	30	35	65
英国	1930	1950	1975	20	25	45
法国	1835	1940	1980	75	40	115
瑞士	1935	1960	1985	25	25	50
日本	1970	1985	1994	15	9	24

从增长速度上看,老年人口的比重在 2000—2010 年间年均增长 2.85%,2010—2020 年间年均增长 3.23%,2020—2030 年间年均增长 3.78%,2030—2040 年间年均增长 1.70%,2040—2050 年间年均增长 1.60%。2050—2060 年间年均增长 0.02%,2060—2065 年间则不增反降为 −0.02%。增长速度经历了一个由慢到快再由快到慢的"倒 U 形"变化过程。在这一变化过程中,还将呈现出老龄人口、高龄老年人口、女性高龄人口快速增长等十分明显的阶段性特征。

20 世纪 80 年代以来老年人口以年均 3%～4% 的速度增长,21 世纪上半叶的增长速度依然保持在较高水平。且 2035 年前,60 岁以上老年人口的年均增长率都在 2% 以上,在 2010—2015 年间更是高达 4.42%。

2. 老年人口规模的特点

我国人口老龄化发展的一个重要特点是老年人口规模庞大,老龄人口比重增加,与老龄人口总数增加相关。从老年人口规模看,60 岁以上老年人口数量(参见表 1—4),从 2000 年的 1.32 亿,到 2012 年的 2 亿,到 2024 年的 3 亿,再到 2034 年的 4 亿,最高到 2050 年的 4.35 亿之后才开始回落。相应的,65 岁及以上的老年人口规模,从 2000 年的 0.9 亿要持续增加到 2055 年的 3.2 亿,其后绝对量才开始下降。

表 1-4　中国劳动年龄人口、老年人口及抚养系数变动趋势

年份	人口总数/千万人	15～59 岁人口总数/千万人	劳动人口比重/(%)	65 岁以上人口总数/千万人	60 岁以上人口总数/千万人	60 岁以上老年人口抚养比/(%)	年龄中位数/岁
2000	126.58	84.44	66.71	8.97	13.21	15.65	29.74
2005	130.56	91.86	70.36	10.90	15.43	16.79	32.87
2010	134.14	94.05	70.11	12.52	18.55	19.73	35.60
2015	137.22	91.95	67.01	15.01	23.03	25.05	37.79
2020	138.23	90.42	65.41	18.75	26.27	29.06	39.74
2025	137.09	86.54	63.13	21.24	31.34	36.22	42.09
2030	134.64	81.30	60.39	25.40	37.10	45.64	44.27
2035	131.22	75.79	57.75	30.05	40.83	53.88	46.68
2040	126.73	71.15	56.14	32.65	41.34	58.11	49.00
2045	120.82	65.36	54.10	32.31	41.76	63.89	50.19
2050	113.64	57.72	50.80	32.07	43.47	75.31	50.43

年份	人口总数/千万人	15~59岁人口总数/千万人	劳动人口比重/(%)	65岁以上人口总数/千万人	60岁以上人口总数/千万人	60岁以上老年人抚养比/(%)	年龄中位数/岁
2055	105.83	53.47	50.52	33.33	41.49	77.60	50.31
2060	98.08	50.69	51.68	31.39	37.61	74.19	50.53
2065	90.68	47.15	51.99	27.95	34.28	72.71	51.20

20世纪90年代以来,我国老年(60岁以上)人口年均增加300万人左右,2000—2005年间年均增加442万人(65岁以上人口为385万),2006—2010年间将年均增加625万人(65岁以上人口为324万),2011—2018年间将年均增加近871万人,在2019—2021年间将有一次回落,年均增加283万人。不过,在2014—2023年间65岁以上人口平均每年增加697万人,在2022—2032年间60岁以上老年人口则将以更高的幅度增加,年均增加近968万人,2033年以后,每年的增长量迅速回落,除在2042年和2047—2050年间有所增加外,之后的老年人口绝对增长量变为负值。

3. 抚养系数的特点

总抚养(比)系数是指被抚养的老年人口和少儿人口数量之和与适龄劳动人口数量的比值,表示一个国家或地区劳动人口负担的轻重。

人口老龄化必然导致社会老年抚养系数上升。而老年抚养系数的上升则意味着社会负担则加重。按照联合国等国际机构的划分,15~64岁人口为劳动适龄人口,14岁以下人口为少儿人口,65岁以上人口为老年人口。人口老龄化导致老年人口与经济活动人口的比例上升。2000年中国的老年(65岁以上)抚养系数为10.12%,根据测算,在2000—2010年间老年抚养系数以2.14的速度增加,在2010—2020年间以4.34%的速度增加,到2021年老年抚养系数达20%,到2032年老年抚养系数达30%,2039年达40%,到2053年老年抚养系数达50%,并在2059年左右达到顶峰的55%之后才开始回落。2019年中国要抚养的老年人口相当于2000年的2倍,到2041年,要抚养的老年人口相当于2000年的3.65倍,发展之快值得人们充分重视。

从总的抚养系数看,目前至2010年左右抚养系数还将继续有所下降,之后有一段持续的增长,但到2030年左右开始快速增加。主要是因为少儿抚养系数逐步下降,减缓了老年人口抚养系数提高的影响。而这种影响将持续到2030年左右,之后人口老龄化速度加快,新增少儿人口保持稳定,使得老年抚养系数的提高成为总抚养系数提高的主要原因。

4. 劳动就业和再就业的特点

在 21 世纪初期,进入适龄劳动人口的规模将依然持续增加,但增长的速度逐渐缓下来。根据统计分析,我国在 2010 年前,劳动力资源(15～59 岁)保持以 7.69%(前 5 年)和 3.34%(后 5 年)的速度增加,从 2000 年的 8.4 亿增加到了 2010 年的 9.4 亿,这 10 年间新增劳动力将近 1 亿,其中前 5 年年均新增近 1500 万,在这一阶段,劳动力资源十分充足,就业压力十分繁重。同时,失业问题和农村富余劳动力流向城市等问题涉及整个社会的发展与稳定,是这段时间政府一直在花大力气去解决的问题。

随着人口老龄化的发展,达到退休年龄而要退出劳动的人口总数一定会超过进入劳动的适龄人口总数。根据预测统计分析,2011 年后,劳动力(15～59 岁)供应开始缓慢下降,到 2027 年左右才缓慢回路到 2000 年水平。这一时期.劳动力规模依然庞大,为消化和解决前一时期积累的就业等问题仍有待努力。

随着劳动适龄人口数量的逐步下降,解决劳动力就业问题才变得不那么严峻。根据预测,15～64 岁的适龄劳动力从 2013 年左右的 10.06 亿开始逐步下降,2033 年将降到 9 亿,2039 年将降到 8 亿,2049 年则将降为 7 亿,到 2057 年以后,适龄劳动力规模将在 6 亿以下。与此同时,适龄劳动力整体也逐步老化,年龄中位数从 2000 年的 30 岁迅速增加到 2019 年的 40 岁。此时,劳动力资源面临短缺并老化的可能,劳动就业问题发生转变,或促使健康的老年人口再就业。

由于人们的健康水平不断提高,平均预期寿命不断延长,老年人口的生存期日益延长,他们当中相当多的人尤其是低龄老年人口都还具有较强的劳动能力,也有参加劳动的愿望。从国际比较看,我国老年人的从业率依然偏低,据日本、韩国、德国和美国的调查,各年龄组老年人继续参加各类社会劳动的人数占本年龄组人口数的比重依次为:60～64 岁为 81.5%,65～69 岁为 65.2%,70～74 岁为 45.0%,75～79 岁为 29.3%,80～84 岁为 17.9%,超过 85 岁为 10.1%,东南亚各国的低龄老人从业率也均在 60%～75%。如果按照前一种比例换算,中国 60 岁以上的低龄老年人可从业的潜在人口规模,2000 年为 7500 万,2005 年为 8400 万,2010 年为 1.01 亿,2015 年为 1.29 亿,2020 年为 1.43 亿,2025 年为 1.72 亿,2030 年为 2.04 亿,在 2035 年达到峰值的 2.16 亿。如果健康老年人口就业资源获得一定程度的利用,那么,整个劳动就业年龄结构也会发生变化,劳动力过剩的状况将会持续更长的时期,如果将退休年龄延长到 65 岁,那么就会使就业人口规模在 2000 年增加 4230 万,2010 年为 6030 万,并在 2030 年达到峰值的 1.17 亿。在未来 50 年左右的时间里将会面临大量老年人口参与就业和再就业的压力。

5. 高龄老人的特点

在假定老年人口预期寿命不变的情况下,高龄老年人口的规模急剧扩大(参见表1-5),真正意义上的老年抚养负担才表现出来。在 2000 年高龄老年人口的规模为 1220 万,2008 年就达到 2000 万,2017 年达到 3000 万,2028 年达到 4000 万,2032 年达到 5000 万,2036 年达到 6000 万,2044 年达到 7000 万,2047 年达到 8000 万,到 2053 年将达到 9334 万的高峰后才开始缓慢回落,相当一段时期内我国高龄老人规模处于世界第一位。

表 1-5 2015—2065 年间中国人口高龄化趋势

年份	60~69 岁 /千万人		70~79 岁 /千万人		80 岁以上 /千万人		60 岁以上合计 /千万人	80 岁以上合计 /千万人	$\frac{80+}{60+}$ 比重/(%)
	男	女	男	女	男	女			
2015	6.86	6.79	3.16	3.36	1.17	1.70	23.03	2.87	12.45
2020	7.53	7.48	3.83	4.13	1.36	1.94	26.27	3.30	12.57
2025	8.57	8.54	5.05	5.56	1.48	2.14	31.34	3.62	11.56
2030	10.51	10.63	5.44	6.05	1.83	2.64	37.10	4.48	12.06
2035	10.75	10.95	6.30	6.99	2.37	3.47	40.83	5.85	14.32
2040	9.23	9.50	7.70	8.69	2.49	3.73	41.34	6.22	15.05
2045	8.68	8.86	7.76	8.86	3.05	4.55	41.76	7.60	18.20
2050	10.11	10.10	6.61	7.64	3.60	5.42	43.47	9.02	20.75
2055	9.53	9.26	6.31	7.20	3.61	5.59	41.49	9.20	22.17
2060	7.18	6.63	7.38	8.23	3.15	5.03	37.61	8.18	21.76
2065	6.37	5.74	6.81	7.42	3.10	4.84	34.28	7.94	23.16

从相对比例上看,我国人口高龄化的发展趋势也十分明显。80 岁以上老年人口的增加要快于全部老年(60 岁以上)人口的增加。如 1990 年 80 岁以上老年人口的比重为 7.9%,2003 年上升到 10.1%,在 2008—2031 年将保持在 12% 左右,之后速度开始加快,到 2049 年将上升并保持在 20% 以上。

我国人口高龄化在 2025—2038 年间的增长进入第一次高峰期,期间年均净增 200 多万人。此次高潮后的回落与 1959—1961 年三年自然灾害时期出生人数下降有关。在 2041—2053 年间是人口高龄化发展最快、高龄老人规模增长最迅速的时期.这段时期进入高龄的老年人口是 1963—1975 年第二次生育高峰期出生的人口队列,每年净增 300 多万人。2056 年以后,高龄老人规模开始缓慢下降,但受人口惯性的影响,高龄老人占老年人口的比重还会小幅提高。

第二节　我国人口老龄化的总体情况

国际上通常看法是,当一个国家或地区 60 岁以上老年人口占人口总数的 10%,或 65 岁以上老年人口占人口总数的 7%,即意味着这个国家或地区的人口处于老龄化社会。2011 年国家统计局公布了第六次全国人口普查数据。这次普查中国 60 岁及以上人口占 13.26%,比 2000 年上升 2.93 个百分点,其中,65 岁及以上人口占 8.87%,比 2000 年人口普查上升 1.91 个百分点。中国老龄化进程逐步加快。

一、人口老龄化产生的根源

表面看,人口老龄化产生的原因比较简单,即出生率下降、人口寿命提高。但是,受社会发展的客观因素影响,不同国家或地区人口老龄化的形成背景有一定区别。我国人口老龄化的进程既受到人口转变的一般因素影响,也受到计划生育的特殊因素影响。

1. 我国人口老龄化的一般因素

从理论上来讲,人口转变是指在现代化进程中,人口的再生产类型从高出生率和高死亡率逐渐向低出生率和低死亡率转变的过程。

一般来说,按照出生率和死亡率的高低不同,可以把人口转变划分为三个不同阶段:第一阶段的主要特征是高出生率、高死亡率和低人口增长率;第二阶段是高出生率、低死亡率和高人口增长率;第三阶段是低出生率、低死亡率和低人口增长率。从国内外的大部分研究成果来看,人口转变的起点一般是高位均衡阶段,而终点则是低位均衡阶段。可以简单理解为,人口转变进入低位均衡阶段时就表明人口转变基本完成,同时人口的年龄结构也开始逐渐进入老龄化阶段。从死亡率看,我国的人口死亡率在 1949 年以后开始逐渐下降,1949 年人口死亡率为 20‰,2003 年下降至 6.4‰,随后有所回升,2012 年上升至 7.15‰;从出生率看,也表现出与死亡率大致相同的变化趋势,由 1949 年的 36‰下降到 2010 年的 11.9‰,随后两年微幅回升,2012 年为 12.1‰。虽然 20 世纪 50 年代的出生率和死亡率都处于相对高位,但人口自然增长率还处在一个比较低的水平,根据这三个影响因素判断,初步判定我国的人口转变始于 1949 年。2006 年,我国的人口自然增长率为 5.28‰,首次接近 5‰和-5‰的标准;2003 年,我国人口死亡率为 6.4‰,随后呈现出明显的上升趋势,到 2012 年已经上升到 7.15‰,根据国际惯例可以认为 2003 年是我国人口死亡率变化的拐点。综合考虑"自然增长率标准"和"死亡率拐点标准"这两大标准,保守估计,在 2006 年我国就已经完成了人口转变。

根据发达国家的经验推断,人口转变对一个国家或地区经济和社会发展的影响主要体现在人口的年龄结构变化上。伴随着人口转变,我国的人口年龄结构变化也遵循着同样的规律,发生了深刻的变化。从 1949 年到 2012 年,我国 0~14 岁的儿童和少年人口所占比重经历了由上升到下降的变化过程;15~64 岁人口所占比重大体上经历了先下降后上升的过程,但近两年又有所下降;我国 65 岁及以上的老年人口所占比重在前期基本稳定在 3.5%~5.5% 之间,20 世纪 90 年代开始出现明显上升,2000 年达到 7%,标志着我国正式进入人口老龄化阶段,到 2012 年底,这一比重已经上升至 9.4%。与此同时,随着我国人口年龄结构的变化,人口抚养比也发生了显著的变化。总的来看,我国人口少儿抚养比和总抚养比都呈现出先升后降走势,只是少儿抚养比略低于总抚养比。相比较而言,我国老年抚养比波动较小,基本保持比较平稳的上升趋势,而且前期较长时间内保持稳定,20 世纪 90 年代开始上升。人口转变完成后,我国正式进入人口老龄化阶段,老年抚养比不断上升,与少儿抚养比之间的差距逐渐减小。

2. 我国人口老龄化的特殊因素

人口转变是伴随着经济和社会发展而缓慢发生的一个自发过程,是所有国家或地区在发展过程中都普遍存在的一般规律。

从我国的实际情况来看,人口转变受到了较其他国家更多的人为因素控制,从而显著加快了人口转变的速度。与世界其他国家相比较,我国人口转变的持续时间相对较短,人口增长率的变化幅度相对较大,是一种非平稳人口转变。从前文提到的人口转变阶段划分来看,1949 年以前我国人口处于高出生率、高死亡率和低增长率的阶段;1949 年以后,随着我国医疗条件的逐步改善和生存环境的逐步优化,人口渐渐表现出高出生率、低死亡率和高增长率的特点;20 世纪 70 年代以来,随着我国经济的快速发展和社会进步,加之人口政策的有效推进,人口结构呈现出明显的低出生率、低死亡率和低增长率。人口转变和人口老龄化是人口发展的一般化趋势,人口转变的一般规律在我国人口老龄化进程中同样起着不可忽视的作用。

如果没有计划生育政策,那么我国人口的出生率和死亡率也会和世界人口发展趋势保持一致,即出现下降。但是这一过程持续的时间可能会更加漫长,由此导致人口老龄化的发展进程也会更加缓慢。纵观我国经济社会发展态势,我国人口老龄化进程加快的原因在于两个方面的"夹击效应",一方面是政府实施的计划生育政策加速了生育率的降低,另一方面是经济社会发展带来的家庭生育决策的改变。1973 年,我国开始实施计划生育政策,1978 年加大力度。通过 30 多年不断的宣传和教育,并辅之以相应的经济手段和一定的行政手段,计划生育政策取得了良好的效果,初步估计受该政策影响我国少生了 4 亿人左右。国际社会普遍认为,中国是世界上生育率下降非常显著的国家之一,并完成了从典型的高出生率国家到低出生率国家的转变,这充分说明了计划生育政策在我国人口结构变化过程中起到了非常重要的作用。

我国多年来的计划生育政策,使得我国的出生率得到了充分的控制。同时,育儿费用提高、生产生活节奏的加快、生活压力加大,造成生育率不断下降,出现众多的丁克族。由于这种“非均衡生育(生育高峰和少生孩子)”而产生的老龄化,只能通过“均衡生育”来解决,其中实现“代际均衡政策”是最为可行也最为公平的选择。在发达国家实现代际均衡的生育率为 2.17 胎,在发展中国家实现代际均衡的生育率为 2.3 胎,中国是发展中国家,理想的生育率是 2.3 胎(10％无胎、10％一胎、40％二胎、30％三胎、10％四胎及以上)。

由于进入到严重少子化社会之后(以 0～14 岁人口占总人口的比例:在 15％以下,为超少子化;15％～18％,为严重少子化;18％～20％,为少子化;20％～23％,为正常;23％～30％,为多子化;30％～40％,为严重多子化;40％以上,为超多子化。)会造成严重的社会灾难,并且难以恢复到人口的代际均衡水平,中国在 2000 年前后就进入了超少子化社会(14.03％),就算目前放开,也已经难以恢复到世代交替的正常水平了,鼓励生育势在必行,否则,人口快速衰退不可避免。

3. 医疗技术的进步

另外一个原因是由于医疗技术进步,公共卫生水平提高,人均寿命延长导致了人口老龄化的加剧。由于人们的“寿命延长”而产生老龄化。这是人们生活水平和保健水平提高的必然结果,是民富国强的标志。要解决的问题,不是如何防止老龄化,而是如何应对由此造成老龄化后所带来的养老金不足和养老服务不足的问题。

二、我国人口老龄化的主要特点

第一,人口老龄化提前达到高峰。

20 世纪后期,为控制人口的急剧增长,国家推行计划生育政策,使得人口出生率迅速下降,加快了中国人口老龄化的进程。由于 21 世纪前半叶人口压力仍然沉重,如果继续坚持计划生育的国策,其结果将不可避免地使中国提早达到人口老龄化高峰。

国际上通常把 60 岁以上的人口占总人口比例达到 10％,或 65 岁以上人口占总人口的比重达到 7％作为国家和地区进入老龄化的标准。以此为标准，我国自 2000 年已进入老龄化社会，以 65 岁及以上占总人口比例的数据为参考，此指标从 2002 年的 7.3％上涨至 2012 年的 9.4％。2012 年我国 65 岁以上的老年人口已达到 1.27 亿人，且每年仍以 800 万人的速度增加。有关专家预计，到 2050 年，我国老龄人口将达到总人口数的三分之一。

第二，未富先老迹象显现，经济发展压力增强。

先期进入老龄化社会的一些发达国家，GDP 达到 20000 美元以上，呈现出"先富后老"，这为解决人口老龄化带来的问题奠定了经济基础。而中国进入老龄化社会时，人均国民生产总值约为 3000 美元，呈现出"未富先老"，由于经济实力还不强，无疑增加了解决老龄化问题的难度。

从国际上发达国家的经济发展和人口结构变化来看，大部分国家都是在物质财富积累达到一定程度后，才开始进入到人口老龄化阶段，相应地这些国家有足够的财力来解决老年人的养老问题。而 21 世纪初我国进入人口老龄化社会时，物质财富积累则相对不足。2001 年，我国 65 岁及以上老年人口占比达到 7.1％，按照联合国标准正式进入到老龄化社会，而当年人均 GDP 仅为 1041.6 美元，不及德国、英国和加拿大的 1/20，仅为美国和日本的 3％左右，与发达国家存在较大差距。2012 年，我国人均 GDP 虽然大幅增长至 6188.2 美元，但与美国、日本、德国、英国等多数发达国家仍然存在较大差距，经济发展压力依然较强。同时由于老龄化速度慢，相对有一段较长时间的准备和适应。

一般情况下，经济发展、出生率下降和人口老龄化三者大致是同步的。发达国家人口老龄化伴随着城市化和工业化，呈渐进的步伐。当它们的 65 岁以上老龄人口达到 7％时，人均 GDP 一般在 1 万美元以上。人口是先富后老，即使是一些发展中国家，在进入老龄化社会时，人均国民生产总值也大大超过我国现阶段的人均 800 美元水平，例如乌拉圭，在进入老龄化社会时，人均国民生产总值也在 2000 美元左右。而我国人口老龄化发展速度快是由于生育率急剧下降造成的。中国 1999 年进入老龄型社会时，人均国民生产总值大约为 800 美元左右（世界银行统计 1998 年为 750 美元），低于人口预期寿命和老龄人口比重相近国家的水平。人口老龄化是在经济发展水平不高、综合国力不强、人民生活水平还比较低的情况下到来的，人口老龄化超前于社会经济的发展，增加了解决老龄问题的难度。到 21 世纪中叶，我国的老龄化水平接近发达国家水平时，我国的经济实力也仅相当于中等发达国家水平。因此，经济发展滞后于老龄化速度，将是困扰我国现代化建设的主要问题。

经济学家刘国光认为，如果用购买力评价来估算，中国的 GDP 总量，2010 年居于世界第二，2020 年可居于世界第一，但在人均收入水平、经济发展质量等方面与发达国家相比较仍有很大差距。从中期来说,到 21 世纪中叶我国人口老龄化达到峰值时,人均国民生产总值也只能达到目前中等发达国家的水平。这表明我国人口老龄化进程与经济发展不同步的矛盾还将继续一段较长时间。经济是社会进步和发展的基础,人口老龄化超前于经济发展这一局面,是需要我们认真对待和争取尽快解决的重要问题。

人口高潮期出生的一代处于劳动年龄阶段时,总供养系数和老龄赡养系数都比较低;而当他们将来陆续进入老龄时,人口老龄化速度就加快,并在一段时间内形成累进态势。其结果将是劳动年龄人口比例从 2020 年起逐年递减,老龄供养系数大幅度上升,从 2030 年起就大大超过最大极限,到 2050 年劳动年龄人口与老龄人口之比几乎是 2∶10。

第三,在多重压力下渡过人口老龄化阶段。

21 世纪前半叶,中国在建立和完善社会主义市场经济体制过程中,改革和发展的任务繁重,经济和社会要可持续发展,社会要保持稳定,各种矛盾错综复杂,使得解决人口老龄化问题相对发达国家和人口少的国家更为艰巨。如图 1-1 所示。

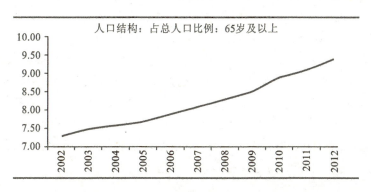

人口结构:占总人口比例:65岁及以上

图 1-1　2002—2012 年中国 65 岁以上人口占比变化(%)

第四,地区差异明显。

我国幅员辽阔,人口分布不平衡,地区间老龄化程度差异也较大。北京、天津等 4 个直辖市和浙江、江苏等中东部发达地区的人口老龄化程度要高于西部经济欠发达的省份。而东部地区工业化水平要远强于西部地区,这些地区经济发展对劳动力的需求旺盛,劳动力不足的情况将会通过吸引西部地区年轻劳动力的流入而得到满足,因此未来一段时期内西部地区的老龄化速度预计将高于东部地区。

到 1998 年底,我国已经有近一半的省区 60 岁及 60 岁以上老龄人口占本地区总人口的比例已经超过或基本接近 10%,率先成为老龄型省区。但从总体上看,我国人口老龄化在空间区域分布上是不均衡的,农村地区快于城市地区,汉族地区快于少数民族地区,东部沿海地区快于中、西部地区。人口老龄化呈现出明显的地区差异和城乡差异。我国东北、东部、东南部沿海省份,经济较为发达。与之相比较,西北地区、西藏、新疆等地自然条件差,经济发展滞后。发达地区人口老龄化发展较快,而内陆地区人口老龄化相对缓慢。如上海市老龄人口 2000 年已达 238 万,占总人口的 18.5%,到 2025 年将达到最高峰 468.8 万,占总人口的 32.7%;北京市 2000 年老龄人口为 188 万,占总人口的 14.6%,到 2025 年将会猛增到 416 万,老龄人口的比例接近 30%,大大超过现在发达国家人口老龄化的程度。而在中西部地区,人口老龄化的程度低于东部。30 个省、自治区、直辖市中 65 岁及以上人口比例为 1.57%,高于这一水平的有 12 个,大多分布在沿海地区,低于这一水平的有 18 个,其中在 4% 以下的有 4 个,分布在东北和西北地区。老龄人口比例最高的上海市为 9.38%,最低的青海省为 1.07%。人口年龄中位数全国平均为 25.25 岁,沿海各省为 26~30 岁,西北地区为 22~24 岁,最高的上海市为 33.80 岁,最低的宁夏仅为 21.86 岁。各地老龄人口比例的差异导致对老龄人的负担各异,据相关资料统计,1993 年对 65 岁及以上老龄人口的供养系数平均为 9.22,最高的上海市为 16.11,最低的新疆维吾尔自治区仅为 7.75,两地相差一倍多。

由此,从地区分布来看,东部和中部地区的人口老龄化形势相对严峻,西部地区的人口压力相对较小。从时间走势来看,东部地区人口老龄化正逐渐向中部和西部地区转移。数据显示,2002 年,我国 31 个省、区、市中,有北京、天津、上海和浙江 4 个省市的 65 岁及以上人口占比超过 10%,这些省市全部属于东部地区。2012 年,有天津、江苏、安徽、山东、湖北、湖南、重庆和四川 8 个省市的 65 岁及以上人口占比超过 10%,其中属于东部地区和中部地区的各有 3 个,属于西部地区的有 2 个。老年人口占比高的地区增多,一方面显示我国人口老龄化形势愈发严峻,另一方面也显示出人口老龄化呈现转移趋势。

第五,城乡情况倒置。

改革开放前 20 年,我国在工业化的同时没有相应的进行城镇化,导致大量人口滞留在乡村。而随着工业化和城镇化的加速,大量青壮年劳动力源源不断从农村流入城市,降低城市老年人口比重的同时却提高了农村实际老龄化程度。根据中央农村工作办公室 2009 年的调查,农村在老年人口总数、老龄化水平和老年抚养比等三个重要指标上都明显高于城市。其中,农村老年人口总数为 1.05 亿,是城市的 1.69 倍;老龄化水平 18.3%,是城市的 2.3 倍;农村老年抚养比高达 34%,是城市的 2.8 倍。

在城乡差异上,虽然有一定原因是由于城市计划生育政策得到较好的落实及医疗卫生技术、生活水平的提高,使人的寿命延长而表现为大城市人口超前老龄化;但更主要的还是因为近年来农村地区青壮年劳动人口大量外流而使农村人口老龄化程度迅速提高。2000年人口普查曾给我们以警示：当前农村人口的老龄化水平已经超过了城镇，农村为7.35％，城镇为6.30％。人口的流动和户籍制度的改革，城市对农村剩余劳动力吸纳能力的提高，城市打工和做生意的收益刺激，使农村有较高文化程度的青年人口，越来越多地移居到了城市。这在给城市带来新活力的同时，也加剧农村人口的老龄化进程，农村人口老龄化水平的提高，已经使农村老人的赡养问题凸现了出来。2000年11月"第五次人口普查"表明，上海乡村的老龄化水平已经达到了13.7％，浙江达到了10.51％，江苏达到了9.73％，山东达到了9.15％，北京市达到了8.35％，重庆市达到了8.04％。农村老龄人口数量庞大，已占全国老龄人口总数的74.9％。今后，农村地区将是我国未来人口老龄化最严重的地区。

第六，显现高龄化趋势。

中国1999年进入老龄型社会，比所有发达国家和地区都晚了许多，但是人口老龄化的进程已经显现出比发达国家速度快、势头猛的特点。现在我国60岁及以上老龄人口已超过1.2亿，预计今后40年间将以年平均3％的速度递增，大大超过总人口的年平均增长速度（1.68％），也高于世界平均速度和欧美各国的发展速度。据美国人口普查局的统计和预测，65岁及以上人口比例从7％上升到14％需要经历的时间，法国为115年，瑞典为85年，美国为66年，英国为45年，中国走完这段历程大约只要25年。另据世界银行1994年预测，60岁及以上老龄人口比重从9％上升到18％所需要经历的时间，法国为142年，意大利为100年，瑞典为86年，英国为43年，中国仅为33年。

我国人口老龄化呈现出高龄化趋势。1982—1990年，我国80岁及80岁以上的高龄老人年平均增长速度达到5％，快于60岁及60岁以上老龄人口的增长速度。1990年至今，我国高龄老龄人口以每年5.4％的速度增长，高龄人口已从1990年的800万增长到2000年的1100万，到2020年将达到2780万。我国高龄人口占世界高龄人口总数的比重，1950年为0.42％，2000年为1.07％，预计到2025年，这一比重将达到1.76％。我国的人口老龄化已经表现出明显的高龄化趋势。老龄及高龄老龄人增加所带来的养老、医疗和照料的负担，会使我们真正感到老龄问题的压力。

第三节　我国人口老龄化的现状

我国人口年龄结构在20世纪80年代中期达到成年型，世纪之交达到老龄型，

15 年走完了许多国家需要 50 年甚至上百年才完成的转变,而且这种转变被视为在相当长的时期内是不可逆转的。

我国学者如田雪原等将我国人口转变划分为五个阶段。第一阶段为 1949—1952 年人口再生产类型转变阶段,由"高出生、高死亡、低增长"向"高出生、低死亡、高增长"转变;第二阶段为 1953—1957 年的第一次生育高潮阶段,人口再生产转变到"高出生、低死亡、高增长"类型;第三阶段为 1958—1961 年的第一次生育低潮,在这个特殊时期,三年经济困难使得人口出生率下降、死亡率上升,自然增长率很低,1960 年甚至出现负增长;第四阶段为 1962—1973 年的第二次生育高潮,又呈现"高出生、低死亡、高增长",而且延续时间较长;第五阶段为 1974 至今的第二次生育低潮,由于计划生育政策的实施并取得显著成绩,人口增长由"高出生、低死亡、高增长"向"低出生、低死亡、低增长"过渡,并且在 20 世纪 90 年代中期达到人口出生率、死亡率、自然增长率"三低"阶段,总和生育率降低到 2.1 的更替水平后,并且一直保持在低生育水平,少儿年龄段、劳动年龄段和老龄年龄段的人口结构发生了根本转变。

一、我国人口年龄结构的发展及趋势

2015—2050 年,我国的人口性别、年龄结构都将会发生巨大转变。未来 40 年我国人口在性别、年龄结构的变化中,最值得关注并且对未来影响最大的,就是老龄人口数量的增长和人口老龄化发展趋势。由于受 1953—1957 年和 1962—1973 年两次生育高潮的影响,大量人口在 2013—2017 年和 2022—2033 年陆续达到 60 岁以上,相应推移 5 年后进入 65 岁以上,形成老龄化加速发展的两个时期。而受第二次人口出生高潮"惯性"作用引起的 1985—1991 年之间形成的第三次人口出生高潮,将会在 2045—2050 年进入老龄期,使 60 岁以上或 65 岁以上老龄人口数量和老龄化水平达到一个最高峰值,前者为 4.3 亿～4.5 亿,占总人口 1/3 左右,后者为 3.2 亿～3.5 亿,占总人口 1/4 左右。

2006 年发布的《中国人口老龄化发展趋势预测研究报告》指出,我国人口老龄化具有发展迅速、规模巨大、持续时间长的特点。根据预测,2030 年以前是我国人口老龄化发展最快的时期,2030—2050 年是我国老龄化最严峻时期。

从预测数据中可以看出,不论是 60 岁以上、65 岁以上还是 80 岁的老龄人口,其增长幅度和增长速度在未来的 40 年都远高于总人口的增长速度,表明人口结构问题的突出性和严重性。考察老龄人口的绝对数量的同时,还值得关注的是我国人口的老龄化速度和老龄化程度问题。在过去的 30 年间,我国老龄人口的增长速度超过了总人口的增长速度,同时,根据预测,中国人口的老龄化过程在未来的 20～30 年内还将进一步加快发展,而老龄化程度则取决于生育水平、死亡率、平均预期寿命和总人口的变化。

二、我国总抚养比和老龄抚养比的变化及趋势

人口老龄化将会增加劳动年龄人口的负担,我国的老龄化发展趋势在这个问题上有别于其他国家和地区的独特的表现过程。

总的来说,发达国家是"先富后老",对人口老龄化所带来的赡养需求有较强的经济承受能力;而我国"未富先老",2000 年进入老龄化阶段时的人均 GDP 才850 美元左右,远远落后于发达国家进入老龄化时的水平。值得注意的是,我国人口总抚养比正在经历一个由下降到上升的过程. 总抚养比在 50% 以下时被称为开启了"人口红利"窗口,这个过程从 1990 年将一直持续到 2032 年左右,在劳动力资源相对丰富、总抚养比较低的阶段,社会负担较轻,是加快经济社会发展的人口变化战略最佳机遇期,可为社会养老保障和相关社会服务体系的发展以及制度安排奠定良好的基础。但是随着我国人口总抚养比的逐步上升,2032 年左右"人口红利"窗口关闭,而老龄人口抚养比将在 2030 年左右超过少儿抚养比,老龄人口将成为主要抚养人口。

三、我国人口结构变化速度加快

我国进入人口老龄化以来的老龄人口增长速度由平稳上升期即将进入快速增长期,老龄化程度比预测要高,老龄人口高龄化趋势明显加快。

从 1999 年以来我国每年新出生人口、新增总人口和新增 60 岁以上老龄人口情况可以看到,2008 年 60 岁以上老龄人口比 2007 年增加 649 万人,同年总人口净增 673 万人,新增老龄人口与新增总人口规模已大体相当。由于新出生人口总量保持平稳,新增老龄人口数越来越接近于新增人口总数,逐步进入老龄人口绝对数和相对数增长均快于总人口增长的时期。

相对总人口而言,60 岁以上和 65 岁以上人口的规模表现出更明显的增长势头。到 2008 年年底,60 岁以上和 65 岁以上老龄人口数量分别比 1999 年年末增加了 27% 和 26%,而同期总人口只增加了 5.5%。2011 年国家统计局公布第六次全国人口普查数据,这次普查中国 60 岁及以上人口占 13.26%,比 2000 年上升 2.93 个百分点,其中,65 岁及以上人口占 8.87%,比 2000 年人口普查上升 1.91 个百分点。中国老龄化进程逐步加快。

四、我国人口老龄化的分布

1. 人口老龄化的城乡分布变化

我国在人口老龄化过程中存在一个显著特点,就是农村人口老龄化程度高于城市(或城镇)。农村地区老龄化程度更高的原因之一,是由于农村人口向城镇转移是以青壮年劳动人口为主,而老龄人大部分留在农村家乡。2040 年之前农村老龄化速度和程度高于城镇。此后,随着城市化率达到稳定后,人口的城乡转移趋于平衡,城乡老龄化差距缩小并发生转换,城镇老龄化程度将开始高于农村。

2. 人口老龄化的区域分布特征

2002 年,人口老龄化呈东高西低分布,从 2000 年第五次全国人口普查和 2005 年 1‰人口抽样调查结果观察,我国人口老龄化程度很不平衡,其中长江三角洲地区几个省和直辖市人口老龄化尤为突出。

3. 各省、自治区、直辖市的老龄化情况及变化

根据 2000 年第五次全国人口普查结果,我国大陆地区有 14 个省、自治区和直辖市进入了人口老龄化,大多集中在东部地区,其中只有重庆市、四川省和广西壮族自治区地处偏西部地区。根据 2011 年第六次全国人口普查结果,大陆 31 个省、自治区、直辖市和现役军人的人口中,60 岁及以上人口的比重上升 2.93 个百分点,65 岁及以上人口的比重上升 1.91 个百分点。

我国人口老龄化的地区差异比较明显。第六次全国人口普查资料显示,北京、上海、天津、重庆 4 个直辖市和江苏、浙江、山东等东部经济比较发达的省人口老龄化的程度比较高,而西部一些经济欠发达的省(自治区)如新疆、西藏、青海、宁夏等的人口老龄化程度较低。

通过 2005 年 1‰人口抽样调查数据可以看到. 由于是常住人口调查,从 2000—2005 年各省(自治区、直辖市)老龄化(65 岁以上比例)都有加重趋势,进入人口老龄化的省、自治区、直辖市从 14 个发展到 26 个,各省老龄化速率变化不一,表现为中西部地区老龄化速度相对加快,这与劳动力流动相关,吸纳劳动年龄人口较多的省(直辖市)老龄化速度相对于劳动力流出省(自治区)总体要慢,如果仅以户籍人口作为统计依据,一些东部省和直辖市的老龄化程度和发展速度仍然很快,以上海市为例,截至 2007 年年底,户籍 60 岁以上人口占户籍总人口的 20.8%,相应的 65 岁以上人口占 15.3%,80 岁以上人口则占 60 岁以上人口的 17.5%,各项老龄化指标都处于各省(自治区、直辖市)前列,从区域人口老龄化变化发展规律来看,我国人口老龄化呈现明显的农村劳动年龄人口向城镇流动的劳动力流动牵引特征,这对我国城乡劳动力整体变化将产生重要影响。这样,在降低

城镇的老龄化水平的同时,会提高农村的老龄化水平。2000年,我国农村老龄化水平为10.92%,比城镇高1.24个百分点,预计,2020年农村老龄化水平将提前突破20%,比城镇高5个百分点;2030年老龄化速度发展最快时,农村和城镇老龄化程度将分别达到29%和22%,差距也会拉到最大,相差7个百分点之后,农村率先进入重度人口老龄化的平台期,农村地区将是我国经受人口老龄化大潮冲击最严重的地区。

五、总体数量变化情况

我国进入老龄化社会以来,呈现出老年人口基数大、增速快、高龄化、失能化、空巢化趋势明显的态势,再加上我国未富先老的国情和家庭小型化的结构叠加在一起,养老问题不容忽视。中国现有老龄人口已超过1.6亿,且每年以近800万的速度增加,中国政府的最新数据显示,21世纪头10年的年均人口增长率为0.57%,低于20世纪最后10年一直保持的1.07%的年增长率,因此中国人口正在进入老龄化,有关专家预测,到2050年,中国老龄人口将达到全国总人口的三分之一。老年人口的快速增加,特别是80岁以上的高龄老人和失能老人以年均100万的增长速度,对老年人的生活照料、康复护理、医疗保健、精神文化等需求日益凸显,养老问题日趋严峻。

中国正迈入老龄化社会,生育率低、人口结构老化、社保制度滞后已成为未来发展的重大隐患。谁来养活中国?已执行30年的计划生育政策是否调整,是否应放开二胎管制,无疑都需在新的人口环境和发展背景下重新考量。

2015年2月26日,国家统计局发布2014年国民经济和社会发展统计公报。公报数据显示,2014年年末我国60周岁及以上人口数为21242万人,占总人口比重的15.5%;65周岁及以上人口数为13755万人,占比10.1%,首次突破10%。数据显示,2014年末全国大陆总人口为136782万人,比上年末增加710万人,其中城镇常住人口为74916万人,占总人口比重的54.77%。全年出生人口1687万人,出生率为12.37‰;死亡人口977万人,死亡率为7.16‰;自然增长率为5.21‰。全国人户分离的人口为2.98亿人,其中流动人口为2.53亿人。

国际比较情况来看,根据世界银行统计数据显示,1980年,我国65岁及以上人口总量为4980.6万人,占全部人口比重的5.1%,低于世界0.9个百分点,老年人口总量相当于美国、日本和俄罗斯三个国家之和;2012年,我国老年人口总量为1.17亿人,占全部人口比重的8.7%,高于世界0.9个百分点,老年人口总量超过美国、日本和俄罗斯三个国家之和的近30%。我国老年人口规模不断扩大的同时,老龄化速度有所加快。1982—2002年,我国65岁及以上人口年均增长219.3

万人,而 2002—2012 年年均增长 333.7 万人,近 10 年年均增量较之前 20 年多增 114.4 万人;从占比来看,1982—2002 年,我国 65 岁及以上人口占总人口比重年均增加 0.12 个百分点,而 2002—2012 年占比年均增长 0.21 个百分点,近 10 年年均增量较之前 20 年多增 0.09 个百分点。

六、人口老龄化指标

1. 老年人口系数

老年人口系数是指 60 岁或 65 岁及以上老年人口在总人口中所占比重,通常用百分比表示。一般用其来衡量老龄化程度以及判断人口年龄结构的类型。依据联合国划分标准:65 岁及以上老年人口占总人口的比重低于 4% 时属于年轻型人口;处于 4%～7% 之间的称为成年型人口;高于 7% 的则为老年型人口。

2. 老少比

老少比是指老年人口数与少儿人口数的比重。老少比更直观的表明人口老龄化的程度,因为其剔除了劳动人口因素的干扰。老少比还可用来判断人口年龄结构类型。通常老少比低于 30% 表示人口结构类型为年轻型;处于 15%～30% 之间的,表示成年型人口,而超出 30% 的被视为老年型人口。

3. 抚养比

抚养比是指总人口中非劳动力年龄段人口与劳动力年龄段人口之间的比率。抚养比越大意味着人均劳动力承受的抚养人数越多,其抚养负担也越严重。而老年人口抚养比重则更直观的反映了劳动力人口的养老负担。

七、人口年龄结构类型

人口年龄结构是指在特定时点某一地区或国家的总人口中不同年龄段人口所构成的比重,通常以百分比表示。目前国际上通常将人口划分为三个年龄组,即 0～14 岁的少儿人口、15～64 岁的劳动力人口和 65 岁及以上的老年人口。人口学家依据三个年龄组人口的比例关系划分出区分人口年龄结构类型的标准。

从国际上通用的衡量人口年龄结构的抚养比指标来看,我国人口结构正在发生深刻变化。总抚养比显示,1982—2010 年,整体呈下降趋势,从 62.6% 下降至 34.2%。但是,总抚养比近两年持续增长,2011 年和 2012 年分别为 34.4% 和 34.9%,显示出全社会的人口抚养负担正在加重。细分抚养比显示,我国少儿抚养比从 1982 年的 54.6% 大幅下降至 2012 年的 22.2%,而同时老年抚养比从 8.0% 上升至 12.7%。

上述数据显示,我国老年人口规模呈现总量扩张、增量提速的发展态势,人口抚养负担正逐步加强。

第四节 人口老龄化对社会带来的影响

当前中国的三大人口问题(人口总量控制、人口就业与再就业、人口老龄化)集中反映了人口与经济的矛盾,其中人口老龄化是关系国计民生和国家长治久安的重大问题,也是 21 世纪人类社会面临的重大问题之一。由于我国人口老龄化具有不同于发达国家的特点,如发展速度快、持续时间长、地区差异大、老年人口规模大等待点,这也意味着我国将面临较发达国家更为严峻的挑战。

一、人口老龄化给发达国家带来的社会问题

1. 家庭规模缩小,赡养比重增大

虽然发达国家的社会福利项目和社会服务机构日益增多,老龄人的物质生活有一定的保障,但是老龄人对家庭的依赖不是物质生活能替代的。由于年轻人工作压力的不断增大,家庭中的赡养压力也随之上升,于是不少年轻人对婚姻有一种恐惧心理,认为结婚就意味着照顾的人增多,因而迟迟不愿结婚。一些年轻人结婚后立即另立门户,甚至还未结婚就搬离家庭。因此,作为维护社会传统秩序的基础——传统的大家族正在被老龄化社会侵蚀着。家庭的规模在缩小,核心小家庭结构成为当前西方发达国家的广泛流行家庭结构模式。

2. 老龄化人口增多,劳动力资源不足

无论是最先进入老龄化社会的法国还是最快速度进入老龄化社会的日本,他们所面临的共同问题都是随着老龄人口数量的增加,人口出生率的逐年下降,劳动人口所占比例越来越小,导致劳动力资源不足和劳动力年龄老化,劳动生产率下降,直接影响到这些老龄化国家的经济增长速度。因此,西方一些发达国家只能从发展中国家大量输入劳动力,这虽然在一定程度上缓解了劳动力资源短缺的困境,但最终无法解决老龄化社会所带来的劳动力老化的根本问题。

3. 加重了社会和政府的经济负担

发达国家进入老龄化社会虽然经历了较长的过程,客观上给这些国家一个缓冲适应的机会,使他们有一定的时间来考虑老龄化社会所带来的种种问题以及制定相应的对策。其主要手段就是发展社会保障事业,建立社会养老保险体系。但

是在给予老龄人足够社会保障的同时,也给这些国家带来巨大的经济负担。

(1)日益增多的老龄社会保障项目,已成为国家财政的沉重负担。老龄保障项目的增多,投入的比重增大,虽然在经济上解决了老龄人的后顾之忧,但是,随着老龄化状况的日益严重,老龄人口所占的比例越来越高,老龄社会各种保障开支在国家和政府的总财政支出中所占的比重越来越大,国家财政越来越不堪重负。

(2)老龄福利开支的日益增多,严重影响了国家的经济发展。一方面,国家经济发展所需的资本,由于老龄福利开支的分流而减少,经济发展速度也因此减慢;另一方面,由于老龄人数的不断增多,就业人口与领取养老金人数不断接近。社会赡养负担日益加剧,加重了政府解决老龄化问题的难度。例如,美国战后就业人员与养老人员的比例是16:1,现在是2.5:1,50年后,将可能发展到1:1;欧盟成员国1990年就业职工人数与养老金的领取者的比例是1.5:1,而50年后很可能是1:1.50。

(3)降低了国家储蓄和老龄资源的再开发。由于过分依赖社会福利,老龄人自我养老意识削弱,形成高消费低储蓄状况,影响国家的资本积累;同时,老龄人在退休后都不愿意再工作,而是愿意享受生活,老龄人的人力资源也未能得到充分地开发和利用,这也是发达国家劳动力资源严重不足的原因之一。

(4)代际冲突不断扩大。西方社会的年轻人普遍认为老龄人是社会的负担,他们只会消耗社会财富。于是歧视老龄人的现象日益严重。但是由于老龄人数量庞大,是一支强大的政治力量,他们为了争取老龄人的权益,经常采取组织行动,迫使政府增加老龄人的福利开支。因此政府的开支越来越大,老龄人享受的福利待遇越高,年轻人纳税就越重,引起了纳税人的普遍不满,因此,日益扩大的代际冲突成为西方社会一个重要的政治问题。

二、人口老龄化对我国社会发展的影响

人口老龄化是经济发展水平和人口发展达到一定阶段的产物,它反映了人类社会的进步和美好的愿望,标志着经济、文化、卫生和社会安定的水平。虽然人口老龄化对社会、经济和文化的发展产生了一定的影响。但是人口老龄化与社会各项事业发展的内在联系已被发达国家及我国部分地区的人口老龄化进程所证实。因而.我们要以辩证的观点客观、全面地看待我国人口老龄化对经济和社会带来积极的和消极的影响,就一定能够解决好人口老龄化的问题。

1. 人口老龄化给社会带来的影响

（1）人口老龄化影响着我国国民经济的运行。

老龄人口的不断增加，已成为国民经济中一支重要的力量，对国民经济的运行过程中的投资、消费、储蓄和税收等各项工作都带来了较大的影响。国民收入经过初次分配和再分配后，最终形成积累基金和消费基金两部分，而且二者此消彼长。一般情况，未成年人口无力储蓄，而老龄人口则减少投资，并开始动用已有的储蓄。人口老龄化使人口从劳动状态转移到了退休状态，这样未成年人口和老龄人口都成为单纯的消费人口，成为国家税收的享受者，这样就形成了税基缩小、税收减少、储蓄率下降、投资率比例降低、单纯消费增加的格局。当然从短期看，可以扩大内需，刺激消费，但从长期看，我国是发展中国家，为使经济发展产生强大的动力，首先必须继续扩大资本积累，持续地增加投资。纯消费的增长显然不利于国民经济的长久发展。但同时，老龄人口增长引发的衣、食、住、行、医疗、精神消费等方面的需求，使老龄消费在社会总体消费中的比例越来越大，这不仅直接影响经济结构、产业结构和投资结构的变化，促使老龄产业的兴起、发展.也会给经济发展带来新的生机，开辟新的经济增长点。

处于人口生命周期的不同发展阶段，人们的消费、储蓄倾向必然不同，因而人口结构的老龄化会引起社会消费、储蓄比例的变动，从而对经济社会发展产生较大影响。通常认为，社会中老年人口比例的提高会减少储蓄，从我国的发展情况看，老年人的储蓄率低于全国的平均水平.而且随着年龄的提高，储蓄率不断降低。因而从平均储蓄角度分析，人口老龄化会大大降低总的储蓄水平，且会抑制储蓄率的提高。储蓄是投资和资本积累的源泉，投资是经济社会发展的依托，储蓄的减少会导致投资的减少。一般认为国家的投资主要来源于个人投资和政府投资，老年人口的增加必然会导致消费基金的增加和积累基金的减少，国家会拿出大量资金改善老年福利设施，支付大量医疗保障金、退休金，其势必影响投资规模，对经济社会的长期发展不利。

（2）人口老龄化影响着国民收入的分配格局。

老龄人的生活费支出大约是未成年儿童的 2 倍左右，由于老龄人口的增加，社会分配将直接增加老龄人的供养性开支，从而引起国民收入在少年、成年、老龄这三部分人口之间重新分配的格局。如 1997 年我国国内生产总值是 1984 年的 10.3 倍，这期间离退休人员保险福利费用增加 19.5 倍，可见供养性开支增长速度大大高于经济的增长速度，社会分配格局已经发生了向老龄人口倾斜的变化。国际上一般将老龄人保险福利费用占国民收入比重的 10%，作为社会经济承受力的"警戒线"，我国 1997 年这一比例为 4.4%，用于老龄人的保险福利费用处于较低水平。在人口老龄化的进程中，大多数老龄人将获得合理的生活保障。对老龄人的保险费用投入也将逐步增加。政府用于离退休职工养老金和社会福利费用的财政支出,1982—2000年间增加了37.4倍。

(3)人口老龄化关系着政府财政支出的结构。

国家的财政支出结构对经济建设至关重要。由于人口老龄化的程度不断发展,财政中用于社会保险、社会福利、社会救济、社会服务的支出不断增加。据相关资料统计,1985—1997年12年间,我国用于社会保障的资金从327亿元增加到3043亿元,增长近10倍,其中用于支付离退休职工的各种费用从149亿元增加到2068亿元,增长了12倍以上,高于同期经济增长速度。近几年来,由于完成"两个确保"的任务,全国各地区普遍调整了财政预算结构,为确保"两金"发放,实行财政兜底,使各地的财政负担十分沉重。

(4)人口老龄化影响劳动力的供求。

人口老龄化对劳动力市场的影响主要体现在劳动力的供给和需求两个方面。通常认为.人口老龄化会造成劳动用工年龄人比例下降,会导致劳动力短缺,而劳动力是构成生产力的基本因素,劳动力数量的多少及在总人口中所占比例的大小.对经济发展有着非常重要的影响。国外一些老龄化严重的国家早已发生劳动力短缺问题,不得不在一定程度上大量依赖外籍工人的移入来补充,从而影响到经济健康发展。中国已进入老龄化社会,由于人口基数大.生育年龄人口多,人口增长速度较快,因此我国劳动力资源仍十分丰富,一段时期内,暂时不会出现劳动力短缺问题。但国家应及早采取措施,积极应对人口老龄化带来的劳动力用工不足的挑战,这是人口发展的必然趋势。因为在经济全球化的今日,我国经济的增长在很大程度上仍依赖投资和出口拉动,我国产品的出口优势很大程度是因为廉价的劳动力资源,如果我国失去廉价的劳动力优势,国外对我国劳动密集型劳动产品的需求会转移到其他劳动力成本更低的国家,从而必然会减少我国的出口需求和引进外资。

劳动力需求是社会对物质产品和服务需求的派生性需求,反映出经济社会发展对劳动力的吸纳能力。因此,人口老龄化对劳动力需求的影响是间接的,会通过社会总消费和消费结构的变化来增加劳动力需求。首先,人口老龄化促进社会总消费的增加,提高用人单位的劳动力需求。通常来说,老年人口的边际消费倾向显著高于劳动适龄人口,老龄化将提高社会的整体平均消费倾向,从而促进社会总消费的增长。社会总消费的增长需要更多的物质产品和服务与之相对应,在现有劳动力比较紧张的情况下,引进劳动力和提高劳动生产率成为用人单位的主要选择,从而带来劳动力需求总量的提高。其次.人口老龄化刺激老年产业的发展,开辟了劳动力需求的新领域。随着人口老龄化进程的加快,老年人口的消费需求和服务需求将会极大增加,如老年护理、老年娱乐和老年产品等,以满足老年人的多样化需求。在市场经济发达国家,伴随人口老龄化而来的"银色产业"已经有了显著发展,并形成了新的经济增长点。目前的老年服务业大多属于劳动密集型行业,劳动力需求量比较大,也为社会创造了大量的就业机会。

(5)人口老龄化影响劳动生产率。

劳动生产率是指劳动者生产某种产品的效率。一般有两种表达方法:一种是单位时间内生产的产品数量;另一种是生产单位产品所耗费的社会劳动时间。在单位时间内生产的商品数量越多,或生产单位商品所需的劳动时间越少,劳动生产率就越高。影响劳动生产率的因素有许多,人是最重要的因素。一般认为,优良的人口素质、适度的人口数量有利于劳动生产率的提高,不过人口老龄化会抑制劳动生产率的提高。主要依据有:①人口老龄化会造成老年人生理功能退化、精力或体力下降,劳动能力衰退,反应速度慢,不应该继续从事繁重的劳动和快节奏的生产;②与年轻劳动力相比较,高龄人口因身体衰老经常生病,医疗费用大幅增加,不利于企业增加利润、技术进步和扩大投资;③劳动人口高龄后,创新力、记忆力、接受新技术的能力较差,不利于产业结构调整和技术更新;④科学技术发展表明,人类社会的许多发明创造大多是在中青年时期创造出来的,这是一条普遍规律,所以青年人才的成长对科技创新具有较大意义。

(6)人口老龄化将对产业结构调整产生双重影响。

经过30多年的持续快速增长,我国工业化进入中期发展阶段,产业结构调整步伐不断加快。目前在经济较发达区域的产业结构调整,已经从协调比例关系为主转向促进产业结构优化和升级为主。在这一过程中,劳动力就业结构也在整体上处于从劳动力粗放型使用向集约型使用的转变之中。然而,受我国现行户籍制度以及城乡二元体制的制约,我国劳动力就业结构的调整相对于产业结构调整,存在着一定程度的滞后。在这种情况下,人口老龄化进程的加快,特别是劳动力老化程度的加深,将对我国的产业结构调整产生双重影响:①从三次产业结构调整来看,我国提出走发展现代农业、现代工业和现代服务业的新型工业化道路,这在客观上要求产业结构进一步优化。在人口老龄化进程中,短期内,我国劳动力资源数量与青壮年劳动力相对充足,劳动力老化程度和总抚养比均相对较低,能够保持劳动生产率较高的增长率。加之青壮年劳动力素质的不断提高,有利于劳动密集型产业、资本和技术密集型产业的协调发展与合理布局,同时因人口老龄化而带动的以老年人服务为目标的老年产业的需求,也将有效地推动第三产业的发展。②在目前我国尚未完成工业化和尚未实现现代化的情况下,人口老龄化的快速发展以及尚存1亿剩余农村劳动力的持续转移,将会加大城乡人口老龄化的差距。农村面临着更为严重的人口老龄化问题,老年农村劳动力因其文化素质偏低、科技创新和接受适应能力较差等特点,使他们难以适应以农业科技成果创新与应用、发展高效农业与生态农业为目标的农业结构调整需求,进而将对农业结构调整带来消极影响。③大量剩余农村劳动力受其文化素质与劳动技能偏低的制约,其转移大多在第一产业和第三产业中劳动生产率较低的其他服务行业与批发和零售贸易、餐饮业之间进行,加之现行户籍制度及以其为基础的其他社会制度与政策对城市化造成的障碍,使得劳动力产业转移的效应难以得到有效发挥,进而对产业结构调整产生不利影响。

(7) 人口老龄化加重了劳动人口的经济压力和赡养负担。

劳动是创造社会财富的源泉,老龄人口的迅速增长,使劳动年龄人口的比重下降,创造的财富相对减少,我国的社会保障体系还尚未完全建立,导致了无论从社会还是从个人的角度,劳动年龄人口对老人的赡养负担都很沉重,人口年龄结构预测表明,1990 年,我国劳动年龄人口对老人赡养比为 13.7%,2000 年上升为 15.6%,预计到 2025 年上升为 29.46%,2050 年上升为 48.49%。除此之外,再加上对幼年子女的抚养,劳动年龄人口的总抚养比上升得更为迅速,2025 年达到 59.5%,2050 年达到 76.8%,劳动年龄人口要面临巨大的经济压力,背负日益沉重的经济负担。

人口老龄化也冲击着传统的家庭结构和功能,我国长期以来形成了长辈抚养子女、子女赡养长辈的家庭关系,这种"哺育"随着人口老龄化的进程,高龄老人日益增多,三代同堂的家庭比例加大,又由于我国实行计划生育政策,家庭的代际人口结构为"四二一"和"四二二"型。家庭"少子化"使家庭赡养老人的功能弱化,使传统家庭养老模式受到严重冲击。目前我国农村的养老方式仍然以家庭养老为主。城市中获得子女在经济上支持的老龄人为 30%以上,而农村老人高达 60%以上。由于小家庭日益增多,家庭结构和功能逐渐发生微妙变化,社会上出现了重小轻老、淡漠、远离老龄人的现象,甚至出现了歧视老龄人的现象,虐待、残害老龄人的案件也时有发生,形成社会道德危机的局面。

家庭也正在逐渐削弱对老龄人提供最基本生活保障,而且社会保障制度又未完善,一旦子女不承担养老责任,将成为我国人口老龄化过程的一个突出问题。所以如何建立新型代际社会关系,营造尊老、敬老、养老、助老的社会氛围,继续弘扬中华民族尊老敬老的传统美德,培育社会养老功能,以弥补家庭养老功能的不足,解决老龄人的后顾之忧,这都是目前人口老龄化提出的新课题。

2. 老龄人口自身的问题

(1) 老龄人口贫困问题。

全国老龄工作委员会办公室 2002 年进行的"全国城市贫困老龄人状况调查研究",确定了以"难以维持基本生活"为贫困老龄人标准,即:城镇地区是收入水平在当地最低生活保障线以下以及由于疾病、意外事故等原因,难以保障基本生活的老龄人;农村地区有最低生活保障制度的地方,以最低生活保阵线为标准;其他地区按照收入难以满足基本生活需求,包括因为疾病、自然灾害、意外事故原因,难以保障基本生活的老龄人。根据调查结果测算,2002 年我国城乡老龄人有 1010 万,其中城镇 150 万,农村 860 万。在人口各年龄组中,老龄人是"穷人"居多的群体。据相关资料统计,50％以上的城镇老龄人口和 80％左右的农村老人在银行中基本上没有存款,只能依靠子女或社会供养。老龄人口的储蓄水平也低于全国人均储蓄水平。如果再身为孤寡,或染病在身,或身患残疾,在人生的晚年他们将忍受着生活的艰辛和病痛的折磨,成为社会需要帮扶的贫困和脆弱群体。

(2)老龄人口健康问题。

首先是人到老龄,感觉、知觉衰退;言语能力衰退、记忆力下降;想象、思维能力衰退;情绪变化不稳,容易焦虑不安;意志衰退,且容易自卑;个性心理特点明显,习惯心理顽固;性格更容易发生变化,敏感多疑,易产生孤独感和失落感,害怕衰老和死亡。有的老龄人还患有各种心理疾患,如老龄性痴呆、老龄期抑郁等精神疾病,这些心理疾患不仅严重影响了老龄人的身心健康,而且给他们带来了许多烦恼和痛苦。其次是老龄期特有的如离退休综合征、丧偶问题、再婚问题等心理问题。老龄人由于各种生理器官的退化而导致某些实践能力的丧失。因此,社会也不再认为他们有实践社会的能力,由此剥夺了他们从事实践活动的权利,老龄人自身也感觉到身体素质下降而放弃自己进行社会实践的机会,导致老龄人处于不实践的状态中,与社会实践脱离。正如法国哲人莫洛亚所言:老人的真正不幸,不是身体的衰败、生理的退化,而是固有知识的禁锢而造成的心灵的冷漠。再次是缺乏独立的经济来源或可靠的经济保障。这类老龄人在与人相处的过程中就比较郁闷,容易产生自卑心理。他们如果再得不到家庭成员的理解、支助,甚至受到子女的歧视或抱怨,往往会酿成家庭以及社会的悲剧。老龄人口的心理变化和心理障碍日益成为普遍的社会问题,需要格外的安慰、体贴、照料和尊重,需要全社会的认同和理解。

第一,在身体健康方面。随着生活水平的不断提高,以及预期寿命的延长,老年人的健康状况与以往相比较均有了较大程度的改善。但是,生活方式的转变,使越来越多的老年人面临着各种慢性病的困扰,而且老年人口慢性病发病率总体上呈现不断提高的趋势。然而,慢性病的防治并没有得到很好的解决,并且将会在老龄化加快发展过程中随老年人口数量的增加而更为突出。随着人们对健康的更高要求,将使人们不断增加对预防、治疗和保健产品的需求,这将对医疗技术、医疗设施的方便程度、医疗保障以及制药行业的发展提出更高的要求。

第二,在心理健康方面。以往,人们更多地关注老年人的生活、身体健康与照料等问题,但是,随着老年人人数的不断增加以及家庭、社会生活方式的变迁,更多的老年人对基本生活与照料更加担忧,孤独感较强,老年抑郁现象也有所增加,老年人的心理健康问题日益突出,并产生了很多负面的影响。心理健康问题得不到解决,反过来还会损害老年人的身体健康、会进一步增加家庭与社会的负担。

(3)老龄人口的社会保障问题。

养老保障问题是老龄化社会发展面临的最主要的社会和经济问题。其主要包括物质上的供养、生活上的照料、精神上的慰藉三方面的内容。从物质供养方面来看,城市老年人大多有医疗保障金、退休养老金,所以以自我养老为主;农村老人由于社会保障不完善,以家庭养老为主。从老人的生活照料和精神慰藉来看,无论是城市还是农村主要由子女、老伴承担,老人和子女共同生活,便于家庭照顾、关心老人,也是老年人喜欢的日常生活方式,符合中华民族的传统美德。但是,随着人口老龄化程度的不断加深,对养老保障冲击是巨大的:①人口老龄化加大了养老保障需求,将使我国总人口的经济负担日益加重,国民收入中消费基金比例扩大,投资率、积累率下降,减慢经济发展速度。20世纪80年代以来,我国养老保障金增长速度较快,1979年全国共有离退休职工596万人,1989年增加到2205万人,10年增加了2.7倍,各种费用相应由32.5亿元增加到382.6亿元,增长了10.8倍。据劳动社会保障部门的预计:2050年我国退休职工将超过1亿,每年支付退休费用将高达18万亿人民币,是1993年的20多倍。②家庭养老方式面临越来越严峻的挑战。20世纪70年代以来,我国开始实行严格的计划生育政策,几十年过去了,第一、二代独生子女正进入婚育年龄,他们组成的家庭将接管社会,构成新的家庭生活模式,即"四二一"家庭模式,家庭成员为4个老人、1对夫妻、1个孩子,也就是说,1对夫妻要同时赡养4位老人,抚养1个孩子。然而,由于现代化生活、生产节奏不断加快,子女精力十分有限,越来越感到照顾老人的负担沉重,加之工作压力大,如果老人生病或体弱需要照顾,再孝顺的儿女都难以尽孝,传统的家庭养老模式将受到严重冲击,迫切需要多元化养老。

由于我国传统农业经济条件的限制和实现城乡"二元"体制的管理模式,使得这种社会化的养老方式基本处于一种低水平、缓慢发展的层次上,所遇到的问题和阻力也是十分明显的。而且社会保障重在城镇,而占人口2/3的农村老龄人口,却缺乏养老、医疗等基本社会保障,养老问题主要通过家庭赡养自行解决,医疗保障的水平较低,而老龄人口的发病率随着人口老龄化的发展而逐步提高,出现了"因病致贫"、"因病返贫"的现象,这不仅加重了家庭负担,也很难保证社会保障的水平,老人赡养纠纷和因赡养引起的自杀事件时有发生,于是农村老龄人口实际上成了经济上的最弱势群体。这种现象在我国中西部及贫困地区尤为突出,影响社会的安定和发展。

城镇职工社会保障体制基本形成,但随着人口老龄化,老龄人口数量的增加和寿命的延长,老龄人因疾病、伤残、衰老而失去生活能力的人显著增加,医疗保障费用显著增长,因此医疗保障也面临着挑战。

(4)老龄人口生活质量问题。

由于身体健康状况的下降,老龄人的生活质量必然深受影响,但心理、生理、膳食和社会因素对老龄人生活质量的影响也不容忽视。相关研究表明,有1/3左右老龄人存在失落、孤独、抑郁、焦虑等心理问题需要调适。随着年龄的增高,大脑功能减弱,心智功能需要改善,膳食结构也亟须调整。调查发现,城市部分老龄人体重超重,农村部分老龄人则存在营养不良。不合理的膳食还导致了冠心病、高血压及糖尿病的发生。忽视个体在体力和智力上的差异,"一刀切"的退休制度,也在一定程度上造成老龄人才的丧失和社会参与率低,使老龄人过早处于被"养"起来的生活状态。庞大的老龄人群,漫长的老龄期,单调的闲散生活,应引起全社会的关注。

第一,在收入方面。就目前来看,我国正处于人口老龄化快速发展阶段。在此阶段,老年人的收入状况差距很大,一方面是城乡老年人之间的收入差距明显且不断扩大,另一方面是城市老年人收入较低,并存在着不平等的问题,部分老年人甚至难以充分满足自身需求。这主要是由于我国养老保险体制不完善,甚至缺失所造成的。对于城镇老年人口来说,养老金收入是其最主要、最重要的收入来源,为其生活提供了基本的保障,但不同年份开始领取养老保险金的老年人口其收入差距较大,即年龄越大收入越低,不公平问题较为突出,尽管国家为此已经采取了相应的措施,但距离问题的解决还相差甚远。对于农村老年人口来说,他们面临着更大的困境,他们没有养老保险金,仅靠农业收入与微薄的储蓄,或是子女的供养来维持生活,使得农村老年人口的贫困发生率相对较高,这将会造成较为严重的社会问题。这些问题都不是在短期内能够解决的,而是需要一个较长的时间,并且随着老龄化程度的加深将会变得更为突出与严峻。

第二,在居住安排方面。目前,我国城乡老年人口的居住方式仍以家庭为主,有子女的多以与子女或配偶同住为主,没有子女的老年人则大多独居;随着年龄增长,独居的比例不断提高,空巢老人数量庞大。人口老龄化加快发展,不仅将使空巢老人规模进一步扩大,而且空巢期也将明显延长。在农村,随着青壮年劳动力家庭迁移的增多,空巢老人数量也快速增加。空巢老人的生活与照料将面临更多的难题,他们更容易遭受心理危机的困扰,需要社会更多的关注,特别是其居住社区的支持。在我国社区建设还很不完善的情况下,老龄化程度的不断加快,将会对社区服务与社区照料提出更高的要求。

(5)老龄科学文化教育问题。

中国的老龄教育只有30多年历史。30多年来,虽然老龄教育取得长足的进展,但与铺天盖地而来的"银发浪潮",对于日益增长的老龄教育需求而言,无论在数量上还是在质量上都还比较滞后。

老龄文化教育的管理制度化程度低。在目前看来,首先,政府还没有设立统一的老龄文化教育的领导和组织机构。其次,由于老龄文化教育有的归老龄委、老干部局或民政部门管理,有的则归教育部门或文化部门管理,还有的归社区管理,这样的局面虽有利于发挥所长,但却造成教育资源的浪费和发展的不平衡。

对老龄文化教育认识不足。一是老龄人自身对老龄文化教育的认识不足。由于我国长期以来形成的以居家养老为主的养老方式,特别是农村老龄人由于受传统观念和当前经济条件的制约,往往对老龄文化教育对他们健康生活、服务社会、实现自我价值所具有的重要性和紧迫性的认识不够,这势必会老龄文化教育的社会地位带来影响,导致老龄人缺乏社会参与力度。二是社会缺乏对老龄文化教育的正确认识。认为老龄文化教育是休闲教育,老龄工作重点应放在老有所养、老有所医上,老龄文化教育可有可无。他们没有认识到老龄文化教育对于创建学习型社会、建立终身教育体系、综合解决人口老龄化问题具有的重要意义。正是出于社会上对老龄文化教育认识存在种种偏见,一定程度上阻碍了我国老龄文化教育的更快更好发展。

老龄文化教育的模式相对单一。教育应具有时空的整体持续性,即使是老龄文化教育阶段,教育的内容与形式应该是多样的,教育对象的需求也应是多样的,这就决定了教育主体应当是多元的,目前老龄文化教育从内容到形式却显单一。

老龄文化教育内容贫乏。目前老龄大学中所开设的课程以健身休闲类的课程为主,如书法、戏曲、缝纫、烹调、健身操、太极拳、绘画、唱歌、舞蹈等课程居多,课程种类单一,此外还包括一些生活知识和时事新闻类课程。将老龄文化教育仅局限于生活实用课程,缺乏对其心理状态和健康状态的引导。

(6)老龄社会工作问题。

老龄社会工作就是对有困难有需求的老龄人提供服务,帮助他们走出困境与误区,使他们能够保持独立与尊严,幸福地安渡晚年。但是人到老龄,随着身心日趋衰老,自我料理生活的能力必然逐步下降。丧偶率也随年龄增长而提高。老龄人的生活不仅需要最起码的经济做保障,而且需要有人照料、帮助,但由于家庭规模缩小、子女忙于工作等原因,由家庭成员承担老龄人服务的传统模式已经发生了变化,老龄群体向社会提出了服务的需求。在现代社会中,许多老龄人也不甘寂寞,希望继续定向社会,参与个人喜欢的活动,或者做力所能及的工作。虽然各类老龄大学、老龄活动中心、老龄就业咨询中心、老龄婚姻介绍所等应运而生。但老龄服务机构的发展良莠不齐,如何更好地为老龄人口服务,为老龄人参与社会提供方便条件,是社会不能回避的问题。

三、针对人口老龄化的一般对策和建议

我国已经步入人口老龄化社会,老龄化给社会经济发展带来的影响是积极的还是消极的,我们要结合实际,以科学的、客观的、公正的态度对待人口老龄化问题,采取积极的对策,迎接人口老龄化的挑战。

1. 正确对待人口老龄化问题

首先应该有正确的态度,树立正确的老龄观,即不能盲目悲观或有意回避,否认人口年龄结构老化的现实问题。当务之急是加强舆论宣传和引导,强调我国人口老龄化趋势加快的严峻性,对社会经济发展影响的紧迫性,以及实施健康老龄化战略的重要性,提高社会对人口老龄化问题的认识,增强全社会的老龄意识。站在科学发展观的高度,把解决人口老龄化问题列入经济社会可持续发展的重要内容,将实施"积极老龄化"战略纳入国家中长期发展规划,结合经济发展进程和城乡不同情况,精心设计和构筑我国老龄工作体系,明确提出目标要求、工作重点,使"老有所养、老有所医、老有所为、老有所学、老有所教、老有所乐"成为我国人口老龄化的最终目标和归宿。

2. 大力发展经济,为人口老龄化问题的解决奠定物质基础

我国人口老龄化现象是在社会经济发展水平较低的情况下出现的。未富先老,是我国人口老龄化的特色,也是我国与发达国家在人口老龄化问题上的显著区别。伴随着人口老龄化的进一步发展,社会的经济压力将越来越严重。人口老龄化给社会经济的发展带来的消极影响将日益显现出来。虽然由于人口年龄结构的变动给我国的社会经济发展提供了许多有利的条件,带动和促进了相关产业的发展。但现在解决人口老龄化问题归根到底要靠经济的发展。所以,我们要抓住当前有利时机,保持经济的持续、稳定、健康发展,才是解决人口老龄化问题的根本,也为最终解决我国的人口老龄化问题奠定了坚实的物质基础。

3. 发展社会保障事业,提高老龄人的生活质量

提高老龄人口生活质量是人口老龄化的核心和关键问题。我国当前的社会保障制度起步晚,保障水平低,在人口老龄化到来的时候,养老和医疗是关系着老龄人口生活质量的关键问题,将是解决我国人口老龄化问题的难点,值得社会高度重视。解决老龄人口的赡养和医疗问题,根本的办法是发展社会保障事业,健全社会保障制度,使老龄人口晚年生活得到有力保障。尤其在农村,对孤寡老人,应继续保吃、保穿、保住、保医、保葬"五保"供养制度,并提高供养水平;建立特困医疗救济基金和农民生活最低保障线;逐步建立健全农村的养老保险和社会医疗保险制度,并在此基础上,建立社会互助制度,使农村老年人得到全社会的关注。

在城镇,要采取各种措施,完善城镇离退休人员基本养老金的正常增长机制,完善相对独立的养老金经办机构,保证全额按期予以支付。并积极推进城乡养老、医疗方面的社会保险和商业保险,逐步建立起城乡老龄人的社会保障体系。

适度发展公共养老的福利设施。对政府设立的敬老院等养老、安老机构和设施,要根据当地经济发展水平和需要公共福利机构抚养的老人情况,政府要增加投入资金,努力改善公共服务设施,逐步提高居住和养老水平。鼓励和扶持社会民办公共养老设施,制定优惠政策,积极发展福利性公共养老设施,形成对家庭养护困难老人的救助保障体系。积极探索新型的以家庭养老为基础多样化的养老道路。

4. 德治和法治相结合,保护老龄人的合法权益

尊老敬老是我们中华民族的传统美德。尊重老龄人就是尊重人生和社会发展的规律,就是尊重历史。老龄人口在各个历史阶段,为民族解放、国家富强和家庭幸福奉献了青春和力量,建立了光辉的业绩,他们是社会和家庭的财富,而不是社会和家庭的负担,他们理应得到社会的尊重,因而,要弘扬尊老敬老的传统文化,加强伦理道德建设,应向全社会倡导,充分理解和尊重老龄人,热情关怀和照顾老龄人,提高群众的尊老敬老意识。

随着人口老龄化的到来,如何保护老龄人这一最大的弱势群体的利益,是我们面临的一个大挑战。因此,借鉴发达国家的经验,尽快完善老龄人保护法规,健全老龄人权益的行政保护机构,为老龄人口权益的有效保护建构一个法律安全网,是当前我国亟待解决的问题。

5. 加强老龄问题的科学研究,为解决人口老龄化问题提供理论支持

人口老龄化是一个动态的过程,各种不同的问题,如老龄心理健康、老龄伦理、老龄社会参与等,都会伴随着这一过程的推进而不断显现出来,成为影响社会生活的重要因素,因而,必须重视针对老龄问题的科学研究与教育工作,普及老龄学知识,加强老龄学各专业人才的培养,比如,在医学院校设置老龄医学和老龄护理专业,在社会科学院校设置社会老龄学专业。要加强老龄基础医学理论的研究,建立跨学科的老龄科学研究中心,特别是老龄生理科学研究中心,建立国家老龄病医疗研究中心。为解决人口老龄化问题提供理论支持。高新科学技术(包括老龄医疗生物用品)要为老龄化服务,以提高老龄人的生命质量。

6. 建构老龄服务体系,发展老龄产业,提高老龄人口的社会参与度

老龄人口的生活需求是多方面的,为了满足老龄人口的需求,首先需要建构适合城乡不同特点、多层次、多功能、多项目的社区老龄人服务体系,使老龄人能就近得到咨询、购物、清扫、陪伴、护理、紧急救护等各种服务;通过组建老年人俱乐部、老龄人大学、老龄公寓,使老龄人能够方便地进行学习、文体、康乐、交往等社会活动;积极参政议政,参与社会活动;健康老龄人应继续在原岗位工作。

老龄产业是为了满足老龄人物质和精神生活需求而形成的产业,既包括生产性产业,也包括服务性产业,是解决人口老龄化问题的重要手段。发展老龄产业,一是要从我国实际出发,以满足老人物质和精神生活的需要为目的;国家经济管理部门应运用市场机制,制定一些必要的优惠政策,扶持具有福利性质的为民服务产业发展。二是要以市场为导向,按经济规律办事,根据人口老龄化发展趋势,围绕老龄人物质需求和精神需求,对一些产业进行结构调整,开发生产适用对路的各种老龄用品,鼓励和引导老龄产品市场的发展。三是以老龄产业发展社会福利事业,要保证养老费用的合理使用,提高老龄人的消费能力。四是多层次、多渠道筹集发展老龄产业的资金,努力提高资金利用率。充分利用金融杠杆作用,在税费征收政策上,考虑扶持为老服务产业的发展。

要提高老龄人口的社会参与度,老龄人口同样是社会的主人,不能也不应该被边缘化。老龄人口尤其是科、教、文、卫系统的老龄人,是国家科研、教学、文化和卫生战线上的带头人和骨干力量。他们知识丰富、技术娴熟、社会关系练达,具有深厚的专业技术功底和丰富的政治生活经验。具有很强的创造发明潜力和传、帮、带、教能力,是国家难得的智力资源和智囊集团,对这一部分人应该充分发挥他们的智力和科技带头作用。老龄人还可以参加社会团体组织,如老龄专家组,使老龄人从家庭中、孤独中走出来,参加国家改革开放和经济建设,干一些力所能及的工作,继续发挥余热。在地、市、县、乡也应有老龄人参政议政,如县级人大、政协应有一定比例的老龄人,使他们能够为老龄人说话,代表老龄人的政治主张、意志和利益。省级、国家级老龄人参政议政已很常见,但各地、市、县、乡对老龄人参政议政仍重视不够,应引起重视。我国老龄人占总人口的 10% 左右,是一支非常重要的社会力量,全社会要重视发挥他们在经济建设、科学实验中的巨大作用。

第二章

苏州人口老龄化的现状

第一节　研究苏州人口老龄化的意义

改革开放造就了30多年的经济持续高速增长,人民生活水平迅速提高,医疗卫生条件显著改善,使得人口预期寿命大幅延长。随着人口迅速老龄化,生产性人口比例下降,消费性人口比例上升,劳动生产率降低,社会抚养比不断提高,人口红利将逐渐消失。对社会保障的要求也越来越高。老年人比例的不断上升,使得老年人的消费需求会越来越多,消费结构随之发生改变。另外,中国家庭"四二一"的模式使得老年人照料问题成为严重的家庭和社会问题。

苏州地区因成功地开展了计划生育工作,于1990年人口老龄化系数已达到国际规范的老年型人口的标准。截至2011年年底,苏州市60周岁及以上老年人口达到了137.3万人,占户籍人口数的21.4%。

苏州于1982年就进入老龄社会,比全国提前18年,是我国最先进入老龄化社会的城市之一,老龄化现象比较严重。改革开放以来,苏州作为苏南经济的领头羊,在高速经济增长的同时,面对高速而来的老龄化时代,如何应对老龄化带来的挑战,已经是摆在政府面前迫在眉睫的重大问题。加大对人口老龄化研究的投入对苏州市的发展具有现实意义。

1. 有利于苏州市完善社会保障体制建设,应对老龄化对城市发展的冲击

在经济社会转型的关键时期,人口老龄化程度与日俱增,老年人群的养老问题变得越来越突出。青壮年一代面临着较为繁重的赡养老人的压力,建设并完善社会养老保障体系显得意义重大。人口老龄化使得城市人力资本的积累减少,城市发展的动力日渐不足。同时,老龄人口的不断增多使得大量的财政资金流入到了老年人的社会保障投入方面,这必将使得城市发展所需的资金减少。探索更加完善的养老保障体系,这对发展和完善我国养老保障事业、完善我国城镇养老保障制度对于促进城市的可持续发展具有长远的意义。

2. 有助于城市调整人口政策,储蓄自身发展所需的人力资源,实现城市人口管理转型

人口老龄化的加快使得城市发展所需的劳动力不断减少,这就需要根据实际情况,采取多种手段,吸引与汇集城市自身发展所必须的各种人力资源。城市人力资源是城市产生和发展的基本前提,城市经济发展水平与程度在一定程度受到人力资源存量的制约;同时,城市人口作为城市消费的主体,为城市消费的扩大提供了有利条件。在应对人口老龄化过程中,城市政府必须创新城市人口管理方式,适时地调整城市人口管理政策,进而不断推进人口管理由传统的"管理"向"服务"转变。

第二节 苏州人口老龄化现状分析

20 世纪 80 年代初期,苏州已提前进入老龄化社会。至 2007 年苏州市 60 岁及以上人口占 18.2%,人口年龄结构矛盾突出。《改革开放三十年苏州人口发展回顾与启示》中预测,在 21 世纪前 20 年,除个别年份外,苏州市老年人口将持续增长,其中 2010—2017 年以及 2020—2030 年老年人口将快速增加。老年人口总量将由 2010 年的 131.67 万人上升至 2030 年的 247.7 万人,老年人口所占比重由 18.5% 上升至 37.4%。在相当长时期内,老年人口数量的急剧增加将使苏州养老负担越来越沉重,人口快速老龄化一方面会大幅增加养老保险和医疗保险的开支,让工作人口或家庭成员面临不断增大的经济压力;另一方面,老年人的生活照料问题格外突出,特别是空巢家庭以及独居老人数量的增加,老年人对生活照料服务的需求将不断增大。从近几年的数据显示,苏州人口老龄化进程不断加快,老龄人口持续增加,家庭不断趋向小型化,并且空巢家庭数量不断增多。

1. 人口老龄化进程较快

65 岁及以上老年人占总人口的比例从 7% 提升到 14%,发达国家大多用了 45 年以上的时间,其中,法国 130 年,瑞典 85 年,澳大利亚和美国 79 年左右。中国只用 27 年就可以完成这个历程,并且在今后一个很长的时期内都保持着很高的递增速度,属于老龄化速度最快的国家之列。

苏州地处东南沿海,属长三角经济较发达地区之一,也是进入人口老龄化比较早的地区之一。相关数据显示,全苏州市 60~69 周岁的老年人占全市老年人总数一半以上;与此同时,高龄老人数量继续增加,全苏州市 80 周岁及以上的高龄老人继续保持在 20 万人以上,80~89 周岁的老年人也首次突破 20 万人(2012年为 19.2 万人)。

苏州的老龄化程度越来越高,越来越快,目前每四个苏州人中,就有一位老年人;当然与此同时,苏州人也越来越长寿了。苏州市民政局公布的苏州市老年人口数据显示,截至 2013 年度,苏州 60 周岁及以上老年人口增长 6.6 万多人,达到150.95 万人,占户籍总人口的 23.09%。达到 15% 以上则为"超老年型"社会。目前,苏州户籍 65 岁及以上老年人口的比重已连续 3 年超 15%,老龄化特征愈加明显。

近年来,苏州老年人口数量以每年 5% 的速度递增,发展速度不断加快。相比较而言,我国 60 岁及以上人口,2010 年占总人口的 13.26%,到 2011 年底,全国60 岁及以上老年人口达到 1.85 亿,占总人口的 13.7%。显然,苏州人口老龄化进程快于全国平均水平,如表 2-1 所示。

表 2-1 近年来苏州 60 岁及以上老人人口比重[①]

年份	60 岁及以上老人占总人口比重/(%)
2006 年	18.02
2007 年	18.18
2008 年	19.27
2009 年	20.02
2010 年	20.65
2011 年	21.4

从苏州全市数据来看,太仓市、常熟市、姑苏区三个市、区人口老龄化排在前 3位,分别达到 27.89%、26.17%、25.70%;工业园区、高新区、昆山市排在最后 3位,也分别达到 15.33%、18.33%、20.15%。各市、区人口老龄化差别大,全市人口老龄化高的地区与老龄化低的地区相差达 13 个百分点,将近一倍。太仓市总户籍人口 47.44 万人,其中 60 周岁及以上人口 13.23 万人,占总人口的 27.89%;其中百岁以上人口 45 人,占总人口的 0.01%。

2. 老龄人口数量持续增加

截至 2011 年年底,苏州市 60 周岁及以上老年人口达到了 137.3 万人,占户籍人口数的 21.4%,远远高于 10% 的人口老龄化标准。2004 年苏州 60 岁及以上老

---

① 本书所涉及相关数据若未注明出处者,则系根据调研数据整理而得。

年人口数量为 101.66 万人;2006 年为 111.01 万人;2007 年为 116.29 万人;2008
年为 121.17 万人;2009 年为 126.82 万人;2010 年为 131.67 万人;2011 年为 137.
3 万人。数据显示,苏州 60 岁及以上老年人数量平均每年增加 5 万左右,老年人
口将持续增长,其中 2010—2017 年以及 2020—2030 年老年人口将快速增加。根
据预测,到 2030 年将达到 247.7 万,老年人口所占比重也将上升至 37.4%,如表
2-2 所示。

表 2-2　苏州近年 60 岁以上老龄人口数量

年份	60 岁及以上人口总量/万人
2006 年	111.01
2007 年	116.29
2008 年	121.17
2009 年	126.82
2010 年	131.67
2011 年	137.30

3. 老龄人口高龄化显著

在人口老龄化的同时,老龄人口也在高龄化,如表 2-2 所示。第六次全国人口
普查数据显示,苏州中高龄人口群体逐步增大,人口老龄化程度继续升高。2010
年末苏州户籍人口年龄中位数为 42.66 岁。2010 年江苏省常住人口的年龄中位
数为 38.73 岁,苏州市比江苏省平均水平尚高出 3.93 岁,人口年龄中位数 30 岁即
为老龄化。苏州各区的人口老龄化程度并不相同,以常熟和姑苏区较为严重。相
比较而言,苏州进入超老龄化时代。老年人口特别是高龄人口呈现快速增长的
形势。

2006 年苏州 80 岁及以上老龄人口数量为 14.91 万人,到 2011 年年底,苏州
市 80~89 周岁人口数量 18.3 万人,占老年人口数的 13.3%;90~99 周岁人口数
量 2 万人,占老年人口数的 1.5%;100 周岁以上老年人 427 人,占老年人口数的
0.2%。80 周岁以上老年人口数首次突破 20 万人,达到了 203198 人,占老年人口
数的 15%。2006 年 80 岁以上老人占老人人口数量的 13.43%,到 2011 年,80 岁
以上人口比重上升为 14.80%,通过数据可以看出,历年来,高龄老人的比例持续
上升,如图 2-2 所示。

随着社会经济的快速发展,人民生活水平不断提高,居民的平均寿命也在不
断上升。目前,苏州市平均寿命 81.1 岁。80 岁以上高龄老人比例不断升高。

苏州老年人口增长较快的主要集中在 60~69 周岁和 80~89 周岁两个年龄段

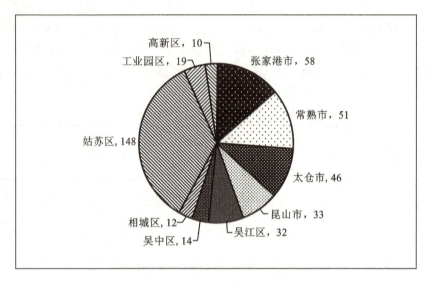

图 2-1　百岁老人分布图(单位:人)

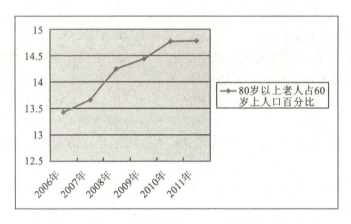

图 2-2　80 岁以上老人数量占 60 以上老人人口的百分比

上,其中 60～69 周岁的增加 4.9 万人、达到 84.6 万人,占老年人口数的 56.03%;80～89 周岁的增加 1.1 万人、达到 20.3 万人,占老年人口数的 13.42%。相对来说,其他年龄段的增加人数较少,其中 70～79 周岁的只增加 3904 人,达到 43.6 万人,占老年人口数的 28.9%;90～99 周岁的只增加 2396 人,达到 2.5 万人,占老年人口数的 3.8‰;百岁以上的增加 48 人,达到 420 人,占户籍人口的 0.01%。如图 2-1 所示。

表 2-3　苏州近年 80 岁以上老龄人口数量

年份	80 岁以上高龄人口总量/万人
2006 年	14.91
2007 年	15.87
2008 年	17.27
2009 年	18.33
2010 年	19.46
2011 年	20.32

4. 家庭结构变化明显

中国从 20 世纪 80 年代开始实行的计划生育政策,减缓了人口急剧膨胀的速度,使得世界 60 亿人口日推迟 4 年到来,也使得独生子女加父母组成的独生子女家庭成为中国城市中最基本的家庭模式,家庭结构呈现小型化。

社会经济的迅速发展以及生活节奏的加快,加速了人口的区域间流动,冲击着传统的家庭观念和结构,居民居住环境改善、生活质量提高,人们的生活理念、家庭观念正在逐步发展变化。以二代户三口之家的核心家庭和无子女的二人世界生活方式成为家庭户的主流,人们的生活更加独立,家庭结构更趋简约,家庭户规模进一步缩小。年轻人结婚后,普遍选择独立生活,这是导致家庭规模变小、家庭户数增多的一个重要原因。同时由于老龄化社会提前到来,空巢老人增加,也使家庭规模变小,两口之家、三口之家的家庭结构较为普遍,几代同堂现象日益减少。

苏州家庭结构小型化越来越明显,根据第六次全国人口普查数据显示,苏州市常住人口中,平均每个家庭户的人口为 2.84 人,比第五次全国人口普查减少 0.31 人。而随着家庭结构的变化,四个老人,两夫妻,一个孩子,这样的"四二一"家庭日益增多,两个年轻人要负担起 4 个甚至更多老人的养老重任,传统的家庭式养老模式已越来越不能适应变化。因为孩子少,老人多,"空巢老人"已成为社区特别是一些老社区的特殊人群。

(1)家庭人均人口数量减少

从苏州市第六次全国人品普查数据分析显示,10 年来,苏州市家庭类型和家庭规模发生了明显的变化,传统的家庭结构模式从以往的大家庭为主逐渐过渡到核心化家庭为主。2010 年第六次全国人品普查数据显示,苏州家庭户均规模为

2.84 人,比 2000 年 3.15 人减少 0.31 人。从家庭户规模看,2 人户、3 人户仍然占主导,合计占家庭户总数的 59.7%。1 人户、2 人户比例大幅上升,特别是 2 人户家庭比重快速上升,已经超过 3 人户家庭,3 人及以上家庭户均有不同程度的下降。其中 1 人户、2 人户增长速度分别为 122.6%、107.1%,增速均超过一倍,所占比重分别为 14.3%、31.9%,分别比第五次全国人品普查上升 4.7 和 8.8 个百分点;3 人户占 27.8%,比第五次全国人品普查下降 7.1 个百分点。如表 2-4 所示。

表 2-4　"六普"与"五普"家庭户规模构成情况对比表

家庭户规模	户数/万户			比重/(%)		
	六普	五普	增长/(%)	六普	五普	增减百分点
合计	292.28	194.92	49.9	100.0	100.0	0.0
1 人户	41.81	18.78	122.6	14.3	9.6	4.7
2 人户	93.24	45.02	107.1	31.9	23.1	8.8
3 人户	81.16	68.05	19.3	27.8	34.9	−7.1
4 人户	34.72	26.57	30.7	11.9	13.6	−1.8
5 人户	32.15	27.25	18.0	11.0	14.0	3.0
6 人户及以上	9.21	9.25	−0.4	3.2	4.7	−1.6

数据来源①:苏州市统计局。

1 人户和 2 人户比例的上升,一部分是由于单身青年户和年轻夫妻户的增加,另一方面,"空巢"老人的增加也是其中的原因之一。另外,家庭规模的不断变小,对家庭养老模式提出了新的难题。

（2）代际关系家庭不断减少

家庭户类别与户均规模密切相关,户规模的缩小必然带来家庭结构以及代际关系的变化,核心家庭在家庭结构中的比重正呈下降趋势,单人户、一代户成为主流。在许多崇尚自由和个性的年轻人中传宗接代的观念被进一步淡化,抚育子女的巨大时间和金钱成本影响部分人养儿育女的兴致,丁克家庭悄然兴起,这一现象主要集中在高学历、高收入的人群。另由于年轻人外出求学、就业增多,一方面造成原来的核心家庭中仅剩一对老夫妻成为空巢家庭;另一方面,年轻人面临个人价值提升的追求、住房生活等压力,晚婚、不婚现象增多,形成了大量的 1 人户

① 本课题大量数据来源于苏州市统计局,在此一并感谢。

单人家庭。

第六次全国人口普查资料显示,苏州市一代户有 128.01 万户,占家庭户总数的 43.8%,比第五次全国人口普查上升了 13.3 个百分点,其中近七成常住外来家庭户为一代户,占全市一代户的 53.1%。全市二代户有 105.49 万户,占家庭户总数的 36.1%,比第五次全国人口普查下降了 7.2 个百分点;三代户 53.96 万户,占家庭户总数的 18.5%,比第五次全国人口普查下降了 5.3 个百分点;四代及以上户 4.83 万户,仅占 1.7%,比第五次全国人口普查下降 0.6 个百分点,如图 2-3 所示。一代户的上升,二代户的下降,意味着核心家庭即父母与未婚子女组成的家庭比重有所下降,家庭结构出现了一代户独大,其他户类别并存的多元模式。

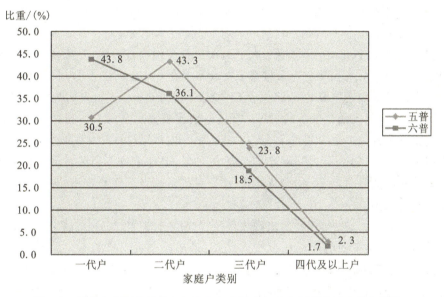

图 2-3　第六次全国人口普查与第五次全国人口普查不同类型家庭户比例

据苏州市老龄委一份最新调研报告显示,苏州有 30% 的老人仅与配偶一同居住,或独自一人生活,子女不在身边,处于"空巢"状态。寡居老人比例也达到了 12%。从老人年龄结构来看,老人年龄越大,寡居的比例越高,70~79 岁和 80~89 岁老人寡居的比例分别高达 12% 和 20%,而 60~69 岁这一比例只有 6%。由于女性平均寿命要高于男性,女性老人寡居的比例明显高于男性。

家庭结构的简约化,有老年人口的家庭,特别是单身老人和老年夫妇家庭的增加,对以家庭保障为主的老年社会保障提出了挑战。一方面是人口老龄化趋势不断加快,需要赡养的老年人口不断增加,另一方面是供养他们的子女人数日益减少,表明在家庭功能中原有的养老作用已逐渐趋于弱化的趋势,随之而来的就是这部分功能将逐步转向社会,由社会承担起养老服务的职能。

因此,在继续提倡家庭养老的同时,应依靠全社会的力量,特别是积极发挥社区的优势,健全社区养老和医疗组织,且不断提高服务水平,解决好老有所养问题。最终建立一个覆盖全社会,城乡统筹的社会化的老年保障体系,由传统的家庭养老为主转向以社会养老为主、家庭养老为辅的多元养老机制,真正做到"老有所养、老有所医、老有所为、老有所乐"。

(3)老年人"空巢"化加剧

随着我国老龄化社会的到来,空巢家庭日益成为社会关注的话题。全国老龄办副主任阎青春日前表示,我国城市老年人"空巢家庭"比例已达 49.7%,接近一半,农村老年人"空巢家庭"比例也达到了 38.3%,上升速度比城市更快。

2010 年第六次全国人口普查数据显示,在全市有 65 岁及以上老人家庭户中,常住户籍家庭户占 97.8%,常住外来家庭户仅占 2.2%。31.8%的常住户籍家庭户中有 65 岁及以上老人,与第五次全国人口普查比较,比重上升幅度较大。常住户籍家庭中 1 个或者 2 个老人与其子女或亲属在一起生活的占 68.5%,比第五次全国人口普查常住家庭户的比例下降 6.7 个百分点;一对老夫妇独立生活的占 17.1%,单身老人独自生活的占 13.7%,分别比第五次全国人口普查常住家庭户的同比例上升 4.7 个、1.8 个百分点;有 3 个及以上老人的占 0.7%。数据说明苏州市大部分老人还是与子女、亲属生活在一起,但越来越多的单身老人独自生活或者一对老人独立过日子,老人的养老问题正在成为家庭的负担,必须由家庭与社会共同承担。

20 世纪 50—60 年代我国出现人口生育高峰,同时从 30 多年前实施计划生育政策以来,独生子女的父母相继步入老年,是形成空巢现象的主要原因。而城乡人口平均预期寿命延长,高龄人口数量增长,使老年人家庭空巢期延长。在工业化和城镇化过程中,青壮年劳动力的流动,使空巢家庭数量不断增加,居住条件的改善以及人们思想观念、生活方式的变化也使越来越多的两代人愿意分开居住。这些现象,均导致老年化、空巢化加剧。

5. 老龄化程度相对较高

(1)人口老少比继续上升

伴随老龄人口快速增长的是少年儿童人口比重的逐步降低。2010 年同第五次全国人口普查结果相比较,常住人口中,0～14 岁人口为 963411 人,占 9.21%;15～64 岁人口为 8611713 人,占 82.28%;65 岁及以上人口为 890870 人,占 8.51%。同第五次全国人口普查相比较,苏州 0～14 岁人口的比重下降 5.20 个百分点,15～64 岁人口比重上升 6.28 个百分点;65 岁及以上人口比重下降 1.07 个百分点。受此影响,苏州市人口老少比(65 岁及以上人口与 0～14 岁人口之比)为 92.5%,远高于 30%的人口老龄化评判标准。

2014年末,苏州户籍0～14岁少儿人口为78.99万人,15～64岁劳动年龄人口为473.52万人,65岁及以上老年人口为108.57万人,占全市户籍人口的比重分别为12.0％、71.6％、16.4％。与2013年末相比较,少儿人口、老年人口分别增加4.42万人、5.37万人,比重均上升0.6个百分点,劳动年龄人口减少2.55万人,比重下降1.2个百分点。

人口年龄结构变化使得人口抚养比也随之变化。2014年苏州户籍少儿人口抚养比为16.7％,比上年上升1.0个百分点。老年人口的增加使得老年人口抚养比由2013年末的21.7％上升至22.9％,上升1.2个百分点。在少儿人口抚养比和老年人口抚养比双增长的基础上,苏州户籍总人口抚养比由2013年末的37.4％升至39.6％,上升2.2个百分点。

劳动力总量的绝对减少、少儿人口和老年人口的绝对增加,造成少儿扶养比、老年人口抚养比持续上升,苏州户籍人口老龄化程度进一步加快,抚养负担有所加重,人口红利优势逐渐减弱。

第六次全国人口普查数据显示,江苏省常住人口中,0～14岁人口为10230180人,占13.01％;15～64岁人口为59861916人,占76.10％;65岁及以上人口为8567807人,占10.89％。同2000年第五次全国人口普查相比较,0～14岁人口的比重下降6.64个百分点,15～64岁人口的比重上升4.51个百分点,65岁及以上人口的比重上升2.13个百分点。

根据第六次全国人口普查,全国31个省、自治区、直辖市和现役军人的人口中,0～14岁人口为222459737人,占16.60％;15～59岁人口为939616410人,占70.14％;60岁及以上人口为177648705人,占13.26％,其中65岁及以上人口为118831709人,占8.87％。同2000年第五次全国人口普查相比较,0～14岁人口的比重下降6.29个百分点,15～59岁人口的比重上升3.36个百分点,60岁及以上人口的比重上升2.93个百分点,65岁及以上人口的比重上升1.91个百分点。

由此可见,无论是全国还是全省乃至苏州市人口普查结果显示,0～14岁人口的比例都在下降,而65岁以上人口比例上升,苏州市老少比是全国平均水平的1.73倍,是江苏省的1.1倍。

表2-5与表2-6中的数据显示,苏州市的老少比远远高出全国水平。表2～5中的户籍计算所得数据比表2-4中的人口普查数据明显偏高。外来人口中1～14岁少儿多数户口都在老家,跟随父母来到苏州,因此户籍人口中数据为662369人,与常住人口数据963411人相差较大,而65岁以上户籍人口与常住人口相差相对较小。

越来越高的老少比标志着苏州人口老龄化的程度不断加深。预计随着人口老龄化程度的不断加深,苏州的老年抚养比将持续增加。

表 2-5　第六次全国人口普查中人口年龄分布情况

人口数量　单位:万人

所占比重/(%)

0～14 岁	苏州市	人口数量	96.3
		所占比重	9.21
	江苏省	人口数量	1023.02
		所占比重	13.01
	全国	人口数量	22245.97
		所占比重	16.60
15～64 岁	苏州市	人口数量	861.17
		所占比重	82.28
	江苏省	人口数量	5986.19
		所占比重	76.10
	全国	人口数量	99843.34
		所占比重	74.5
65 岁以上	苏州市	人口数量	89.0870
		所占比重	8.51
	江苏省	人口数量	856.7807
		所占比重	10.89
	全国	人口数量	11883.17
		所占比重	8.87
老少比	苏州市		92.5
	江苏省		83.75
	全国		53.4

表 2-6　近年苏州户籍人口老少比

指标	2006 年	2007 年	2008 年	2009 年	2010 年
0～14 岁人口/人	677925	670480	659308	651928	662369
15～64 岁人口/人	4696023	4764639	4809327	4817978	4818503
65 岁以上人口/人	786866	809192	828895	862997	895686
儿童人口系数/(%)	11.00	10.73745	10.46931	10.2943	10.3876
老年人口系数/(%)	12.77211	12.95887	13.16222	13.62719	14.0465
老少比	116.0698	120.6885	125.722	132.3761	135.2246

（2）人口年龄呈倒金字塔分布

2006—2010 年苏州市人口年龄分布如图 2-4～图 2-8 所示。

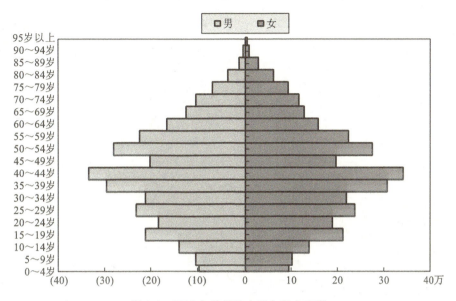

图 2-4　2006 年苏州市人口年龄金字塔

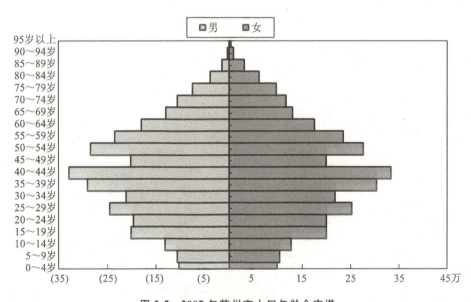

图 2-5　2007 年苏州市人口年龄金字塔

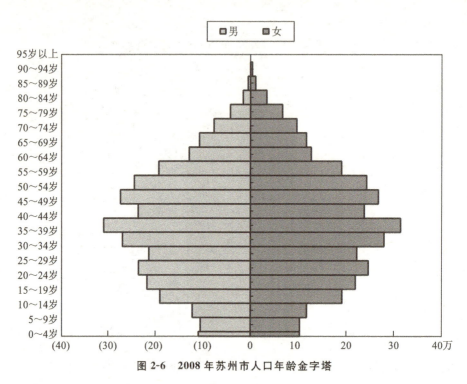

图 2-6　2008 年苏州市人口年龄金字塔

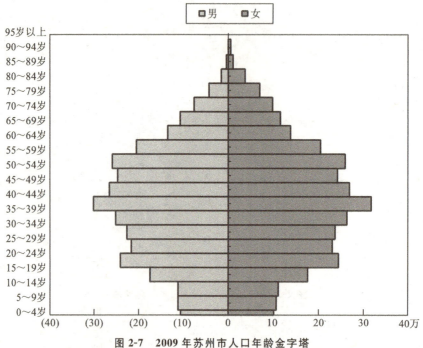

图 2-7　2009 年苏州市人口年龄金字塔

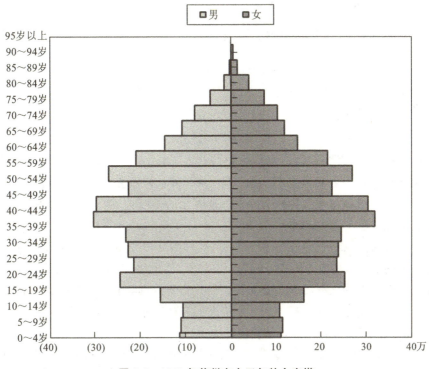

图 2-8　2010 年苏州市人口年龄金字塔

从以上几幅图可以看出,苏州人口年龄结构呈现的就是所谓的倒金字塔。近年来,金字塔底部不断变小,顶部比例较宽,所以可以看出自然增长率较低,户籍人口年龄金字塔基本呈现底端和顶端收缩形态,显示了低生育水平下的老龄化人口结构,从近几年的数据可以看出,苏州所面临的人口老龄化问题日渐严重。

近年来,苏州城乡居民的生活水平和医疗条件不断提高,再加上社会爱老、尊老的氛围越来越好,老年人心情舒畅、身体健康,整体预期寿命也在增长,老龄人口不断增多。而作为沿海发达地区,苏州育龄夫妇的生育观念正在逐渐改变,不少育龄夫妇放弃生育二胎指标,这也是造成低龄人口减少的一个重要原因。

(3) 人口抚养系数不断上升

人口抚养系数即人口抚养比,是指总体人口中非劳动年龄人口数与劳动年龄人口数之比。通常用百分比表示。说明每 100 名劳动年龄人口大致要负担多少名非劳动年龄人口。现实经济中,人口可以大体分为未成年人口、劳动力人口、老龄人口三类。根据劳动年龄人口的两种不同定义(15～59 岁人口或 15～64 岁人口),计算总抚养比有两种方式。抚养比是指非劳动力人口数与劳动力人口数量之间的比率,它度量了劳动力人均负担的赡养非劳动力人口的数量。总抚养比(GDR)=(老龄人口+未成年人口)/劳动力人口=老龄人口抚养比(ODR)+少年

儿童抚养比(CDR)。以 15～64 岁人口标准计算公式如下:

人口总抚养比 $\qquad GDR = \dfrac{P_{0\sim14} + P_{65+}}{P_{15\sim64}} \times 100\%$ (2-1)

少儿人口抚养比 $\qquad GDR = \dfrac{P_{0\sim14}}{P_{15\sim64}} \times 100\%$ (2-2)

老年人口抚养比 $\qquad GDR = \dfrac{P_{65+}}{P_{15\sim64}} \times 100\%$ (2-3)

$$GDR = CDR + ODR \qquad (2-4)$$

抚养比越大,表明劳动力人均承担的抚养人数就越多,即意味着劳动力的抚养负担就越严重。老龄人口抚养比则相对更为直接度量了劳动力的养老负担。人口老龄化的结果将直接导致老龄人口抚养比的不断提高,因此老龄人口抚养比成为老龄化社会中关注的重点。

我国目前的老年抚养比为 12% 左右,即每 100 个劳动者需供养 12 个老年人。而苏州市的老年抚养比明显高于全国,约为 20%,即每 100 个劳动者需供养 20 个老年人。随着老龄化程度的不断加重,在相当一段时间内苏州的老年抚养比将在不断上升。苏州近几年的老年抚养比情况如表 2-7 所示。表 2-7 按劳动人口 15～59 岁标准计算,数据为户籍人口数量。

从表 2-7 中可以看出,2006 年苏州市老年抚养比为 16.76%,2007 年为 16.98%,2008 年已上升为 17.24%,2009 年时已上升到 17.91%,到 2010 年则上升至 20.37%。预计随着人口老龄化的推进,苏州市未来半个世纪的老年抚养比将持续增加。

表 2-7　苏州市历年户籍人口抚养情况

	2006	2007	2008	2009	2010
儿童人口系数/(%)	11.00	10.73745	10.46931	10.2943	10.3876
老年人口系数/(%)	12.77211	12.95887	13.16222	13.62719	14.0465
老少比	116.0698	120.6885	125.722	132.3761	135.2246
老年抚养比/(%)	16.75601	16.98328	17.23516	17.91202	20.3682

6. 老龄化伴随现代化

发达国家是在基本实现现代化的条件下进入老龄社会的,属于先富后老或富老同步,而中国则是在尚未实现现代化,经济尚不发达的情况下提前进入老龄社会的,属于未富先老。发达国家进入老龄社会时人均 GDP 一般都在 5000～10 000 美元以上,而中国目前人均 GDP 才刚刚超过 1000 美元,仍属于中等偏低收入国家行列,应对人口老龄化的经济实力还比较薄弱。

如图 2-9 所示,苏州经济发展速度在全国名列前茅,人均 GDP 由 1978 年 634

元上升到 2010 年的 145229 元。苏州市人均可支配收入也在持续增长,到 2010 年,市区居民人均可支配收入水平达到 29219 元,居民人均消费性支出为 17879 元,农村人均可支配收入水平达到 14657 元,农村居民人均消费性支出为 10397 元,由此可见,苏州的居民生活水平比较好。

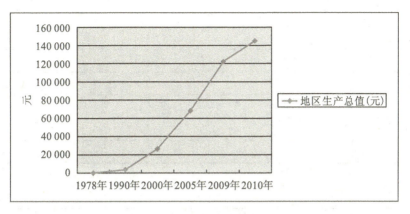

图 2-9 历年苏州人均 GDP

恩格尔系数是衡量居民生活水平高低的指标,认为居民在吃上花的钱占总收入的比重越大,生活水平就越低。根据联合国教科文组织划定的标准,60% 以上为贫困,50%～60% 为温饱,40%～50% 为小康,40% 以下为富裕。由表 2-8 中数据可见,苏州于 2005 年就步入富裕城市行列。

苏州的经济实力雄厚,面对人口老龄化与现代经济发展的问题,苏州具有一定经济方面的优势。苏州解决人口老龄化问题的办法和对策,对于其他经济发展水平相当的城市具有很强的借鉴作用。

表 2-8 历年苏州城乡居民家庭人均收入和消费支出　　单位:元

年份	农村居民家庭人均纯收入	农村居民家庭人均生活消费支出	市区居民家庭人均可支配收入	市区居民家庭人均消费性支出	农村居民家庭恩格尔系数/(%)	市区居民家庭恩格尔系数/(%)
1990	1664	1415	2150	1805	48.3	53.5
1991	1731	1527	2427	2187	46.4	51.2
1992	2001	1722	2788	2199	44.2	54.8
1993	2558	1893	3695	3416	42.5	48.6
1994	3457	2676	4885	4027	46.6	50.1
1995	4444	3414	5790	4877	48.1	49.6

续表

年份	农村居民家庭人均纯收入	农村居民家庭人均生活消费支出	市区居民家庭人均可支配收入	市区居民家庭人均消费性支出	农村居民家庭恩格尔系数/(%)	市区居民家庭恩格尔系数/(%)
1996	5088	3804	6591	5264	46.0	50.8
1997	5219	4014	7479	5955	43.2	47.7
1998	5347	3958	7812	6289	41.2	44.8
1999	5308	3785	8406	6545	40.7	43.6
2000	5462	4073	9274	7027	40.1	42.7
2001	5796	4127	10515	7270	43.5	42.0
2002	6140	4229	10617	7682	40.6	42.1
2003	6681	4641	12361	9272	37.6	37.8
2004	7503	5436	14451	9783	36.8	40.1
2005	8393	6143	16276	11163	37.7	37.4
2006	9278	6811	18532	12472	36.3	36.1
2007	10475	7623	21260	13959	35.7	37.9
2008	11785	8443	23867	15183	35.4	39.3
2009	12969	9354	26320	16402	34.5	37.6
2010	14657	10397	29219	17879	33.9	38.8

数据来源:苏州市统计局。

第三章

苏州人口老龄化对劳动力市场的影响

第一节　劳动力供给

　　劳动力供给是指劳动者在一定的劳动条件下自愿对存在于身体之中的劳动力使用权的让渡；或是指一个经济实体在特定时期可以获得的劳动者愿意并能够提供的劳动力总和。在市场经济体制下，劳动者有使用劳动力的充分自由，并能够直接提供劳务或让渡劳动力使用权以获得劳动报酬。劳动者是否愿意提供劳动力，以及提供的工时和强度、取决于多种因素。总之，自由和充裕的劳动力供给是劳动力市场存在的充分必要条件。但是，劳动力供给与其他物资供给不同，劳动力参与有主体性特征，并在一定的历史时空具有供给刚性，即劳动力供给量不能根据需要随时增加、它受制于劳动适龄人口数量和结构等多种因素。同时，劳动者的职业观念与劳动态度、身体素质和文化素质影响着劳动力的供给质量。劳动力供给行为受到个体特征、经济行为、社会经济和政治要素、劳动力中间分布以及劳动力供给政策等多种因素的制约。

一、我国劳动力市场供给现状与老龄化

1. 人口老龄化与劳动就业

　　人口是社会生产力不可缺少的前提和要素。当我们讲人是生产者时，是就人的本质而言的，这并非意味着每个现实的人在社会生产中都是生产者。总体人口是由少儿人口、劳动年龄人口和老年人口组成的。在统计中，一般把少儿人口和老年人口列为消费人口，把劳动年龄人口列为生产人口。确切地说，只有劳动年

龄人口中从事劳动的人口才是生产者与消费者的统一。

当人口出生率低,青少年人口仅处于替代水平,劳动力年龄人口就得不到充分补充。在这种条件下,劳动力年龄人口占总人口的比例下降,老年人口人数增加,人口老龄化,劳动力资源相对缩减。而社会生产离不开物质资本和人力资本,从宏观来说,这不但可能影响社会生产的进一步发展,而且可能影响社会生产活动的正常运转。另一方面,就劳动力资源而言,女性劳动力年龄人口参与社会生产,可以补充男性劳动力年龄人口的相对不足。此外,科技进步也可能部分地抵消劳动力年龄人口相对缩减的影响。尽管如此,随着人口老龄化,劳动力年龄人口相对不足对社会生产的不利影响还是存在的。许多西方发达国家不断从发展中国家吸收熟练劳动力移民,以便减轻劳动力年龄人口不足的不利影响,同时也减缓人口老龄化的各种问题。

当人进入老年后,并不意味着他就一定退出劳动力市场。出于生活困难和寻找精神寄托等原因,老年人口要求重新就业、提供劳动,也就存在着老年人口劳动供给和重新就业问题。罗伯特·L·克拉克指出,在劳动力年龄人口中,"特别容易受总失业率影响的两个年龄组是16~19岁的青年劳动者组和男性老年组。65岁以上老年组的就业对于失业率的反应非常敏感,主要因为他们的劳动参加率非常富有弹性"。影响老年人口劳动供给的主要因素包括:养老金或退休金的数量、老年人本身的专业水平或技术能力、健康状况以及老年人自身和他(她)的家庭收入状况等。一般来说,养老金和退休金的数额同老年人口的劳动供给成反比。养老金和退休金数额的增加以及老年人对闲暇偏好的增大,不但促使老年劳动者从劳动大军中退出,而且也是抑制老年人口劳动供给的一个基本因素。而老年人健康状况则是决定老年人是否提前退出劳动大军和退休后是否重新供给劳动的又一重要因素。在美国,男性退休工人中44%的人把健康欠佳作为他们离开最后就业岗位的主要原因。健康状况对退休的影响随着年龄的增大而有所变动。美国62岁的男性工人中57%的人把健康不佳作为退出劳动大军的主要原因,63~64岁男性工人中的48%、65岁男性工人中的23%的人都把健康不佳作为退出劳动大军的主要原因。

2. 人口老龄化与劳动生产率

当老年人口所占比重提高时,可能导致劳动年龄人口趋于老化,进而影响劳动生产率的提高。例如,在日本,由于人口老龄化和劳动力老化,日本的劳动生产率会受到不利的影响,并引起日本经济增长速度下降。法国人口经济学家索维认为,人口老龄化会削弱创新和发明的力量,妨碍劳动生产率的提高。他多次指出,老龄化人口趋于保守、少于创新、安于现状、缺少创新活力,从而不利于提高劳动生产率。在分析人口的年龄同劳动生产率之间的关系时指出,劳动人口进入45

岁或 50 岁之后,尽管有较丰富的经验,然而,随着年龄的进一步增长,人近老年,其体力、智力、记忆力都会逐渐衰减,从而劳动能力和劳动速度逐渐缩减,劳动动作的敏捷程度和头脑的反应速度都会相对下降,因而会影响产品的精密程度和整体质量。另一方面,劳动者的年龄大一些,劳动经验较丰富,技术较熟练,知识存量较多,可能会对劳动生产活动有某些好处。

然而,在科学技术迅速发展、知识增长速度加快的条件下,"老龄劳动者经验的重要性已经下降"。老龄劳动者的经验和原有知识不能完全适应日新月异的新科学、新技术、新设备。同时,相关学者认为老龄劳动者接受新的知识和新的科学技术比青年劳动者要迟钝得多,对新的产业和新的就业岗位的适应能力要低得多。所以,随着一个国家的人口老龄化,劳动年龄人口老化对该国劳动生产率的提高和经济增长的不利影响将日渐明显,并导致经济效益下降。

Daniel S Hamermesh(1994)通过专门对经济学家们的年龄与成果间的数量关系进行考察发现,经济学家们的劳动生产率(以在主要杂志上发表的作品来测量)会随着年龄增长而急剧下降。经验证据表明,这是对经济激励和体力、智力能力变化的理性反应。一些学者认为劳动生产率随年龄增长而减退。如果劳动生产率与年龄有关,那么即使每个年龄组的劳动生产率不发生改变,总的劳动生产率仍会因年龄结构的变迁而发生变化。

也有学者指出,很难认为人口老龄化对劳动生产不会有影响,特别是老年人口从业技能的变化可能要依靠受教育水平提高的程度。可以认为,老龄化并不意味着劳动生产率的必然下降;在人口老龄化的不同阶段和经济发展的不同时期,劳动生产率的相应变化趋势可能有所不同。

3. 人口老龄化与收入分配

人口老龄化引起人口年龄结构变动对社会经济发展最显著的影响之一,便是人口抚养系数的变化。人口老龄化意味着社会要用更少的劳动力来抚养更多的人口。于是,人口老龄化加剧了国民收入在不同年龄层次人口之间进行分配的影响,在国民收入一定的情况下,花在青少年身上的资源将更多地转移到老年人口的赡养上。

在西方发达国家,老年人主要依靠退休金或社会保险基金中的养老津贴来维持生活,而在一些国家退休金和养老金制度是各不相同的。但无论退休金或养老金出自哪个部门(公共部门或私人部门),都是从经济活动人口每年新创造的国民收入中分割出来的。随着人口老龄化,老年人口增多,经济活动人口赡养老龄人口的负担加重,公共和私人两个方面支付的养老金或退休金的数量都会增加。美国人口经济学家斯彭格勒和克拉克等的调查表明,赡养一个老年人的费用平均要大大高于抚养一个人从婴儿到青年(0~18 岁)的费用,政府支付给老年人口的赡养费用是给青少年人口的 3 倍。西方人口经济学家还指出,花在孩子身上的大部分支出是属于人力资本的投资,子女付给老年人口的赡养费用是属于纯粹消费性支出。这种消费性支出随着老年人口的增加而增加,相应地减少用于社会生产的资本积累,资本积累的减少可能导致降低未来的经济增长率。美国学者彼特·杜克认为,美国投资于企业的资本中有一部分来源于养老金。

退休年龄界定在哪个年龄段是影响收入分配的一个重要因素——退休年龄的高低、老年人口绝对数量和相对数量的变动,对国民收入的分配都可能产生一定的影响,从而影响资本投资和经济效益的提高。另一方面,退休年龄的高低与劳动力就业市场的供给存在着一个反方向的影响。

二、人口老龄化对就业结构带来的影响

人口老龄化也是制约产业结构调整的重要因素,主要表现为老龄化社会的劳动力供给状况不利于产业结构的调整。对于任何一个国家来说,经济成长都与产业结构的适时变动和调整密切相关,这种产业结构的变动和调整不仅包括三次产业结构的变动,而且还包括各个产业部门内部结构的变动和新产业部门的成长,产业结构的变动必然要求劳动力在不同地区和不同产业部门之间进行转移和流动,由于年长劳动力习惯于其长期居住的地区和熟悉所长期从事的工作,因此,一般不愿迁移或改变自己的工作岗位,这就使得劳动力从衰退产业和地区向新兴产业和地区的流动受到阻碍,从而不利于产业结构的调整。同时,人口老龄化社会的需求状况也存在制约产业结构调整的因素,人口老龄化使得老年人消费在社会总消费中的地位相对上升,对经济发展的影响程度相对变大,但由于老年人在长期的生活中形成了比较固定的消费习惯,不容易接受新产品和新服务,这就给新产品、新服务的市场开拓造成极大困难,不利于新兴产业的成长。总之,人口老龄化对推动老年产业发展的同时,也带来对产业结构调整的许多不利因素。

中国在老龄化初期,进入劳动力的人口规模依然持续增加,但增长的速度缓慢下来。随着人口老龄化的发展,退出劳动的人口开始超过进入劳动的人口,老年人口比重进一步提高,老年人口规模开始不断扩大。

一方面,根据预测模型的分析(参见表 3-1),从 2011 年劳动力总规模达到 9.4 亿人高峰开始,15～59 岁的劳动力供应开始缓慢下降,到 2035 年左右才回落到目前的规模水平。这一时期,劳动力规模依然庞大,但那时解决劳动力就业问题开始变得不那么困难。而到老龄化后期,劳动力资源环境开始发生变化,可供使用的劳动力规模下降,劳动力资源面临短缺且老化的形势。

表 3-1　2000—2065 年中国劳动力资源变化预测

年份	进入劳动力人口数/千万人	退休劳动力人口数/千万人	进入人口死亡数/千万人	退出人口数/千万人	净增人口数/千万人	期中劳动力人口数/千万人	年增长率/（%）
2001—2005	12.15	4.65	−0.66	5.32	6.84	88.86	7.69
2006—2010	10.09	6.19	−0.76	6.96	3.13	93.54	3.34
2011—2015	7.30	8.24	−0.82	9.07	−1.76	93.10	−1.90
2016—2020	7.02	7.76	−0.87	8.62	−1.60	90.76	−1.76
2021—2025	7.32	10.35	−0.93	11.28	−3.97	88.61	−4.48
2026—2030	7.74	12.03	−0.89	12.91	−5.17	83.62	−6.19
2031—2035	6.70	11.10	−0.81	11.91	−5.21	77.92	−6.68
2036—2040	5.29	8.94	−0.79	9.73	−4.44	73.02	−6.08
2041—2045	4.72	9.72	−0.77	10.49	−5.77	67.65	−8.53
2046—2050	4.73	11.72	−0.69	12.40	−7.67	60.84	−12.60
2051—2055	4.78	8.41	−0.58	8.98	−4.21	55.03	−7.64
2056—2060	4.31	6.40	−0.55	6.95	−2.64	51.74	−5.11
2061—2065	3.62	6.51	−0.54	7.05	−3.43	48.66	−7.05

　　另一方面,由于人们的健康水平不断提高,平均预期寿命不断延长,健康老年人口的再就业就会凸显出来。事实表明,低龄老人从事生产性活动的比例正在逐年递增,1990 年中国 60 岁以上老年人仍在就业的有 2863 万人,占就业人数的 7%,占同龄老人的 29.52%,且九成以上是低龄老人。如果健康老年人口就业资源获得一定程度的利用,那么,整个劳动就业年龄结构也会发生变化,劳动力过剩的状况将会持续更长的时刻,在未来 50 年左右的时间里将会面临沉重的就业压力,大量老年人口参与就业和再就业的竞争开始出现,必然从另一方面增加社会就业和再就业的压力。这种压力应该说将随着人口老龄化的深入发展和政府老年人口就业政策的调整可以逐步转化为社会经济发展的积极动力。

三、人口红利

　　"人口红利"学说的核心思想认为,生育率迅速下降在造成人口老龄化加速的同时,也使少儿抚养比例迅速下降,劳动年龄人口比例上升,在老年人口比例达到较高水平之前,将形成一个劳动力资源相对比较丰富,少年与老年抚养负担均相对较轻,对经济发展十分有利的黄金时期。然而,值得注意的是,"人口红利"期不会持续太长,一般只有 15～20 年。随着人口老龄化的发展,人口抚养比将进一步上升,人口老龄化的不利影响将开始显现,并逐步加剧。

人口老龄化将导致劳动年龄人口比例的下降,劳动力供给将会逐步萎缩。劳动力是社会再生产最主要的生产要素,劳动年龄人口比例的下降可能导致劳动力短缺,而劳动力的短缺将直接影响经济的发展速度。国外的一些老龄化国家早已发生劳动力短缺问题,不得不在一定程度上依赖外籍工人的移入来补充。但是劳动年龄人口数量的变化只是影响经济发展速度的一个因素,它是否会影响实际的经济发展,还要取决于经济发展的需要。由于高龄劳动力的流动性差、适应性差,重新培训的费用高、难度大,很难适应产业调整的需要。从而会造成社会的结构性失业,使失业率上升,劳动生产率下降,进而影响社会总产出和经济发展速度。

人口老龄化对劳动力市场的影响,一般表现在三个方面:一是对劳动力资源的影响,二是对劳动力年龄结构的影响,三是对劳动力参与率的影响。从第六次全国人口普查资料看,苏州市劳动力人口呈现以下几个特点:

1. 劳动适龄人口总量快速增加

以 2010 年 11 月 1 日为标准时点,苏州市共有劳动适龄人口 779.41 万人,占总人口比重达 74.5%。2000—2010 年间苏州市劳动适龄人口增加 301.81 万人,年均增长 5.0%,而 1990—2000 年间增加 106.82 万人,年均增长 2.6%。两个时期的总人口年均增长分别为 4.2% 和 2.1%。可见,近 10 年苏州市劳动适龄人口的增长均快于总人口的增长,也快于前 10 年的增速。苏州市劳动适龄人口快速增加,一方面是开放型经济产业结构的影响,另一方面是 20 世纪 80 年代后第三次人口生育高峰(1981—1990 年)影响所至。不断增加的劳动适龄人口为苏州市经济发展提供了十分有利的人力资源。如表 3-2 所示。

表 3-2　近 20 年苏州市劳动适龄人口变化情况

指标	1990 年	2000 年	2010 年
劳动适龄人口/万人	370.78	477.60	779.41
总人口/万人	564.36	691.45	1045.99
占总人口比重/(%)	65.7	69.1	74.5

数据来源:苏州市统计局。

2. 高年龄劳动力比重快速上升

在人口老龄化过程中,劳动力中年轻人的比重下降,而年长者的比重会上升。我国虽然在 21 世纪中叶之前一直拥有丰富的劳动力资源,但劳动力人口年龄结构的这种变化已经出现,并呈现加速趋势。劳动年龄人口中 45 岁以上的年长者比重从 1990 年的 19% 上升到 1999 年的 24%,据预测,到 2040 年将上升到 37% 左右,成为劳动力资源的主要组成部分。

在劳动力结构的重建过程中,如何改变传统的人力资源开发和利用模式,更多地发挥不同年龄人群,特别是年长者的作用,将被提高到一个更重要也更迫切的地位。如表 3-3 所示。

表 3-3 2010 年苏州市劳动力资源年龄结构

单位:万人

年龄	常住劳动力			户籍劳动力			外来劳动力		
	合计	男	女	合计	男	女	合计	男	女
总计	779.41	414.93	364.48	390.72	205.89	184.83	388.69	209.04	179.65
16～19 岁	70.97	33.93	37.04	26.69	13.43	13.26	44.28	20.50	23.78
20～29 岁	265.04	134.56	130.48	84.71	40.59	44.12	180.33	93.98	86.35
30～39 岁	183.92	97.33	86.59	91.84	45.28	46.57	92.08	52.05	40.03
40～49 岁	175.65	90.92	84.73	116.38	57.63	58.75	59.27	33.28	25.99
50～59 岁	83.83	58.19	25.64	71.10	48.96	22.14	12.73	9.23	3.49

数据来源:苏州市统计局。

3. 男性劳动适龄人口资源上升

劳动力市场上老年人口的劳动参与率越来越低,这在工业化国家是一种普遍现象,并且有向低年龄人口扩散的趋势。其中一个重要原因是 20 世纪 70 年代为缓解就业压力而推出鼓励退休政策的结果。对此,越来越多的学者和政府开始对这项政策进行反思。目前,我国也面临严峻的就业形势,降低劳动参与率确实能对缓解就业压力产生积极的影响。但我国也同样面临老龄化进程中老年人口价值的重新认定,社会保障体系的重新构建问题,在降低劳动参与率问题上,应该吸取工业化国家的经验教训,在有所平衡取舍的基础上做出更为长远的决策。

由于法定男性劳动年龄比女性长 5 年,男性人口比重一般高于女性。第六次全国人口普查资料也反映:2010 年苏州市劳动适龄人口中男性 414.93 万人,占比

53.2%,比 2000 提升 1.7 个百分点;女性 364.48 万人,占比 46.8%,下降 1.7 个百分点。从发展速度来看,男性劳动适龄人口增长明显快于女性,女性比 10 年前增长 57.4%,男性增长 68.7%。2010 年全市男女性别比(女=100)为 113.8,比 2000 年提高了 7.6 个百分点。从户籍所在地看,本地劳动适龄人口和外来劳动适龄人口均呈男性多于女性态势。苏州市劳动适龄人口资源还呈年轻化特点。2010 年全市 45 周岁以下劳动适龄人口为 617.89 万人,占全部劳动适龄人口的 79.3%,比第五次全国人口普查时的 2000 年提升了 6 个百分点。如表 3-4 所示。

表 3-4 第六次全国人口普查和第五次全国人口普查年苏州市男、女劳动适龄人口比重情况

年份	人口数/万人			占比/(%)			性别比
	合计	男	女	合计	男	女	
2010 年	779.41	414.93	364.48	100	53.2	46.8	113.8
2000 年	477.60	245.97	231.63	100	51.5	48.5	106.2

数据来源:苏州市统计局。

4. 外来人口成为劳动力资源增量的主力

人口普查资料显示:2010 年,在苏州市 779.41 万劳动适龄人口中,外来劳动适龄人口达到 388.69 万人,占全部劳动适龄人口的近一半,比 2000 年增加 286.4 万人,增长了 2.8 倍,年均增长 14.3%,所占比重比 2000 年第五次全国人口普查时提升 28.5 个百分点;在外来劳动适龄人口中,男性为 209.04 万人,女性为 179.65 万人,性别比为 116.4,比本地高 5 个百分点,说明外来劳动适龄人口中男性大大多于女性;青壮年为主体也是外来劳动适龄人口的一大特征。在全市外来劳动适龄人口中,44 岁以下青壮年劳动力占 91.2%,其中 16~29 岁青年是外来人口的峰值年龄,占 57.8%,30~44 岁壮年占 33.4%。相比之下,本地户籍劳动力中 44 岁以下青壮年劳动力占比为 67.4%,低于外来劳动力 23.8 个百分点。而第六次全国人口普查外来劳动适龄人口平均年龄为 29.6 岁,本地户籍劳动适龄人口平均年龄为 37.7 岁。外来劳动适龄人口的年轻化对于苏州市老化趋势具有明显减缓作用。

外来劳动适龄人口受教育水平低于本地劳动适龄人口。从接受不同教育程度对比看,外来劳动适龄人口大专以上受教育程度比本地低 13.9 个百分点,高中受教育程度低 0.8 个百分点,初中及以下文化程度的占比则高达 65.6%,比本地高出 14.7 个百分点。由于外来劳动力文化结构较低,不仅拉低了苏州市的劳动力文化结构水平,也对苏州市社会经济的可持续发展带来影响。如表 3-5 所示。

表 3-5　2010 年全市本地、外来劳动力资源文化程度对比表

文化程度	本地劳动力		外来劳动力		本地比外来	
	总量/万人	比重/(%)	总量/万人	比重/(%)	总量/万人	比重/(%)
合计	390.72	100	388.69	100	2.03	—
1.大专及以上	97.38	24.9	42.71	11.0	54.67	13.9
♯大专	54.72	14.0	29.87	7.7	24.85	6.3
本科	39.03	10.0	11.92	3.1	27.11	6.9
研究生及以上	3.63	0.9	0.92	0.2	2.71	0.7
2.高中	94.44	24.2	91.17	23.4	3.27	0.8
3.初中	144.92	37.1	209.37	53.9	−64.45	−16.8
4.小学	52.95	13.5	43.81	11.3	9.14	2.2
5.未上学	1.03	0.3	1.63	0.4	−0.60	−0.1

第二节　苏州的劳动参与率

一、劳动参与率

　　劳动参与率,是经济活动人口(包括就业者和失业者)占劳动年龄人口的比率,是用来衡量人们参与经济活动状况的指标。根据经济学理论和各国的经验,劳动参与率反映了潜在劳动者个人对于工作收入与闲暇的选择偏好,它一方面受到个人保留工资、家庭收入规模,以及性别、年龄等个人人口学特征的影响,另一方面受到社会保障的覆盖率和水平、劳动力市场状况等社会宏观经济环境的影响。

　　劳动力就业人口是指直接参与社会经济活动并取得劳动报酬或经营性收入的劳动适龄人口。他们是社会生产和生活的主体,其构成合理与否对整个社会经济发展有着重要影响。

二、苏州劳动力参与情况

1. 劳动力就业人口总量扩大，劳动力参与程度略有下降

人口普查资料显示：2010 年全市劳动力在业人口比 2000 年增长 59.6％，劳动力参与率 86.6％，比 2000 年的 89.2％，略降 2.6 个百分点。其主要原因：一是由于苏州市城镇化发展不断加快，从第一产业转移出来的劳动力部分退出劳动力市场；二是由于产业结构加快调整，国企改革和政府机构精简使一些竞争力弱的劳动力退出劳动力市场；三是高等教育的发展使年轻人推迟进入劳动力市场。

尽管这几年随着苏州市经济的发展，劳动力参与率有所下降，但总体水平仍偏高，这主要是由于社会经济发展水平还不够高、劳动者工资收入偏低、受教育程度不高以及社会保障、医疗卫生、教育福利及投资环境等不完善所致。

2. 劳动力人口失业比重呈下降趋势

2010 年全市劳动力失业人口占经济活动人口的比重为 2.4％，比 2000 年的 4.0％下降了 1.6 个百分点。失业比重下降的主要原因：一是由于就业人数的增长快于劳动适龄人口的增长，前者增幅为 59.6％，后者增幅为 56.9％；二是由于高校扩招规模趋于平稳，专业结构的设置能与市场接轨，学生就业能力明显提高，技能性结构失业大幅下降；三是苏州市近年来经济发展迅速，政府和经济市场为劳动力就业提供了更多的机会，如表 3-6 所示。

表 3-6　2000—2010 年全市劳动力失业人口占比表（长表抽样）

（单位：％）

年龄别	2010 年			2000 年		
	合计	男	女	合计	男	女
经济活动人口	100.0	56.0	44.0	100.0	53.1	46.9
就业人口	97.6	54.8	42.8	96.0	51.0	45.0
失业人口	2.4	1.2	1.2	4.0	2.1	1.9

3. 青年就业比例明显上升

2010 年全市劳动力在业人口中，青年劳动力（16～29 岁）在业所占的比重由 2000 年的 31.0％，上升为 2010 年的 39.3％，上升了 8.3 个百分点；壮年劳动力（30～44 岁）在业所占比重由 2000 年的 43.8％，下降为 2010 年的 40.4％，下降了 3.4 个百分点；老年劳动力（男 45～59 岁，女 45～54 岁）也下降了 4.9 个百分点。以上变化说明，一方面苏州市的青年劳动力总量不断增加，另一方面随着苏州市经济的快速发展，各地招商引资力度不断加大，就业岗位不断增多，适龄青年的就

业机会大幅增加。如表 3-7 所示。

表 3-7　2000—2010 年劳动力就业人口年龄结构占比表

（单位：%）

年龄	就业人口（2010 年）			就业人口（2000 年）		
	合计	男	女	合计	男	女
总计	100	56.1	43.9	100	53.1	46.9
16～29 岁	39.3	20.5	18.8	31.0	14.4	16.6
30～44 岁	40.4	21.9	18.5	43.8	22.9	20.9
45～59 岁	20.3	13.7	6.6	25.2	15.8	9.4

4．女性就业比例下降

2010 年苏州市劳动力在业人口中，男性占 56.1%，女性占 43.9%，与 2000 年相比较，女性下降 3 个百分点。具体原因：一是受传统思想观念及客观条件的影响，部分单位对女性就业或多或少存在歧视现象；二是学历、技术、体力、年龄等方面因素影响，失业女性再就业存在困难；三是我国的现行退休制度的原因，女性就业时间短于男性就业时间。

5．就业人口大部分集中于蓝领型职业

2010 年苏州市从事农业、生产、运输及商业服务业体力劳动者占劳动力在业人口的 78.7%，其中外来就业劳动力中从事体力的占 88.6%，高于本地 20.9 个百分点。苏州市劳动力就业人口中大部分是体力劳动者，尤其外来劳动力人口职业更集中于蓝领型职业上，这与他们受教育程度、苏州市社会需求有着密切关系。而直接从事智力型劳动的各类国家机关、党群组织、企事业单位负责人、专业技术人员、办事人员占 21.3%，其中本地户籍占 32.2%，高于外来 21 个百分点。由此可见，苏州市劳动力就业人口中从事智力型劳动者所占比重较低，外来劳动力人口中从事智力型劳动的更低。如表 3-8 所示。

表 3-8　2000—2010 年全市劳动力在业人口职业构成占比变化（长表抽样）

（单位：%）

职业	2010 年			2000 年
	常住劳动力	本地劳动力	外来劳动力	常住劳动力
总计	100	100.0	100.0	100.0
一、国家机关、党群组织、企事业单位负责人	4.1	6.1	2.2	3.8
二、专业技术人员	9.7	14.6	5.3	6.9

职业	2010 年			2000 年
	常住 劳动力	本地 劳动力	外来 劳动力	常住 劳动力
三、办事人员和有关人员	7.5	11.5	3.7	4.8
四、商业、服务业人员	22.0	23.2	20.8	16.8
五、农、林、牧、渔、水利业生产人员	2.5	4.1	1.0	16.5
六、生产、运输设备操作人员及有关人员	54.2	40.4	66.8	51.3
七、不便分类的其他从业人员	0.0	0.1	0.0	0.0

6. 劳动力就业模式趋于工业化

首先,从国民经济各行业看,苏州市就业人口集聚最多的行业是制造业。2010 年苏州市制造业就业人口占劳动力就业人口的 58.6%;其次,批发和零售业占 12.0%;处于第三的是建筑业占 6.2%。以上三大行业占总劳动力就业人口的76.8%,而其余行业所占比重均低于 4.0%。从产业结构看,全市劳动力在三次产业中就业比重从高到低依次为二、三、一,分别为 65.5%、32.0%和 2.5%。其中外来劳动力比本地劳动力从事二产的比重多 18.8 个百分点,外来劳动力中从事三产的比重比本地的少 15.7 个百分点,从事一产的比重比本地的少 3.1 个百分点。劳动力人口的就业模式趋于工业化,其中外来就业劳动力的工业化特征更明显。

与 2000 年相比较,农、林、牧、渔业就业人口所占比重下降了 14 个百分点,其降幅位于各行业之首;工业及批零住餐业就业人口比重增量位于各行业一、二位,分别上升 9.2 及 3.4 个百分点。农、林、牧、渔业劳动力比重的大幅下降,其他行业劳动力比重的上升,进一步说明农村劳动力正逐渐转向第二、三产业。如表 3-9所示。

表 3-9　2000—2010 年全市劳动力就业人员从事行业构成变化(长表抽样)

(单位:%)

行业	2010 年			2000 年
	常住 劳动力	本地 劳动力	外来 劳动力	常住 劳动力
总计	100.0	100.0	100.0	100.0
一产	2.5	4.1	1.0	16.5

行业	2010 年			2000 年
	常住劳动力	本地劳动力	外来劳动力	常住劳动力
农林牧渔业	2.5	4.1	1.0	16.5
二产	65.6	55.8	74.6	57.0
采矿业	0.1	0.1	0.0	0.5
制造业	58.6	48.5	68.0	48.8
电力、燃气及水的生产和供应业	0.7	1.2	0.2	0.9
建筑业	6.2	6.0	6.4	6.8
三产	31.9	40.1	24.4	26.5
交通运输、仓储和邮政业	3.4	4.2	2.7	3.9
信息传输、计算机服务和软件业	0.7	0.9	0.5	0.4
批发和零售业	12.0	12.6	11.4	9.2
住宿和餐饮业	2.9	2.2	3.6	2.3
金融业	0.9	1.7	0.2	0.8
房地产业	1.3	1.8	0.9	0.4
租赁和商务服务业	1.5	2.0	1.0	1.2
科学研究、技术服务和地质勘查业	0.4	0.5	0.2	0.2
水利、环境和公共设施管理业	0.7	1.2	0.3	0.1
居民服务和其他服务业	2.2	2.2	2.2	2.3
教育	1.8	3.4	0.3	1.8
卫生、社会保障和社会福利业	1.0	1.7	0.2	1.0
文化、体育和娱乐业	0.7	0.8	0.6	0.7
公共管理和社会组织	2.4	4.9	0.2	2.4

第三节　老年人力资源的开发与利用

一、老年人力资源开发的涵义界定

20 世纪 50 年代末,舒尔茨指出"改善穷人福利的决定性生产要素不是空间、能源和耕地,其决定要素是人口质量的改善和知识的增进",第一次提出了"人力资本投资"概念。此后,英国经济学家哈比森指出"人力资源……是国民财富的最终基础",西方国家"经济合作与发展组织"1996 年发表的《以知识为基础的经济》报告将知识经济解释为:建立在知识和信息的生产、分配和使用之上的经济知识与生产的结合,更新了许多基础研究和科学知识的实用价值,国家经济的重要资本将重点放在知识更新、智力、无形资产的投入中,这一切证明了人力资本理论的正确性。

人力资源有时也称为:"人力资本",它是"体现在劳动者身上,以劳动者的数量和质量或其知识技能、工作能力表现出来的资本;它对经济起生产性的作用,这种作用的结果是使国民收入增加"。

在我国,人力资源习惯上称为劳动力资源,严格意义上是指一个国家或地区全部人口中具有劳动能力的那部分人口的总称,它既包括法定劳动年龄内具有劳动能力的人口,在我国通常是指 16～60 岁的男性和 15～55 岁的女性人口,也包括法定劳动力年龄以外具备实际参与社会性活动能力的人口,即 10～15 岁和男 60、女 55 岁及以上的人口中具有劳动能力的人口。人力资源的确切含义,要涵盖一切具备参与社会性活动的能力,因而具有一定生产力和竞争力的人口。而不应受年龄大小和在业与否的限制,那些身体健康的、具有一定劳动能力,特别是具有技能之长的老龄人口成为人力资源开发的重要组成部分。

二、老年人力资源开发的现实意义

在人口老龄化的时代背景下,合理有效地开发老年人力资源,必将对我国经济社会发展带来重大影响。对老年人力资源重新开发再利用的综合效益,主要表现如下:

第一,开发老年人力资源,可以减轻社会负担和国家财政压力。从老有所养的角度分析,中国未富先老,社会养老保障体系改革起步晚,积累十分有限,老年人在健康条件良好的前提下,充分发挥自身的优势,力所能及地参加社会或家庭生产,继续积累和丰富个人的养老储备,弥补社会养老体系供给的不足,这是保证或提高老年人生活质量的客观需要。通过开发这部分老年人力资源从而可以减轻社会赡养压力,另一方面又能鼓励老年人参与社会创造,将其特有价值转化为社会成果,变压力为动力。老年人力资源的开发和利用,将可以极大的减轻社会负担和国家财政的压力。

第二,开发老年人力资源,可以有效弥补我国人力资本缺口,缓解人才危机。银色人才具有科教兴国之本领,这部分人才不被利用就是极大的浪费。我国人力资源开发起步较晚,教育经费严重不足,人力资本投资匮乏,人力资本数量和层次都远不能满足社会发展需求。1998年尽管我国人力资本总量达到6000万人,但距离按国际经济起飞人力资本密度不低于7%的比例还有相当大的差距。高级人力资本更是缺乏,目前仅有145.8万人,且近40%已经在2000年前后陆续退出了工作岗位。全国百万高级职称知识分子93.7%是在45岁以上,这些都反映了我国人力资本总量的危机,同时也暴露出人力资源年龄结构的不合理。

实际上,我国现有人才总量扣除将要退休人员,再翻一番也无法满足需要,但如果将现有的老年人才和青年人才相结合,便可以做到优势互补,轻松地实现承前启后的整合效应,与此同时,必须澄清的是,他们彼此之间不存在也不会存在抢饭碗的问题,劳动力总量相对过剩,但可以利用的优秀人力资源还是相对的匮乏,因而不能以"劳动力总量的相对过剩"作为排斥或轻视老年人力资源开发的堂而皇之的理由,更不能成为否定老年人价值的借口,充其量只会加剧劳动力市场老年人口特别是中、低龄老年人口与经济活动人口实现各自创造价值的竞争而已。

第三,开发老年人力资源,可以促进老年人身心健康,实现健康老龄化。尽管退休后老年人无工作的劳累,但过度的空闲,却使他们承受着十分沉重的心理负担。退休前后生活骤变导致老年人心理产生强烈落差,老年人往往因不能继续为社会创造财富却需要子女照顾而深感自卑,退休后如果不能及时调整心态,老年人就会怀疑自己,丧失生活信心,生活圈子缩小,生活内容单调,容易产生过多的焦虑,诱发心理和身体疾病,消极的心理加上失去工作的锻炼,退休老人与同龄工作老人相比较,更易衰老和患病。因此,从这个层面上说,开发老年人力资源还具有改善老年人生活,提高生活质量,新生"老年"的心灵,实现健康老龄化的作用。

第四,开发老年人力资源,可以满足老年人自我价值继续展现的主观需求,人的价值主要包括两个方面,一是个人对社会的责任和贡献;二是社会对个人的尊重和满意。老年人是人类的重要组成部分,其价值同样体现在这两个方面。而所谓老年人的社会价值,是指老年人对社会的效用性,以及他们的生命及其活动对社会的意义,虽然老年人年老体衰,退出了正规的劳动力人群,不再直接参加正规意义上的经济生产活动,但并不意味着他们对社会和家庭失去了价值,也就是说,老年人仍然可以参与社会劳动,譬如,老年人的家务等劳动。老年人相互照顾活动也具有很大的社会价值,因此,只要有可能,他们几乎都愿意继续工作,继续发挥自身的余热,以便在有生之年尽可能在社会参与过程中实现自己的人生价值。老年人一般都不甘寂寞,愿用自己的知识、技能乃至体能继续为社会经济发展做出贡献。对绝大多数老年人来说离退休后参加社会用工的首要目的是为了满足自身生存和改善生活的经济需要,同时也是他们追求理想、抱负,发挥自己聪明智慧、体现人生价值,为社会、经济发展继续作贡献以及增强身心健康需要的手段。有些老人特别是老年知识分子,往往把工作看成是生活中的主要精神支柱,离退休后在相当长的时间内对于无所事事的生活很不适应,经常感到单调、乏味、空虚,时常会有"无用感"、"失落感"等精神压力,因而,也有很大部分的老年人,为了求得精神生活的充实和愉快而希望再就业。再就业可以使老年人保持良好的生活节奏,促进家庭和睦,有利于老年人的健康,提高生活满意度,在重新就业中确立自信,得以自我充实,继续参加社会经济活动后,老年人的经济地位也可以获得新的提高,物质生活得到进一步的改善,既发挥了专业知识特长,又摆脱了孤独寂寞,老年人的满足感便会产生,自信心便会增强,自我评价便会提高,从而身心会获得愉悦和健康,以便保持良好的身体健康状况,自己照料自己的能力增强,既相应地减少医疗服务的人力、财力支付,又能在一定程度上减轻人口老龄化给社会经济带来的压力。人生暮年,能为社会做贡献,使老年人在实现自我价值的同时,得到社会的重新认可。所以他们对重新参与社会活动具有强烈的愿望。

三、老年人力资源开发的条件

1. 老年人具有经验和技能的比较优势

就经验和技能而言,老年人具有比较优势和积累优势,是劳动力市场中"市场价值很高的优秀人力资源,发挥老年人力资源的优势,既是社会经济发展的客观需要,也符合老年人展现自我价值的主观愿望。

老年是人生最成熟的时期,他们在智能、经验、政治和阅历上均有很大优势,多以稳健、干练、精确、细致见长,虽在反应力、记忆力和体力上弱于青年人,但其智能储存和智力活动范围却远胜于青年人。现代医学研究结果表明,老年人在与知识积累和抽象思维概括方而有关的智力会随年龄的增长而继续加强。此外,老年人生产经验丰富、管理才能高超,技术水准精湛,在饱经沧桑的社会实践中,判断、推理能力与日俱增,具有较强的逻辑推理和形象思维能力,总结了许多成功的经验和失败的教训,而且也形成了较为正确的人生观、世界观、价值观,对事件的看法较为准确、独到、深刻而有远见,创业精神、责任心、事业心可以说是根深蒂固,对社会有强烈的责任感和历史使命感,等等。这些优势不仅对于发挥自身价值、发展社会事业有着积极意义,而且对于培养教育年轻一代,促进社会文明。也无疑是巨大的财富和资本。

2. 老年人具有继续工作的体力、智力基础

目前,我国不但人均寿命有所延长,而且人民的身体条件有了极大改善,绝大多数的低龄老人和中龄老人体能和智能依然良好。由于生活水平和保健水平的不断提高,许多老年人也并不逊色于青壮年人。老年人仍然是具有活力、创造力的庞大群体。这个群体中蕴藏着巨大的人力资源潜能,对这部分人力资源的开发将有助于整个社会和经济的飞速发展。

3. 老年人力资源开发具有巨大潜力

在我国老龄化的进程中,老年人口本身典型的动态变化特征为:低龄和中龄老人规模庞大,且不断增加,大批老年人力资源大有潜力可开发。老年人有经验、人格、才智上的比较优势。

4. 现代科学技术的发展,为老年人参与社会发展创造了条件

科学技术成就使人的体力劳动越来越被自然力和技术装置的利用所代替,从根本上改善了劳动条件,使人们摆脱了繁重的体力劳动,另一方面又使得社会劳动日趋智力化,这为老年人力资源的继续利用和再利用创造了条件,现代医学研究证实,老年人的智力要比体力的衰退慢得多。现代科学技术的发展还创造了更多的就业机会,同时也使老年人在与年轻人的竞争中具有更多的智力优势。科学发展、环境的改善不仅延长了人的寿命,而且为老年人参与社会发展创造了条件。

劳动力培养周期延长,客观上要求退休年龄的相应延后。高新技术的应用要求劳动者具有较高的文化水平,劳动力培养周期相应延长,劳动力进入市场的年龄也相应推迟,客观上要求退休年龄的相应延后,从而使那些中低龄老年人获得了更多的就业机会。低龄老人,他们身体健康,精力旺盛,有继续从事劳动的能力。

5. 老年人再就业愿望迫切

绝大多数老年人再就业愿望迫切。在现实生活中,调查数据显示,有 65.1% 的老年人愿意继续参与社会发展,为国家、社会和家庭发挥余力;在前景预测方面,有 50% 的老年人认为自己在知识更新方面较年轻人占优势,87.6% 的老年人认为自己在经验方面强于年轻人,71.4% 的老年人认为自己在观念方面仍有优势,相关数据表明,多数老年人充分肯定自身价值,有信心参与社会活动。

老年人自愿再就业的原因是多方面的:首先是经济上的需要,部分老人由于家庭负担较重,因而有强烈的继续就业的欲望;其次,充实晚年生活的需要,对于有些老年人来说,工作可以给其带来生活充实感、成就感;再次,发挥专长,回收人力资本的需要。对于一些具有特殊专长的老年人来说,由于报酬往往较高,且为培养这些专长,他们已经耗费了巨大的实际成本和机会成本,因此,他们总希望延长工作年限,以最大限度地提高人力资本的回报率。老年人有再就业的意愿,是老年人参与社会,发挥作用的基点,是开发利用老年人力资源的前提。

第四章

人口老龄化对苏州产业结构的影响

产业结构,亦称国民经济的部门结构,国民经济各产业部门之间以及各产业部门内部的构成。社会生产的产业结构或部门结构是在一般分工和特殊分工的基础上产生和发展起来的。研究产业结构,主要是研究生产资料和生活资料两大部类之间的关系;从部门来看,主要是研究农业、轻工业、重工业、建筑业、商业、服务业等部门之间的关系,以及各产业部门的内部关系。

第一节 人口老龄化与产业结构

一、人口是引起产业结构变动的重要因素

人口问题说到底是经济问题。人口变动的终极原因应该可以从经济关系中找到。人口与经济发展之间,从高生育率—低人口文化素质—低劳动生产率—高生育率的初级循环模式,转变为低生育率—高人口文化素质—高劳动生产率—低生育率的高级循环模式,从而使人口老龄化提前,对社会经济发展产生直接或间接的影响,也完全是社会经济发展的结果。

在国际上通行的产业结构分析和比较中,除了政策和体制的影响外,考察具体因素时比较多地关注产业投入结构的影响。产业投入结构包括劳动力、资本和技术。就三个产业的劳动力结构而言,它既是投入结构的一个方面,又往往被用作反映产业结构变化的一个基本指标而与产值结构并列。产业投入中的劳动力结构与人口的数量和质量密切相关,人口因素对我国产业结构的影响体现在人口质量和数量两个方面,一定数量和质量的适度人口规模是经济增长的必要条件。

人口作为社会经济活动的主体和一切经济关系的承担者,自然也构成了产业结构的主体,它必然要渗透到产业结构演变的每一个过程和各个方面,制约着产业结构的变化和发展。

产业结构不断演变的一个重要条件,就是新的或发展壮大的产业能够得到其发展所需要的劳动力,人口作为经济活动过程中的主要生产要素,在其供给的总量、质量和结构上,都对产业结构有着强有力的影响。

人口本身虽不等同于人力资源,但人口是人力资源形成的基础,人口在数量、质量和结构等方面影响着产业结构的发展和变化。因而,一定的人口是形成产业结构的前提,人口状况及其变动又是影响产业结构变动的重要因素。

二、人口与产业结构的互动关系

1. 人口对产业结构的制约作用

从人口数量方面看,人口众多、人力资源丰富的国家,在其他条件得到满足时,一般就能建立起一个完整的国民经济体系;同时,由于受充分就业这一宏观经济政策目标的制约,劳动密集型产业的比重一般较大,有时甚至会降低产业的技术构成以安排更多的劳动力就业。而在人口很少、人力资源短缺的地区,往往只能侧重发展某些经济部门,大力发展资本密集型和知识密集型的产业,以产业结构的升级来解决劳动力不足的问题。

从人口质量方面来看,不同的产业部门对劳动力素质有不同的要求,人口的职业状况、技术结构状况会对产业结构的发展和优化起着制约作用,而人口状况的变动会对产业结构的调整和进步提出新的要求,甚至促进国民经济中新产业、新部门的出现。在现代产业发展的过程中,大量低素质劳动力的存在通常有利于劳动密集型产业和粗加工产业的发展,而高素质劳动力的充沛供给往往有利于发展知识密集型产业和深加工产业。

从人口结构方面看,人口构成会直接影响到劳动力资源的构成状况,从而对产业结构发生影响。劳动年龄人口的性别构成与劳动参与率相关,而且会直接影响到各行业从业人口的性别比例,从而影响产业结构中的就业人员性别比例等。进一步来看,人口的年龄构成决定了不同年龄组的人口在精力、耐力、学识、技能及综合素质等方面都存在着一定的差异,所适合从事的具体职业也有所不同,因此,即使劳动力总量没有发生变化,但由于各个年龄组的人口在总人口中的分布状况和比例关系的变化,也会影响到不同时期的劳动力资源状况,进而会影响到产业结构的状况。

要判断一个地区产业结构是否合理,在许多因素中,人口与产业结构间的客观联系是不容忽视的一个重要因素。根据一定的人口与产业结构状况,采取相应的措施,实现人口与产业结构的相互适应、协调发展,是取得最优人口经济效益的先决条件之一。事实上,一个国家产业结构的发展,既要考虑到一定时期内劳动力技术结构演变的刚性对产业结构升级带来的制约,又要考虑到产业结构的高级化进程与现存劳动力技术结构的差距而造成的就业目标的损失,而落后的劳动力技术结构,往往是发展中国家产业结构升级的阻碍因素。

2. 产业结构对人口的制约作用

产业结构对人口的制约作用,主要表现在一定的产业结构对劳动力与生产资料的相互适应状况有重要的影响,产业结构的变动直接制约着人口职业、行业结构的变动。这是因为:第一,国民经济各部门对劳动力数量的需求是受生产资料总量和技术构成制约的,即劳动力需求量＝生产资料量/生产技术构成。也就是说,社会各部门对劳动力的需求与生产资料总量成正比,与生产技术构成成反比。第二,就产业结构本身的发展来看,一定时期的产业结构是生产力长期发展的结果,且有一个相对稳定的阶段,在一定时期内人口构成只能适应而不能改变它。从这方面讲,一定时期的产业结构决定着该时期的人口职业、行业结构。

3. 中国人口与产业结构的互动

经过改革开放30多年的高速发展,中国初步建立起了比较完善的市场经济体系。目前,经济增长方式的转型和自主创新能力的提高,以及提高社会保障能力、缩小贫富差距等要求,促使经济结构与产业结构优化进入重要的调整时期。

从中国的人口与产业结构互动角度看,未来调控产业结构(包括增加值结构和劳动力就业结构),发挥经济结构优化的总量增长效应,需要完成两个基本任务:一是加快发展第三产业,增强其吸纳劳动力就业的力度,促使农业剩余劳动力的产业转移(这也是再就业工程的长期任务),调整国民经济产业结构;二是进一步调整第三产业的内部结构,提高其劳动生产率,从而优化第三产业和整个国民经济的产业结构,提升国民经济发展的总体效益水平。从发展的逻辑推理,应首先完成第一个任务,然后进一步完成第二个任务;从现实的眼光考察,完成第一个任务是经济发展和社会进步的当务之急,且需要较长时期艰苦的努力。

按照现代化的指标衡量,中国第三产业的增加值比重应从1998年的32.9%上升到45%以上,其途径之一就是增加第三产业的就业人员。第三产业蕴涵着吸纳劳动力的巨大潜力,如果其就业人员比重提高到目前全世界的平均水平40%以上,意味着可增加1亿多人员就业。在中国,第一产业长期压抑着庞大的劳动力,如其就业人数的比重降低到30%以下,其转移出来的近1.4亿个劳动力,正好从第三产业比重增大及其带来的结构调整中找到吸纳空间。为此,中国劳动力的产业转移——释放和吸纳的有效平衡机制是大力发展第三产业,通过加速第三产业发展,带动产业结构调整,从而大力吸纳第一产业释放出来的剩余劳动力和新增劳动力,以缓解失业和下岗问题,并推动缩小城乡差别,促进中国经济社会的稳定发展,这也是中国人口与产业结构调整的良性互动。

三、产业结构及其分类

1. 产业结构分类与三次产业结构

产业结构一般是指生产要素在各产业部门间的比例关系和它们之间相互依存、相互制约的联系,即一个国家或地区的资金、人力资源和各种自然资源与物质资料在国民经济各部门之间的配置状况及其相互制约的方式。它通常由两类指标来衡量:一是价值指标,如某一产业部门的产值占国民生产总值的比例;二是就业指标,如某一产业部门就业人数占总就业人数的比例。其中,前一类指标反映社会再生产的经济效果;后一类指标则反映一个经济总体的资源配置方式。

产业结构的各种分类法不下几十种,其中最常见的有马克思的两大部类分类法、资源密集度产业分类法、农轻重分类法、三部门产业分类法、标准产业分类法、三次产业分类法等。

三次产业作为一个经济概念最早是在 20 世纪 30 年代提出的,其分类是产业结构理论研究和产业结构统计相结合的产物,也是各国进行国民经济统计时最常用的一种方法,为观察和分析产业结构的变化规律、对各国的产业结构进行比较研究以及选择合适的产业政策提供了极大的方便。

随着科技的进步和人类经济活动的日趋多元化和复杂化,三次产业分类法也呈现出一定的局限性。主要是第三产业的内容过于庞杂而未能反映出第三产业内部各行业的差别,其中与知识、信息服务直接相关产业的迅猛发展,正在形成一个新的独立的产业部门。

我国长期以来把社会生产分为物质资料的生产部门和非物质资料的生产部门,在实际统计中,实行的是物质产品平衡表体系。到 1992 年,中国才开始分步实施以新国民经济核算体系为基础的核算体系。其中,对三次产业的划分是:

第一产业:农业(包括种植业、林业、牧业、渔业等)。

第二产业:工业(包括采矿业、制造业、自来水、电力、蒸汽、热汽、煤气等)。

第三产业:除上述第一、第二产业以外的其他各业。

鉴于第三产业包括的行业多、范围广,根据中国的实际情况,又将第三产业进一步分为流通部门和服务部门两大部分及四个层次:

第一层次:流通部门(物流业),包括交通运输、仓储及邮电通信业,批发和零售贸易、餐饮业。

第二层次：为生产和生活服务的部门，包括金融、保险业，地质勘查业、水利管理业，房地产业，社会服务业，农、林、牧、渔服务业，交通运输辅助业，综合技术服务业等。

第三层次：为提高科学文化水平和居民素质服务的部门，包括教育、文化艺术及广播电影电视业，卫生、体育和社会福利业，科学研究业等。

第四层次：为社会公共需要服务的部门，包括国家机关、政党机关和社会团体以及军队、警察等。

2. 三次产业结构变动的一般规律

我国三次产业结构变化的特点主要体现在以下三个方面：

（1）第一产业占国内生产总值的比重正常下降，农业投资稳步回升，有利于我国产业结构的高级化

1996 年与 1991 年相比较，我国第一产业从业人员占从业人员总数的比重下降了 9.2 个百分点，产业增加值占国内生产总值的比重下降了 4.3 个百分点。从世界产业结构的变化规律看，随着产业结构的升级，一产比重逐步下降是正常的，而且，同世界一些人均 GDP 水平大体与我国相同的国家比较，目前我国的一产比重是属于偏高的。另外，在一产比重下降的同时，我国农产品的供给仍然满足了人民生活和工业发展的需要，说明农业的效率在提高。近年来，我国农业发展受到了国家的高度重视，对农业的投资在 1994 年达到谷底后逐渐回升，1997 年 1～8 月第一产业基建投资占全国基建投资总额的比重已达到 4％，比上年同期提高了 1.3 个百分点，农业基础设施的改善和农业的稳定发展将对我国形成合理的产业结构产生积极作用，并为我国产业结构的高级化创造一定的条件。

（2）工业化进程明显加快

1991 年，我国第二产业增加值占国内生产总值的比重为 42.1％，1996 年提高到 49％，5 年提高了 6.9 个百分点，而第一产业和第三产业的比重则分别下降了 4.3 和 2.6 个百分点，与 20 世纪 80 年代第二产业比重下降，第一、第三产业比重稳步提高的情况比较发生了较大的变化，值得注意的是，近几年第二产业比重的上升并不是以牺牲一、三产业的发展为代价的，而是在一、三产业发展质量不断提高和二产业内部结构逐步改善的基础上发展起来的，这充分表明进入 20 世纪 90 年代后我国的工业化进程明显加快。

（3）我国尚处于工业化中期，第三产业尚不处于主导地位

1996 年，我国第三产业增加值占国内生产总值的比重不足三分之一，低于发达国家三产业所占比例的 50％左右，这说明我国经济的发展阶段还处于工业化中期，第三产业的发展还需要有较强的第二产业作为支撑。我国第三产业在总量不足的同时，其内部结构也不尽合理，金融、保险、通讯、房地产业等新兴第三产业的

发展还处于起步阶段,其快速发展还需要经济总体环境的改善和有序的竞争机制的形成。

与我国三次产业结构和农业内部结构、第三产业内部结构的问题相比较,在工业化进程加快过程中现阶段我国工业内部的结构矛盾更为突出,表 4-1 是对我国历年三次产业产值占 GDP 比重的变化。

表 4-1　中国 GDP 在三次产业中的份额及变化

年份	第一产业产值占 GDP 比重/(%)	第二产业产值占 GDP 比重/(%)	第三产业产值占 GDP 比重/(%)
2001	14.39	45.15	40.46
2002	13.74	44.79	41.47
2003	12.80	45.97	41.23
2004	13.39	46.23	40.38
2005	12.12	47.37	40.51
2006	11.11	47.95	40.94
2007	10.77	47.34	41.89
2008	10.73	47.45	41.82
2009	10.33	46.24	43.43
2010	10.10	46.67	43.24
2011	10.04	46.59	43.37
2012	10.09	45.32	44.59
2013	10.00	44.21	45.79
2014	9.16	42.64	48.19

数据来源:国家统计局

3. 各国产业结构变动的经验

各国经济发展的经验也表明,尽管产业结构受自然、社会、经济等多种因素的影响,其演进过程也因时、因地而异,但仍存在着明显的共同的发展趋势。

就三次产业结构而言,第一产业无论从产值上看还是从就业人员上看,其所占份额都存在不断减少的趋势;第二产业所占份额则首先是迅速增长,然后相对趋于稳定;第三产业所占份额则一直增长。具体来说,当一国经济发展水平较低时,农业是国民经济的基本部门,所以,第一产业投入的劳动力和资金的数量最多,比重最大,其产值占国内生产总值的比例也是最高的。随着经济发展水平的提高和工业化步伐的加快,第一产业的劳动力和资金投入会逐步向第二产业转移,与此相伴随的是第一产业值的的比重开始下降,第二产业产值的比重迅速上升,使之成为最大的产业部门。在经济发展水平处于较高阶段时,农业劳动生产率提高,农业释放出来的劳动力绝大部分转向第三产业,同时,第二产业也会随着技术进步而减少部分劳动力,并向第三产业转移。因此,在经济发展水平较高阶段,不管是劳动力还是产值的比重,第三产业都是最高的,并有继续提高之势。产业结构的重心明显按第一、第二、第三产业的顺序转移,反映了产业结构演变的基本规律。

综观世界各国产业结构的变动情况,基本上呈现出一致的变动特征,如表 4-2 所示。尤其是 20 世纪 70 年代以来,世界上绝大多数国家第三产业的发展速度大大超过第一、第二产业的发展速度。目前,发达国家第三产业产值和就业的比重均在 60%～70%,美国、法国、澳大利亚等国甚至已超过 70%,中等发达国家也达到 50% 左右。

表 4-2　部分国家 GDP 在三次产业中的份额及变化(%)

年份	产业	美国	日本	法国	荷兰	意大利	澳大利亚	墨西哥	韩国	印度
1980	Ⅰ	2.5	3.7	4.2	3.5	5.8	5.3	8.3	14.4	37.8
	Ⅱ	33.4	41.9	33.7	32.2	39.3	36.4	31.1	39.9	23.8
	Ⅲ	64.1	54.4	62.1	64.3	54.9	58.3	60.6	45.7	38.5
1985	Ⅰ	2.1	3.2	3.9	3.9	4.2	4.0	—	12.5	33.0
	Ⅱ	30.8	41.0	30.5	32.4	35.3	34.0	—	41.0	28.1
	Ⅲ	67.1	55.8	65.6	63.7	60.5	62.0	—	46.5	38.8
1990	Ⅰ	2.0	2.5	3.4	4.0	3.2	3.3	7.2	8.5	30.8
	Ⅱ	28.1	41.2	29.2	28.9	33.4	29.5	26.0	43.1	27.1
	Ⅲ	69.9	56.3	67.4	67.1	63.4	67.2	66.8	48.4	42.1
1995	Ⅰ	1.6	1.9	2.4	3.1	2.9	3.4	5.0	6.2	28.4
	Ⅱ	26.8	38.2	26.6	26.9	31.5	26.8	25.5	43.2	27.2
	Ⅲ	71.6	59.9	71.0	70.0	65.6	69.8	69.5	50.6	44.4
1997	Ⅰ	1.7	1.7	2.3	—	2.6	3.2	5.0	5.4	27.5
	Ⅱ	26.2	37.2	26.2	—	30.5	26.2	25.9	43.1	26.1
	Ⅲ	72.1	61.1	71.5	—	66.9	70.6	69.1	51.6	46.4

4. 产业结构不合理的特征及其评价

对于一国而言,产业结构调控与其所处环境条件下的产业结构不合理是相联

系的。若从产业结构的均衡性要求出发,不合理的产业结构一般至少表现出以下四个特征:

(1) 产业结构残缺不全

所谓产业结构残缺不全,是指供国内居民基本生活消费资料的产业、供国内基本生产资料的产业和公共部门所需的某些重要的产业部门的缺乏。由于这些部门的缺乏,使一国国民经济带有严重的对国外市场的依赖性。

产业结构的残缺或完备是一个相对的概念,因为任何一个产业的形成都需要具备一系列条件,包括技术条件和自然条件。其中,技术条件是生产力长期发展的产物,各国水平有所差异,而自然条件是天然形成的,很难变更。各国只有根据本国的实际情况与其他条件,培育出自己的产业群,形成独特的产业结构,才能在国际分工中获得利益。因此,产业结构是否残缺不全,必须与一国当时的具体条件联系起来判断。只有一国的基本条件具备或经过努力能够创造条件建成的优势产业而没有建立起来的,造成重要产业的缺乏,才可称之为是不合理的。

(2) 产业结构内部比例失调

任何产业的形成总是通过具体企业来实现的,为了生产一定数量的产品,每个企业必须有一定数量的劳动力、劳动资料与原材料的投入。很明显,这种生产要素的投入量,在技术不变的条件下,与企业的产出总量成正比。任何一方面投入的不均衡,都会造成产业内部结构的不均衡。

(3) 产业结构与需求结构脱节

当产业结构与需求结构不相符,即与需求脱节时,表现出来的结果是最终产品中有相当部分不为社会所需要,同时必然又有许多产品满足不了社会的需求量,形成"过剩"与不足并存的局面。

(4) 存在自我服务型子系统

自我服务型子系统指生产生产资料的部门中形成一种完全封闭式的子系统。生活消费是根本性消费,生产性消费只是一种派生性消费。生产生产资料的产业部门,其产品是满足生产消费的,因而产业结构中生产资料的数量应以满足生产消费资料的产业需求为界限,不能超过这一界限形成一种仅为扩大生产而生产生产资料的状态。不为生活消费品服务的产业,可能会形成一种自我服务的封闭系统,在这个系统中各个产业之间自己生产、自己消费、自行膨胀。它表现为国民总收入不低,而居民得到的实惠却很少。

上述产业结构不合理的特征可能各自单独出现,也可能两种、三种甚至四种状态同时并存。只要产业结构中存在其中一种状态,这样的产业结构就是不合理的,也是产业结构调整必须面对的症结之处。

产业结构的合理与否,还需要一个评价的标准。评价一国或地区产业结构状况的标准一般有三个：①均衡度标准；②历史发展高度标准；③技术高度标准。

产业结构均衡度，是反映产业系统中自然资源结构与产业结构之间、产业与产业之间、最终产品与社会需求结构之间协调关系的程度，实际上就是产业系统与自然界和与社会之间的一种供求状态。

产业结构历史发展程度（或历史高度）是反映产业结构在历史进化中所处的阶段和位置的标量。产业结构的比例关系是和生产力发展水平相对应的，在生产力发展的不同历史阶段有不同的结构特征。从不同的结构特征中，可以找到其所处的历史轨迹上的位置。

产业结构技术高度是反映产业技术水平和技术装备程度的标量。技术是推动现代社会生产力的最强大的因素之一。因此，在评价一国产业结构的优劣与实力时，技术高度是最重要的指标之一。

产业结构的实际评判异常复杂，用上述三个评价标准的任何一个都无法量化为一个简单的数值来表示，只不过是提供了一个从总体上把握产业结构状态的分析方法。以上判断和选择标准是针对一国的范畴提出的，在考察一个国家区域内产业结构的优化与调控，就需要结合区域经济发展的特点来综合考虑。从区域层面上看，产业结构调整除参照一般规律之外，更应重视区域之间的特殊问题。

四、人口老龄化持久地影响产业结构

人口老龄化将冲击面向婴幼儿、青少年及中年等其他各个年龄阶段的产业，而面向老年人的产业因需求的拉动而发展机会相对较大。因此，人口老龄化程度的加深将成为制约产业结构调整的重要因素。

1. 从劳动力供给上影响产业结构

全球化与市场经济条件下，要求劳动力在不同地区和不同产业部门之间进行快速转移和流动，产业结构的调整必然要求劳动力的技术水平结构与之相适应。但是由于中老年劳动力长期从事同一工作，对居住地和从事的工作岗位已经非常熟悉和习惯，并且形成了较为稳定的专业技术技能，一般不愿意改变或调整工作地以及工作岗位。这就使得劳动力从衰退产业和地区向新兴产业和地区的流动受到影响。同时随着社会技术的不断发展和进步，新的行业，新的职业和新的工种将不断涌现，社会分工将更加复杂和频繁，而这些都要求劳动力有较强的适应能力和较新的知识技术结构，而高龄劳动力接受新技术慢，重新培训的费用高，很难适应产业调整的需求，将会造成社会的结构性失业。另外中老年人在体力和生理等方面素质的下降，各种慢性病的不断出现，也必然会影响到他们的工作。因此人口老龄化带来的劳动力老化，特别是一些专业技术人员的老化，不利于劳动生产率和工作效率的提高,将导致社会失业率上升,社会总产出下降,产业结构调整受阻,经济发展速度下降。

2. 从服务和需求上影响产业结构

从生理学和心理学上来说,老年人的心理和行为均明显区别于其他年龄段的人,如容易恋旧、思维习惯固化、感知迟钝、对新鲜事物不愿接受或适应较慢等。在消费上,他们偏爱老产品,忠于老企业,对自己已熟悉并认为不错的商品和服务情有独钟,一般注重商品的基本功能以及使用上的便捷和安全,而对功能复杂的产品不愿购买。这些习惯特点,给新产业、新服务,尤其是信息技术时代新型电子产品的市场开拓造成极大困难。老龄化社会的市场规模相对缩小也将不利于经济发展和产业结构的调整。人口老龄化和出生率降低以及总人口增长率下降总是相一致的。这样使得人口规模增长缓慢,甚至有人口规模不断缩小的情况出现,这将制约着市场容量的扩大。人口老龄化深度发展的后果之一就是人口增长的衰减或停滞。老年人口比重高的静止人口对新住宅和汽车的需求比青少年比重高的动态人口小得多,与此同时,前者比后者需要更多的个人服务。为满足对住宅和汽车需求而需要巨大投资,而对个人服务的需求在没有大量投资支出的情况下即可以得到满足。从迅速增长的人口到静止或下降人口的转变可能引起产业结构的重大改变,使经济变得更加轻型化,以至于整个经济的资本产出比下降。

3. 从投资上影响产业结构调整

投资资金是经济活动在商品生产周期中最显而易见的生产要素,任何产品的形成和发展离开了资金的投入是难以实现的,因此投资资金的供给是影响产业结构的直接因素。而人口老龄化使人口结构发生变化,使未成年人口比例逐渐降低,老年人口比例逐渐上升。由于未成年人和老年人都是被抚养的人口,而且两者的消费水平不同,所以人口年龄结构的变化将对消费水平、经济运行和产业结构调整产生影响。国家财政部和国务院技术发展中心为世界银行对我国经济考察提供的背景材料综合了各方面的研究成果,认为如果把 18~65 岁人口的消费定义 1.0,那么 18 岁以下的未成年人口的消费水平为 0.5,而 65 岁以上的老年人口的消费水平为 0.9,即老少消费比为 1∶0.56。在 2015 年后,未成年人口的消费指数将下降很缓慢,而老年人口消费指数却快速上升,由此可知,在假设 18~65 岁人口消费指数一定的情况下,人口老龄化将会使总人口的消费负担加重,它要求扩大居民收入中的消费基金,如财政在养老金、医疗等社会保障系统上的加大投入就是其显著表现。

4. 从技术创新上影响产业结构调整

人口老龄化将会导致创新精神衰退和技术进步缓慢,如果一个社会中的青少年人口比例不断下降而老年人口不断上升,那么该社会就有可能失去进取性和创新精神。一般说来,随着人口老龄化,劳动力老龄化程度会相应提高。在市场经济体制下,新兴产业不断涌现,传统的产业逐渐衰退消失,劳动者的职业变换日益频繁,而老龄劳动者无论在身体素质上、接受新知识、新技术的能力上,还是在拼搏精神和创新意愿上,都要比青年劳动者低得多,对新行业、新岗位、新产品的适应能力也要低得多。尤其在国际竞争日趋激烈、科技进步突飞猛进的背景下,年轻劳动力的缺乏,对于一个国家的制度创新、技术创新、管理创新,实现工业化到信息化的转变,对于社会经济变迁迫切需要的风险投资和高新技术产业的发展,都是一种严酷的挑战。

第二节　苏州的产业结构情况

产业是发展之基,就业是民生之本,两者事关国计民生,而产业与就业关系协调与否是衡量经济健康发展的重要标志。

多年来,苏州产业结构逐步优化升级,也符合了世界范围内产业结构演变的一般规律。具体来看,主要呈现以下特点:

1. 制造业总量比较大

近年来,苏州人均 GDP 已经超过 1 万美元,处于工业化中期向后期迈进阶段。经过多年的发展,苏州工业总产值达 1.86 万亿元,居全国第二,超过南京与无锡的总和,接近广州与杭州的总和。与此同时,制造业形成了电子信息、装备制造、化纤纺织服装、冶金、轻工、石化等六大主导产业,新能源、新医药、新材料等新兴产业初成雏形。

2. 产业集聚度比较高

苏州以"两轴三带"为支撑,以 5 个国家级、12 个省级开发区、3 个保税物流园区和 6 个出口加工区为载体,以制造业为主,服务业联动,全市开发区集聚了 85% 左右的实际利用外资、80% 的进出口和 51% 的财政收入。

3. 国际开放度比较高

依托区位、人文、服务、环境等比较优势,通过大力实施开放带动战略,苏州经济国际化程度迅速提高。国际资本加速流入,投资的叠加效应不断扩大。市累计新批外商投资项目 21330 个,新增注册外资 1149.6 亿美元,实际利用外资 695.7 亿美元。生产销售日趋全球化,产品出口已遍布 170 多个国家和地区。企业"走出去"步伐加快,国际交流日益频繁。

4. 科技创新起步比较快

多年来,通过实施自主创新能力行动计划,科技创新能力逐步提高,专利申请量不断增长。初步构建了以企业为主体、市场为导向、产学研相结合的技术创新体系,持续发展后劲不断增强。2008 年,全市 R&D 占 GDP 比重达到 1.94%,以 IT 为主导的高新技术产业产值占比达到 34%。

5. 统筹发展能力较强

市场在资源配置中的基础性作用得到较好发挥,人力、土地、科技、金融、市场资源等配置基本实现市场化。物质文明、精神文明、政治文明、生态文明协调推进,发展方式由粗放型的规模扩张向内涵型的质量提升转变,驱动方式由投资拉动向科技拉动转变。城乡居民收入增长幅度均超过 12%,城乡收入比达到 2∶1。

表 4-3 苏州历年 GDP 及三次产业结构比例   单位:亿元

年份	地区生产总值（GDP）	第一产业	第二产业	第三产业	人均生产总值/元
1978	31.9503	8.9736	17.7924	5.1843	634
1979	35.2715	9.5714	19.1805	6.5196	691
1980	40.6838	10.0337	23.8462	6.8039	787
1981	43.7645	9.7709	26.2288	7.7648	839
1982	47.6133	12.0366	27.6163	7.9604	902
1983	52.5317	11.9412	30.781	9.8095	989
1984	68.0542	17.0341	39.2216	11.7985	1280
1985	91.9134	18.0734	56.6667	17.1733	1714
1986	104.0557	21.7869	61.6365	20.6323	1935
1987	127.0229	24.1752	77.0836	25.7641	2338
1988	165.1278	29.5154	101.1738	34.4386	3009
1989	176.2906	29.7298	105.6554	40.9054	3182
1990	202.141	35.0042	123.2357	43.9011	3617
1991	235.0988	35.7639	147.2218	52.1131	4178
1992	359.6852	40.5643	230.7745	88.3464	6360
1993	525.9554	50.16	336.0588	139.7366	9258
1994	720.8982	68.4568	442.8893	209.5521	12639
1995	903.1127	80.3709	543.4145	279.3273	15784
1996	1002.1368	88.1817	567.9552	345.9999	17474

续表

年份	地区生产总值 （GDP）	第一产业	第二产业	第三产业	人均生产总值/元
1997	1132.5941	88.1628	636.4226	408.0087	19713
1998	1250.0133	88.0069	701.9538	460.0526	21733
1999	1358.4312	88.1409	764.0685	506.2218	23592
2000	1540.6798	90.9605	870.098	579.6213	26692
2001	1760.2795	91.4124	999.8911	668.976	30384
2002	2080.3673	91.718	1211.5201	777.1292	35733
2003	2801.56	75.75	1771.86	953.95	47693
2004	3450	77	2268	1105	57992
2005	4026.52	88.66	2681.54	1256.32	66766
2006	4820.26	94.01	3152.03	1574.22	78802
2007	5700.85	98.78	3632.03	1970.04	91911
2008	6701.29	108.86	4155.54	2436.89	106863

数据来源:《苏州统计年鉴》(1978—2008 年)。

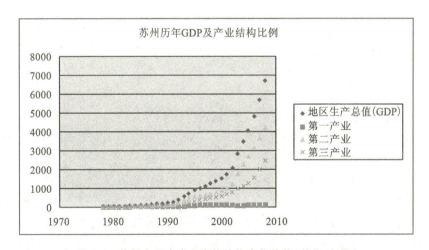

图 4-1　苏州市三次产业产值结构变化趋势(单位:亿元)

2014 年苏州实现地区生产总值 13761 亿元,其中,第一产业 228 亿元,第二产业 7034 亿元,第三产业 6499 亿元。全市三次产业结构由 2010 年的 1.7∶56.9∶41.1 调整为 2014 年的 1.7∶51.1∶47.2,几年来,第一产业占比稳定在 1.7%,第二、三产业占比呈现一下一上变化趋势,上下 5.8 个百分点。

苏州 2014 年末就业人数 693.4 万人,其中,第一产业 24.5 万人,第二产业 419.8 万人,第三产业 249.1 万人。第二、三产业分别吸纳了 60.5％和 36％的就业人数。同 2010 年相比较,就业总人数增长 0.9％,第一、二产业就业人数分别下降 5.8％和 1.9％,第三产业就业人数增长 6.6％。三次产业就业结构由 2010 年的 3.8∶62.2∶34.0 调整为 2014 年的 3.5∶60.5∶36.0。苏州就业结构呈现出第一、二产业占比持续下降,第三产业占比逐年上升的变化趋势。

从三次产业增加值和就业人数在国民生产总值和全部就业人数的比重变化趋势可以看出,苏州第一产业增加值和就业人数的比重处于稳定,第二产业增加值和就业人数的比重呈同向下降变化,第三产业增加值和就业人数的比重呈同向提升变化。

近年来,苏州经济正处于转型升级阶段,不断向发展先进制造业、高新技术产业和服务业推进,经济结构逐步优化。随着产业结构的不断优化,就业体制机制也进一步完善,经济发展与就业增长协调发展,保增长与惠民生协同推进。

第三节　人口老龄化背景下优化产业结构的方式选择

人口年龄结构的改变从劳动力供给、分配结构和消费结构等方面影响着产业结构,我国产业升级的节奏在人口老龄化的压力下显得过于缓慢。人口老龄化对于产业结构的要求,不仅体现在三次产业的升级而且体现在各产业内部的优化。

一、重视人力资本在产业升级中的作用

知识经济时代最重要的经济资源是知识、是科技、是智力,但归根结底是人力资源。随着老龄化对劳动者的素质提出更高的要求,经济发展也由对"人口红利"的依赖转向对"人力资本"的重视。在劳动力不足的情况下,劳动者通过生产知识、管理技能和健康素质的提升而带来社会福利的增长显得尤为重要。在人力资本的理论中,教育被视为人力投资的主要部分,同时也是提升人力资本的重要手段。因此,衡量人口老龄化时代的生产力将由劳动力数量向掌握不同程度知识技能的人口质量转变。

二、加速推动第三产业的转型升级

在人口老龄化推动产业结构升级的过程中,会有力地促进劳动力向第三产业的转移。在我国当前经济结构调整与优化的重要发展时期,产业结构调整的任务十分繁重。调整我国的产业结构(包括增加值结构和劳动力就业结构),发挥经济结构优化的总量增长效应,需要完成两个基本任务:一是加快发展第三产业,增强其吸纳劳动力就业的力度,促使农业剩余劳动力的产业转移(这也是再就业工程的长期任务),调整国民经济的产业结构;二是进一步调整第三产业的内部结构,提高其劳动生产率,从而优化第三产业和整个国民经济的产业结构,提升国民经济发展的总体效益水平。从发展的逻辑推理,宜首先完成第一个任务,然后进一步完成第二个任务,从现实的眼光考察,完成第一个任务是经济发展和社会进步的当务之急。一方面,按照现代化的指标衡量,我国第三产业的增加值比重需要上升到 45% 以上,其途径之一是增加第三产业的就业人员。

三、大力发展人口老龄化相关产业

老龄产业是伴随老龄化现象应运而生的,也是老年人口市场需求的必然结果。推动老龄产业的发展不能仅仅依靠宏观调控或政府主导的力量,应充分利用市场机制,引入民间资本,为老龄产业的发展创造良好的投资环境吸引老龄事业的投资。首先,加快老龄产品和服务的供给。IT 等高新技术产业在提高老年人口生活质量方面有着不可估量的市场前景,适合老年人口居住的老年社区或老年公寓的开发将是房地产行业的重要发展领域,各种以老年人口为主要服务对象的教育、旅游、休闲产品也都具有巨大的市场需求。不仅从衣、食、住、行等生活必需品领域满足老年群体的商品需求,还应在医疗护理方面加强产品设计和研发投入。我国的老龄化趋势中已经显现出高龄化的人口发展态势,针对高龄群体的医疗护理和保健产品以及相关服务市场还处于萌芽期,因此应提升老年医院、家庭护理、康复中心等服务的市场化程度。其次,推动适合老年人就业的产业发展。发展适合老年人就业的产业呈现出越来越多的现实意义。老年人在知识、经验、社会关系等方面仍具有独特优势。公共政策应引导老年人进入适合其体力和脑力条件的行业,根据老年人的特点开发合适的职业。

互联网技术的发展和高铁时代的到来正在改变人们的工作和生活方式,也为老年人继续参与经济活动创造了极大的可能性。中国劳动力市场供求关系正在发生的重大转折,使得更好地利用老年劳动力不仅成为可能,而且成为必须。鼓励养老市场的开发,家庭养老功能的弱化必然导致其他养老模式的兴起,商业化和社会化的老年服务将面临着巨大的市场需求。因此,在政策上应从税收、贷款等方面给予老年产业更多的财政和金融支持,鼓励资本的进入,从老年设施、老年住宅设计、老年社区服务等多个领域为新一代养老模式的发展创造良好的外部环境。制定适合老龄社会发展的产业规划,大力开发老龄市场,银色商业有可能形成巨大市场。只有在起居、洗浴、如厕、进餐、保健、娱乐、出行、通信、安全等方面使照料老年人的工作都真正实现自我服务化、自动化和合理化,老年人的服务才能彻底改善,这时的银色商业就能对经济发展起到推动作用。

第五章

人口老龄化与苏州消费和储蓄

第一节　人口老龄化与消费和储蓄

　　人是生产者,又是消费者,不同年龄的人群,有不同的消费偏好,有不同的储蓄倾向。因而,人口年龄结构的变化会引起社会消费与储蓄比例的波动,从而对经济发展产生影响。

　　按照生命周期理论,人口老龄化发展到一定阶段,会使得整个社会的消费倾向增加,储蓄倾向降低。这种转变的后果会产生两个方面的影响:一是社会消费需求,包括用于老年人的公共支出将会增加,社会消费模式将发生根本性的变化;二是个人和家庭储蓄减少。按照经济学理论观点,储蓄等于投资。根据发达国家的经验,家庭和企业是资本积累的主要来源,因而,个人消费与储蓄倾向及模式的变化,会对生产基金的积累产生消极的影响。

　　人的消费行为受年龄和心理因素的影响,又为社会经济发展水平所制约,随着人处于其生命周期的不同阶段,人的消费需求也会发生不同。对作为消费者一方的人口群体而言,人口老龄化导致的直接结果表现在消费行为的变迁上,从而引起储蓄率的改变以及需求和市场结构的变化。

　　早在 19 世纪 30—40 年代,西方学者就注意到储蓄偏好与人的寿命长短之间的关系。他们认为人的寿命短,利息率就低,人们的储蓄偏好也低,相反,人的寿命长和有为后代积累财富的偏好,就能促使人们增加储蓄。这是在尚未建立起社会保险制度的条件下人的寿命与储蓄之间的一般关系。在社会保险制度已经普遍建立起来之后,储蓄与人口老龄化之间的关系发生了变化,表现为个人储蓄动机已经从为后代积累财富转变为储蓄养老。例如,美国金融理论专家弗朗科·莫迪利亚尼提出了"生命周期储蓄假说",认为个人的储蓄反映生命周期中个人分配其资源的意图,个人储蓄的动机和数量受个人就业收入和退休时间以及社会保险中养老津贴的影响。他指出,人们在花费自己的收入时,总要结合生命循环过程来安排。为了维持其年老时的生活费用和医疗保健费用,人们在其成年时就开始储蓄了。

老年人口的消费与其经济状况有很大关系,在很大程度上取决于老年人口的收入。西方发达国家老年人口的收入主要来自退休金或各种形式的社会保险津贴。也有相当一部分老年人的收入来自私人的抚恤金、养老金或其他形式的补贴。老年人的经济状况与其家庭组成具有某种联系,通常,单身老人的收入低,生活条件差;有亲属的老人生活状况较好,他们可以获得经济接济和亲属照料。

人口老龄化对自愿储蓄有不利影响,主要表现为:

(1) 养老金制度普遍推广之后,人们指望年老时从社会保险系统领取养老金,或从其他私人养老基金系统领取养老津贴,因而不愿意将个人工资收入的一部分储蓄起来,或者不愿意多储蓄,而愿意多花费现有收入,从而导致储蓄率下降,如瑞典20世纪60年代普遍实行养老金计划之后,储蓄率从7％降到接近于零。

(2) 养老金制度推广之后,有些工人提前退休,对于劳动力资源稀缺的国家来说,会提高资源稀缺的程度,不利于经济增长。工人提前退休,工资额税收减少,对强迫性储蓄也不利。西方发达国家大多实行强迫储蓄制度。

从一个人口群体的角度来说,人口年龄构成年轻,青少年人口所占比重较大,则对于青少年成长和受教育有关的商品的需求上升。由于青少年人口多,对耐用消费品的消耗数量大,特别是当进入婚龄、育龄的人口比重上升时,对耐用消费品的需求就会增加,甚至会出现高档家具、住宅以及电器用品供不应求的现象。对这些商品需求的增加会刺激和推动社会多生产这类高档耐用消费品。随着人口老龄化,老年人口增多,必定会影响整个社会的消费需求。

虽然老年人口不断增加,但在今后 5~10 年内,以下的因素将抑制个人消费倾向,而促进个人储蓄的增长:一是苏州目前仍处于人口老龄化的初期,虽然老年人口比重不断上升,但在今后 5~10 年内,劳动年龄人口比重仍保持上升势头,在一定程度上抑制消费与储蓄关系的变化。二是养老金由现收现付制向部分或完全积累制的转变,将会促进个人储蓄倾向的增长。三是养老保险制度改革的不确定性将增加人们的储备性储蓄。

由于对未来保障信心不足,使人们的储蓄意愿居高不下,影响到消费水平的提高,进而有可能影响扩大内需和经济增长方式的转型。本来,"人口红利"特点是抚养负担轻,人们储蓄较多,有利于形成投资,促进经济增长。但是,储蓄倾向过高,影响当期消费,又会走向反面。不少人认为,由于对养老基金支付压力的担心,以及许多农民工没有养老保险,而国内的农村社保又刚起步,保障水平不高,人们只能寄希望于多存钱,不敢花钱。况且,社保缴费占了工资的一半左右,消费能力本身就有限,国内消费难以提高,则长期以来依赖出口拉动的局面短期难有改观。

因此,在这段时期内,主要由于制度方面的原因,老年人口的消费倾向将受到一定程度的抑制。一旦这些因素得到改善,老年人口的消费需求将迅速增加,对财政政策、税收政策和消费政策都会产生不可忽视的影响。

第二节 人口老龄化对苏州消费和储蓄的影响

一切消费(需求)活动是从需求开始的。需求是人们为了满足自己的生存和发展,对获得物质财富和精神财富的一种有意识的、可能实现的愿望或欲望。在社会总需求中包括满足人们生活需要的最终消费需求,也包括满足扩大再生产的中间需求。影响消费需求的因素很多,主要取决于居民货币收入、消费品的价格、产业结构以及社会政治制度、人口、消费心理、消费习惯、民族传统等。

人作为消费需求的主体,消费是以满足人的需求而实现的。在一个国家和地区范围内,在国民收入及其他因素条件一定的情况下,人口规模数量的多少对消费需求的总量以及人均消费额的影响极其明显。人口增多,一方面消费总规模就扩大,另一方面,人均占有的资源减少,进而影响人均收入的提高,并能够使人均消费需求降低。从单个家庭看,家庭人口数量决定着家庭的规模,影响家庭负担系数。在家庭就业人口一定的情况下,家庭人口老龄化使家庭负担系数增大,影响家庭成员消费需求的提高。

从人口结构角度看,不同年龄、不同性别、不同职业、不同地区、不同文化素质的消费者各有不同的消费需求。因此,人口结构的变化对消费有直接的影响,相应的也带来消费需求总量及结构的变化。当一个国家和地区的人口老龄化逐步升级,则给家庭和社会带来了一系列的经济问题,其中为提供越来越多的老年人需要的消费品和服务,健全社会保障体系,老年人的需求总量必然增长,消费需求的结构必然发生变化。总之,人口是影响消费需求的重要因素。

一、人口老龄化影响苏州消费和储蓄

从图 5-1 和图 5-2 数据可以看出,苏州无论是农村还是城市,居民的支出占收

入比重都在不断下降,居民的储蓄额却不断增加。全市居民的存款额不断攀升,从 1970 年的 6594 万元飞跃至 2010 年的 46555617 万元,是 1970 年的 7060 倍。从表 5-1 可以看出,居民支出占收入比重呈现下降趋势,从而也说明,居民存款比例不断增加。

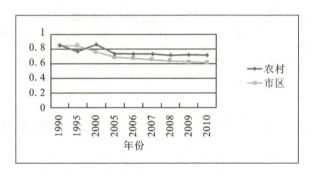

图 5-1　历年苏州市居民支出占收入比例(%)

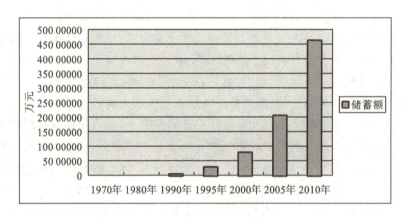

图 5-2　历年苏州市居民储蓄存款余额

表 5-1　苏州市居民人均收入和支出情况

年份	农村居民家庭人均纯收入/元	农村居民家庭人均生活消费支出/元	农村居民家庭支出占收入比重	市区居民家庭人均可支配收入/元	市区居民家庭人均消费性支出/元
1990	1 664	1 415	0.8503	2 150	1 805
1995	4 444	3 414	0.7682	5 790	4 877

年份	农村居民家庭人均纯收入/元	农村居民家庭人均生活消费支出/元	农村居民家庭支出占收入比重	市区居民家庭人均可支配收入/元	市区居民家庭人均消费性支出/元
2000	5 462	4 073	0.861	9 274	7 027
2005	8 393	6 143	0.7319	16 276	11 163
2006	9 278	6 811	0.7341	18 532	12 472
2007	10 475	7 623	0.7277	21 260	13 959
2008	11 785	8 443	0.7164	23 867	15 183
2009	12 969	9 354	0.7213	26 320	16 402
2010	14 657	10 397	0.7094	29 219	17 879

数据来源:《苏州市统计年鉴》。

二、基于最小二乘法的人口老龄化与人均消费性支出相关性分析

最小二乘法是一种数学优化技术,该技术通过最小化误差的平方和找到一组数据的最佳函数匹配。最小二乘法是用最简的方法求得一些绝对不可知的真值,而令误差平方之和为最小。由于一元线性回归的数学模型为

$$y_a = \beta_0 + \beta_1 x_a + \varepsilon_a, \varepsilon_a \sim N(0, \sigma_2), a = 1, 2, \ldots, N \quad (5-1)$$

上述方程中,β_0、β_1 是未知的参数,必须通过试验来估计。可以采用最小二乘法式中的参数,即设 b_0、b 为参数 β_0、β_1 的最小二乘估计值,则得到 x 与 y 的一元线性回归方程为

$$y' = b_0 + b_x \quad (5-2)$$

对于每一个 x_a,由回归方程(5-2)可以确定一个回归值 $y'_a = b_0 + b_{xa}$。这个回归值 y'_a 与实际观察值 y'_a 之差 $y_a - y'_a = y_a - b_0 - b_{xa}$,刻画了 y'_a 与回归直线 $y = b_0 + b_x$ 的偏离程度。对于所有的 x_a,如果 y'_a 与 y_a 的偏差越小,则可以认为直线与所有的试验点拟合的越好。显然,全部观察值 y_a 与回归值 y'_a 的偏离平方和为

$$Q(b_0, b) = \sum_{a=1}^{N} (y_a - y'_a)2 = \sum_{a=1}^{N} (y_a - b_0 - b_{xa})2 \quad (5-3)$$

上式表示了全部观测值与回归直线的偏离程度。

根据表 5-1 的数据,利用最小二乘法测算而得:

$$Y = 62.13 + 39.04X \tag{5-4}$$

其中:X 代表老龄人口数量,Y 代表人均消费性支出额。

由此可见,老龄人口每增加 1 人,人均消费性支出将增加 39.04 元。近几年苏州老龄人口以每年约 5 万人的速度增加,由此可得,每年人均消费性支出将增加 39.04 元。苏州 2010 年人口总量为 6376558 人,每年将增加 2.49 亿元的消费性支出。可见,老龄人口数量将影响苏州的消费性支出。

根据数据计算而得,每增加一名 60 岁以上年龄的老人,苏州市居民储蓄总额将增加 112.05 万元。全市每年大约增加 5 万名 60 岁以上年龄的老人,由此推算,每年约增加储蓄额 5602685 万元。

第六章

人口老龄化对苏州消费结构的影响

第一节　人口老龄化与消费结构

一、消费结构

消费结构是指在消费过程中各项消费支出占居民总支出的比重。它是反映居民生活消费水平、生活质量变化状况以及内在过程合理化程度的重要标志。消费结构研究的是居民是随着其总消费支出的增加而变化的,关于消费结构一词虽然被广泛应用,但学界对其确切定义有不同的认识,具有代表性的观点有:人们在消费过程中所消费的不同类型消费资料的比例关系;在消费行为过程中,各类消费品和劳务在数量上各自所占的百分比及其相互之间的配合、替代诸比例关系;在需求和供给的矛盾运动中形成的各类消费资料(劳务)在消费支出总额中所占的比例及其相互关系;人们生活消费过程中各种社会因素、自然因素内部以及社会因素与自然因素之间的相互关系和数量比例的总和。这些观点为人们深入研究消费结构奠定了基础,但这些定义也存在一些不足,把消费结构的概念仅仅规定为比例关系,没有反映其内涵,没有反映对质的要求及其质与量的相互协调性。

消费结构的变动不仅是消费领域的重要问题,而且也关系到整个国民经济的发展。因为合理的消费结构及消费结构的升级和优化不仅反映了消费的层次和质量的提高,而且也为建立合理的产业结构和产品结构提供了重要的依据,同时对促进整个国民经济的稳定协调发展具有重要的作用。

二、老龄人口的消费结构

不同年龄的人群消费、需求是不一样的。老年人的特殊的生理、心理和行为特征,产生了不同于其他人口群体的特殊物质需求和精神需求。在未来的半个世纪中,老年人口将呈现迅速增长的趋势,其中高龄老年人口的增长速度又大大快于低龄老年人口的增长速度。随着中国人口老龄化的不断加重,老龄人口的数量的不断增加,将预示着老年人口消费、需求在社会市场总消费、总需求中所占的份额和比重越来越大,占据越来越重要的地位。从而,将直接影响中国的市场需求、市场结构、供求关系和整个社会生产的变化,将会形成为满足老年人特殊需求的新型产业、新的行业,形成新的发展机遇。

老年消费者经历了人生的各个时期,生活阅历丰富,心理需要稳定。离开工作岗位后,虽然多数老年人生活安定,有一定保障,但在吃、穿、住、用、行的消费方面都有了新的特点,是一个特殊的消费群体。老年消费的特点:饮食消费减少,保健消费增加;穿着类商品既追求舒适、实用,也追求华丽、质地;用的商品追求安全、便利;居住环境追求安静;学习、健身、旅游、休闲的需要上升。

由于老年消费者生理演变的结果,在购买行为心理方面形成了不同于其他消费者的特征;惯性强,对商品厂牌,商标忠实性高;追求方便实用,要求提供良好的服务;需求结构发生变化。大多数老年人生活追求有以下几个指标:尽可能健康长寿;快乐,休闲,舒适的生活,自由支配时间,收入,得到他人尊重,维护已有利益。因此,他们的消费心理也与此相联系,如家庭观念较强,尽量加深与家庭的联系,在经济宽裕时,常给孙儿辈们零用钱,以维系精神寄托,而个人储蓄意愿不强,不愿意改变原有的消费模式。因此,老年人的消费心理对他们的消费结构有着比较敏感的变化。

1. 老年人消费需求的特点

老年人口的增加,预示着社会总需求中用于满足老年人特殊需求的增加。为满足老年人特殊需要的生产、经营和服务的经济活动也相应增多,相关的设施、企业和机构也将逐渐显露出生机和活力,庞大的老年市场必将逐渐形成。

老年人消费需求是与中青年人和少年人消费需求相对应的。老年人的需求既有一般性,又有特殊性。"一般性需求"说明满足老年人的方式与其他人群没有多大差异,特殊性是指这一消费需求是区别于其他年龄段消费者的老年人所特有的消费需求,不包括与其他年龄段消费者相同的消费需求。

老年人的身体状况、消费习惯、兴趣爱好与其他群体有明显不同,决定了他们具有独特的消费需求。在物质生活和精神生活方面都有其自身需求和消费的特点。他们中的大多数人退出了社会经济活动领域,安度晚年成为其生活的主要内容,闲暇时间增多,大多数老年人的活动场所主要是家庭和社区,活动空间缩小,由于肌体衰老和功能的降低,老年人的患病率增高,带病年限延长,高龄老人和病残老人增多需要护理和照料等。老年人的这些基本生理和社会特征决定了其需求结构的一般特点。养老居住需求、医疗保健护理需求、精神文化消费需求和服务需求上升,而其他方面的需求相对下降。

老年人口作为消费者,首先,是一类成熟的消费者,由于年龄和生活经验的关系,他们在消费时对品牌、时尚等没有特别的偏好,实用、实惠、方便、健康等是其消费的基本行为特征。第二,老年人的许多基本生活需要在其进入老年之前已基本得到满足,如房子、耐用消费品等大的消费需求,财产的积累使其进入老年后的消费重点发生变化。第三,收入的来源发生变化,导致消费选择的变化,老年人由于身体的原因,逐步退出劳动力市场,劳动收入逐渐减少,同时子女也已长大成人,安度晚年的生活中部分要靠子女的赡养,在消费水平降低的同时,消费选择也与以前大不一样。

2. 老年消费市场面临的问题

老年消费需求市场的发展不是孤立的,而是与整个消费市场相联系并结合在一起的,老年人的需求是社会总需求的重要组成都分。人口老龄化的发展不仅使老年人口总量增加,而且使老年消费市场规模扩大,进而改变整个消费市场的消费数量和消费结构。

老年消费市场的特点,与其他对象的消费市场、独生子女消费市场等特定人群、特定产品、特定服务对象的消费市场有相似之处,都要遵循消费市场的规律,但又与它们有着显著的区别。

老年消费需求的范围,应该包括基本生活产品、老年专用产品、老年服务、医疗保健、老年生活环境、老人精神生活及其关怀等。老年市场的发展状况也可以根据研究对象的不同分别讨论,例如,由于地域上的差别可以分为城市和农村老年市场,由于经济发展水平不同可以分为东部、中部和西部老年市场。

市场需求是与市场供给分不开的。需求的变化必须伴随着供给的变化,产品和服务的供给变化,则必然要求对产品结构进行调整。所以,若要适应需求的变化,进而引导产业结构调整的方向,必须对市场需求的变化进行预测和分析。

长期以来,中国传统上对少儿的消费市场发展比较重视,而对老年人的消费关注不够,满足老年人特殊需要的商品奇缺,精神文化生活单调贫乏。据相关调查,有 90% 左右的老年人对现在的老年消费品不满意,老年人的消费额所占比例很小,主要原因是消费市场对老年人消费的特点、潜力还未引起社会的足够重视,相应的老年产业的发展十分落后。据测算,2000 年,城市老年人的人均消费额为

5000 多元,消费总额就有 2700 亿元,占城市消费额的 10% 左右。这是低估的全面数字,若按城镇离退休人员一年的离退休金 3440 亿元(不包括医疗费及其他)计算,80% 消费就是 2752 亿元,社会上还有不拿退休金的老人和农村老人有 6200 多万人,按居民最低消费额 2000 元计算,就有 1240 亿元,城乡共计约 3992 亿元,占居民消费总额的 9% 以上,这还是低水平的消费,亟待进一步开发。

随着老年人口比例上升和老年人口数量的增加,老年人口特殊的消费需求将逐步增加。老年人口的需求和消费特点对市场和产业结构将产生越来越大的冲击,使原有的市场结构和产业结构不再适应老龄化社会的需要,这就要求调整现有的产业结构,以满足老年人口对物质和精神文化的特殊需要。

3. 中国人口老龄化与老年消费需求

根据消费经济学的理论,收入水平是实现其消费需求的基础。人类的消费需求和消费行为总是随着生活水平的提高不断地从简单到复杂、从低层次到高层次。老年人的消费需求也不例外。随着社会经济的不断发展、城市化程度的不断提高、老年人生活水平的不断改善、社会保障制度的不断完善,包括农村老年人在内的大多数老年人的经济收入水平会逐步提高,老年人收入水平的增加必然极大地提高老年消费水平,并改变老年人的消费结构。

目前,中国老年人的平均收入不高,其消费水平在客观上必然会受到其经济收入水平的限制。应当注意的是,养老保险金并非老年人的唯一经济来源,老年人的收入来源渠道包括老年人的储蓄、再就业收入以及其他方面的收入,包括退休金、养老保险金、医疗保障、社会福利、子女的抚养金、投资的收入、遗产等,这些经济收入都将影响到其消费水平。

1994 年人口变动情况抽样调查结果表明,在我国老年人口中由子女或其他亲属提供经济来源的所占比例最大,为 57.07%;其次是劳动收入,为 24.83%;第三是离退休金,为 15.82%;其他为 2.26%。而城乡情况又不同,具体数据如表 6-1 所示。储蓄因为具有保守而稳妥的特点,成为老年人较欢迎的维持生活水平的方式之一。他们往往用储蓄的财产来维持原有的或略低于原有的生活水平。储蓄对老年人经济状况和消费行为的影响是不可忽视的。据 1995 年全国 1% 人口抽样调查统计数据推算,中国城市 60 岁及以上的在业人口占就业人口的 9.4%,占该年龄组总数的 47.13%。农村老年人只要有劳动能力,仍从事农、林、牧、渔业的生产和经营。可见,我国老年人通过再就业的方式获得收入已成为一种较普遍的现象。而且,离退休人员人均再就业收入从 1990 年的 15.51 元/天上升至 1998 年的 57.34 元/天的现象,也表明再就业收入还会逐渐提高。

表 6-1　中国老年人口的主要经济来源

经济来源	离退休金/(%)	劳动收入/(%)	子女或亲属供给/(%)	其他/(%)
全国	15.82	24.83	57.07	2.26
城镇	49.31	14.00	34.53	2.16
农村	4.46	29.06	64.26	2.22

资料来源：根据国家统计局《中国人口统计年鉴》整理。

　　改革开放前的中国，温饱问题是老年人关心的主要问题。其需求是被动的需求和消极的需求，虽然有需求的愿望，但没有多少经济能力，形成不了专门的消费市场。社会和政府的老龄工作都处于较低的水平，老有所养、老有所医的能力有限。经过 30 多年的经济发展，许多老年人的生活得到改善，老年人口消费和需求水平得到提高，但养老保险制度不够健全，医疗保险还处于较低水平，使老年消费潜力受到影响，许多老年人口的巨大消费潜力还没有得到开发。目前，市场经济机制才初步建立，老年人口购买力和消费力仍处于较低水平，针对老年人的市场体系尚未建立起来，整体老年消费市场仍处于发育状态，巨大的老年人口消费需求尚未得到满足，老年消费市场潜力有待开发。

三、老龄化导致消费结构变化的分析

　　从个体消费者来说，老年人消费心理，消费收入水平是影响消费结构的两个主要因素。老龄化是影响消费结构的先决因素，老龄化先对老年人的消费心理和收入水平产生直接影响，而消费心理的变化和收入水平的改变就导致消费结构的变化。一般来说，老年人随着年龄的增加，收入会相对的减少，从而他们会在预期到收入减少之前进行储蓄和改变消费结构。他们会减少食物，衣服，家用设备等的消费，增加医疗，居住，交通通讯和文教娱乐的消费。

　　从家庭为单位的消费群体分析，在一个家庭的生命周期里而，家庭的总收入水平是影响消费结构的主要因素。在不考虑其他因素影响的条件下，在一个家庭成员中，老年人的数量会影响整个家庭的收入水平，消费结构也将改变。随着老年人的岁数的增加，医疗，文教娱乐方面的支出会有明显的增加。从社会群体分析，人口老龄化的发展必将影响整个社会的可持续发展。而且，人口老龄化严重的国家不仅影响国民经济的发展，而且也将导致人们消费结构的改变。社会消费方向也将向老年人消费转变，特别是老年人服务类的消费。

　　市场上针对老年人的商品，大多集中在医疗保健和养生系列，如保健品、奶粉、豆浆机、洗脚盆、按摩器等，远远满足不了市场需求。近年来有不少专家学者呼吁社会各界重视和发展"银发经济"。"银发经济"可以大致分为日用品经济、保健品经济和服务类经济,包括传统老龄产业,如服装、食品、特殊商品、交通、保健、老年福利设施,以及现代老龄产业,如娱乐、旅游、住宅、社区服务业、老龄教育等多种行业。

　　未来人口老龄化问题将更加突出,更加严峻,将会制约经济的增长和消费水平的提高,从而影响老年人的消费结构。以老年人为对象的产品和服务将有相对的机会。从人口老龄化中获益较多的产品类别大致是:保健产品,定位于老年消费餐厅,休闲设施和观光地,以老年消费者为对象的化妆品,以及老年人家庭护理等服务。对于人口老龄化问题以及老年人的消费需求,政府首先是要提高和保障老年人在养老期间能够得到基本的补贴收入;其次要加大对老年人休闲和锻炼场所及设施建设的投资。特别是政府部门应更加注重对老年人医疗卫生事业投资,改善老年人的医疗服务。

四、未来中国老年消费结构的变化趋势

　　未来中国老年人口消费需求的变化取决于人口老龄化和经济发展的变化。例如,一方面,家庭中老年人口增多,相对而言,子女的比重减少,依靠子女赡养的比例逐渐减少,供养老年人口的方式发生变化。另一方面,中国经济的快速发展,老年人的收入水平也将迅速提高,社会保障和医疗保障能力也会逐渐增强,老年人的巨大消费潜力逐渐显露出来,成为整个消费市场领域的重要组成部分。

　　老年人口消费需求的变化还取决于其消费需求倾向。根据现代消费理论,消费不仅是由现期收入决定的,人们对未来收入的预期(持久收入)也在消费决策中扮演着重要角色。正是由于居民收入增长缓慢,长期以来缺乏消费信贷,以及近些年来改革所带来的不确定性,造成居民收入预期不稳定,人们倾向于进行更多的储蓄以应付未来可能增加的支出,从而导致居民储蓄较高,而居民消费率(居民消费占 GDP 的比重)和最终消费率比较低。消费倾向是指可支配收入中用于消费的比率。就一个国家而言,国民收入的高低以及由此而产生的消费支出的大小便构成了该国的消费倾向。消费倾向可以分为两种形式:平均消费倾向和边际消费倾向,前者是指总消费与总可支配收入的比率,后者是指消费的增量和可支配收入增量的比率。

　　就老年群体来说,老年人口收入的高低以及由此而产生的消费支出的大小,便构成了老年人口的平均消费倾向。从收入预期状况来看,由于老年人预期收入有限,老年消费者收入显著减少的情况下,储蓄的多少直接影响其消费水平,在老年保障心理、收入预期心理、防止意外心理等作用下,老年消费者还把现期收入的

可观部分用于储蓄,储蓄倾向的增加势必导致消费倾向的减少,进而影响现期消费,而信贷消费在老年人身上更难以实现,与年轻人的消费倾向主要取决于预期收入不同,老年人的消费倾向主要取决于现期收入。一般来说,老年人的消费倾向要低于年轻人的消费倾向。老年人同其他人群相比较,当收入水平提高时,老年人会增加消费,但不如年轻人增加得多,但老年人口消费的开支要远远超过少年儿童,因为赡养一个老年人的费用要比抚养一个少年儿童的费用高得多。

上述分析表明,老年人的消费水平要低于中青年人,但究竟具体比例如何呢?各国研究如表 6-2 所示,索维在 1973 年对法国的研究发现,维持 18 岁以下人口、18～64 岁人口和 65 岁以上人口的生活费用之比为 0.5 : 1 : 0.7。南京大学的调查表明,1984 年我国老少消费比为 1 : 0.4。但 1984 年世界银行对中国进行经济考察以后认为,老少消费比为 1 : 0.55。1992 年中国人口信息研究中心的"家庭消费调查结果"显示,60 岁及以上老年人口在家庭中的消费量是 0～14 岁人口在家庭中消费量的 1.89 倍,即老少消费比为 1 : 0.53。

表 6-2　不同国家的老少消费比

研究个人或单位	研究地点、时间	老少消费比
Clark	美国 1976	1 : 0.33
Wander	德国 1978	1 : 0.25～1 : 0.33
Sauvy	法国 1973	1 : 0.72
Rix 和 Fisher	法国 1982	1 : 0.31
Burgdofer	德国 1973	1 : 0.58
南京大学	中国 1984	1 : 0.40
世界银行	中国 1984	1 : 0.55
中国人口信息研究中心	中国 1992	1 : 0.53

资料来源:于学军《中国人口老化的经济学研究》.中国人口科学.1995.6。

第二节　人口老龄化与苏州消费结构相关性分析

随着人们生活水平的提高,人们更加关注自身身体健康,保健意识逐步增强,苏州市市区居民人均医疗保健支出 2003 年为 681 元,2004 年为 673 元,2005 年为 609 元,2006 年为 634 元,2007 年为 873 元,2008 年为 835 元,2009 年为 866 元,2010 年为 919 元,2011 年为 1250 元。

从表 6-3、表 6-4 和图 6-1 中,可以看出,随着生活水平的提高,苏州市区居民人均消费中医疗保健费所占的比重在不断下降,但是对于滋补保健品的消费比例逐年上升,而滋补保健品的消费人群中,大多数都是老龄人口。随着苏州市人口老龄化的不断加深,滋补保健品的消费将会继续攀升。

表 6-3　近几年苏州市区居民家庭人均消费支出情况

项目	2000 年	2005 年	2009 年	2010 年	2011 年
人均总消费	7027.49	11163.28	16401.87	17878.80	21046
医疗保健消费/元	392.86	609.31	865.69	918.60	1250
比重/(%)	5.59	5.46	5.28	5.14	5.94

表 6-4　近几年苏州市区居民家庭人均医疗保健情况

项目	2000 年	2005 年	2009 年	2010 年
医疗保健消费/元	392.86	609.31	865.69	918.60
滋补保健品/元	66.53	125.17	267.36	303.49
比重/(%)	16.93	20.54	30.88	33.04

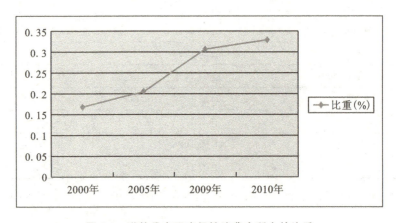

图 6-1　滋补品在医疗保健消费中所占的比重

毋庸置疑,老年人的社会需求是现实而巨大的,发展老龄产业、满足老年人口的社会需求也成为社会的共识。但目前老龄产业的发展还存在一些制约因素,主要表现在:一是目前老年人的总体收入水平偏低,大多数老年人的收入水平及增长速度都低于社会平均水平,这在很大程度上决定了老年人口的购买力和消费倾向的相对保守性;二是养老、医疗等社会保障制度的改革尚不完善,抑制了老年人的消费欲望;三是推动老龄产业发展的制度建设滞后。因此,完善相关的制度框架和政策体系,突破老龄产业发展的瓶颈,是推动老龄产业进一步发展的关键。

第七章

人口老龄化对苏州医疗
服务费用的影响

　　人口老龄化或老年人口的大量增加对社会保障的重要影响,还表现在医疗保障方面。所谓医疗保障是指社会对公民的健康给予维护和对疾病给以治愈和康复的保护性措施,属于现代社会保障范畴中的一个重要部分。人口老龄化对医疗保障的影响是十分明显的,这种影响主要表现在医疗保障模式的变化和保障费用支出的增长方面。

第一节　老龄人口医疗服务体系的现状

一、我国医疗服务业的总体状况

（一）行业发展现状

　　我国 2013 年卫生消费总额为 3.2 万亿元,是 2004 年的 4.2 倍,年复合增长率17.2%。虽然卫生消费增长飞速,在 GDP 总额中的占比仍仅为 5.6%,低于高收入和中高等收入国家水平,如果该占比能在 2020 年达到卫计委在《"健康中国2020"战略研究报告》中所提出的 6.5%—7% 的目标,我国卫生消费市场将达到 6.2—6.7 万亿元 1 规模。

　　随着民众收入水平的提高、财富的积累以及健康观念的转变将持续推动医疗消费需求向多元化、多层次的方向发展。

同时国家还积极推动大病保险,卫计生委在 2014 年 2 月发布《国务院医改办关于加快推进城乡居民大病保险工作的通知》指出,尚未开展城乡居民大病保险试点的省份要在 2014 年 6 月底前启动试点工作。基本医疗保障制度的逐步推进将持续提升民众的支付能力,拉动医疗服务需求。

(二)医疗服务状况

2013 年,全国医疗卫生机构总诊疗人次达 73.1 亿人次,比 2012 年增加 4.2 亿人次(增长 6.1%)。2013 年居民到医疗卫生机构平均就诊 5.4 次。

2013 年总诊疗人次中,医院 27.4 亿人次(占 37.5%),基层医疗卫生机构 43.2 亿人次(占 59.1%),其他医疗机构 2.5 亿人次(占 3.4%)。与 2012 年比较,医院诊疗人次增加 2.0 亿人次,基层医疗卫生机构诊疗人次增加 2.1 亿人次。

2013 年公立医院诊疗人次 24.6 亿人次(占医院总数的 89.8%),民营医院 2.9 亿人次(占医院总数的 10.6%)。

二、中国老年人口对医疗服务的需求状况

医疗保健需求是老年人的第一需求。随着中国经济的快速发展,人民生活水平大大提高,中国人口平均预期寿命也已经从 1950 年的 43.6 岁延长到了 2000 年的 71.4 岁,能够存活到高龄的人越来越多。

随着年龄的增大,老年人身体素质下降,遇到的健康问题增多,据国家卫生部统计信息中心 1993 年的调查资料表明,老年人健康状况欠佳。60 岁以上老年人群 60%～70% 有慢性病史,慢性病患病率是总人口的 3.2 倍,伤残率是总人口的 3.6 倍。从健康寿命看,65 岁以上老年人在余寿中有三分之二的时间处于带病生存。如糖尿病、高血压、关节炎、心脏病、骨质疏松症、听力和视力下降等,年龄越大健康问题越多,生活自理能力随年龄增长呈下降趋势,对医疗保健用品和服务的需求就越大,医疗保健方面的支出占总支出的比重也会增加。

第二节　人口老龄化对医疗保障的主要影响

所谓医疗保障是指社会对公民的健康给以维护相对疾病给以治愈和康复的保护性措施,属于现代社会保障范畴中的一个重要组成部分。老年医疗保障是社会保障制度的一部分,目的是使老年人在患病、行为不便时能够得到及时、必要的

治疗和护理。人口老龄化对医疗保障的影响是十分明显的。这种影响主要体现在医疗保障费用支出的增长和医疗保障模式的变化两个方面。

一、人口老龄化对医疗保障模式的主要影响

传统医疗保障是以治疗或预防传染性疾病和多发病为主，其保障对象主要是婴幼儿和劳动力成年人口。在老年人口比重很低的社会中老年病的防治并不成为医疗保障的重点。现在，由于人口老龄化的影响，社会医疗保障的重心有向老年人方面转移的趋势，根据一般的规律，老年人口的发病率要高于其他年龄组人口，并随着人口年龄结构向高龄化发展，在医疗技术条件和人类健康状况未发生根本变化之前，老年人口的发病率有随着人口老龄的发展而逐步提高的趋势，由此决定了老龄化社会中医疗保障重心向老年人口方面转移。

在过去的几十年里，人类的疾病谱已经发生了明显的变化。由于医疗技术的进步，传染性疾病的治愈率都有了明显的提高，一般都可以活到老年阶段，慢性病取代了急性病和传染病成为老年人健康的主要威胁，增加了对长期保健服务和对预防医疗的需求。人口老龄化的发展必将促使医疗模式向这方面转变。

人口老龄化对医疗保障制度之所以能发生影响，内在的原因在于个体的老龄化过程亦即健康水平不断变化的过程。一般说来，个体老龄化必然伴随着衰老和发病率的增加。亦即，老年人的健康之所以需要特别保障，是因为他们处于生理上的衰老期和社会角色转换以及社会功能下降的时期。

从世界各国以往的统计资料和调查资料来看，一般 60 岁及以上老年人口群体的慢性病患病率是全部人口群体慢性病患病率的 2～2.5 倍。2012 年我国卫生部的统计数字是 3.2 倍，比国际统计数字高出 0.7 个百分点，这可能与我国近十几年来高速工业导致环境严重污染有关。另据国家卫生部统计，老年人口群体所消耗的卫生资源比全部人口群体平均数也高出很多，大约是全部人口群体平均数的 1.9 倍。老年人口群体患病与非老年人口群体患病相比较，具有患病率高、多病共存、并发症多、慢性病患者多、长期失能者等特点。

人口老龄化对医疗保障制度之所以能够发生影响，内在的原因在于个体的老龄化过程即人体的老化过程，也就是健康水平不断下降的过程。

二、人口老龄化对医疗保障费用的主要影响

人口老龄化导致老年人口数量大幅度增加，致使老年人医疗费用和护理费用大幅度攀升。老年人口是医疗服务需求量最高的人群。从宏观层面上看，与人口

老龄化带来的经济挑战相比较,人口老龄化给整个社会医疗照料带来的压力是最令人担忧的。发达国家的政府和老年学家对老龄化最头痛的就是人口老龄化和高龄化导致的卫生医疗费用支出的天文数字级的增加。

随着老年人寿命延长,私人或公共医疗、护理、康复支出就像一个永远填不满的无底洞。发达国家的材料证实,老年人医疗支出是累进增加的,一方面是人数增加,另一方面是个人增龄,都使医疗支出增加。发达国家老年人医疗保障支出费用十分惊人。发达国家的老年人医疗保障由老年医疗保险、医疗补贴以及福利性服务几部分组成。例如,法国对全民一律实行医疗保险,而对退休人员采取一定的优惠政策,一般投保人缴纳医疗保险税为其收入的 50.5%,退休人员只缴纳退休金的 1%,低收入的退休者可免交。瑞典老年人除了享受比较优厚的医疗保险之外,还由福利部门提供比较完善的医疗服务,包括社区和在家庭中的服务。这种服务在瑞典被称为"伸出援助之手"活动,但发达国家由于进入老龄化比较严重的时期,特别是高龄老年人比重和绝对数增加得更快,因此社会医疗保险费支出的增长速度十分惊人。虽然许多发达国家的政府和社会为老年医疗保险付出了高昂的代价,但仍然有许多低收入和某些社会阶层如老年妇女、少数民族老年人的医疗得不到应有的保障。一方面是医疗费快速地增长,另一方面老年人健康的需要仍然不能满足。其原因,一是人口老龄化或高龄化的严重的影响;二是医疗费用昂贵;三是医疗保障制度的不合理。凡此种种,造成了某些发达国家目前医疗保障的困境,因此,许多问题突出的国家屡次提出改革养老保险和医疗保险及福利制度的建议,但是很难实现。美国在进入老年型社会以后,老年人口比重进一步提高,社会各界用于老年医疗保健的经费早已大幅度的提高。美国的医疗保健开支主要是由联邦政府、州政府和地方政府承担,通过医疗照顾和医疗补助计划来实现的。在美国联邦政府的预算中,医疗照顾和医疗补助是开支增长中最快的部分,已经超过了社会保险的开支的增长,成为美国最令人头痛的政策性问题。世界卫生组织(WTO)前总干事布伦特兰对老龄化卫生支出作了以下实证:"发达国家日益增加的老年人对卫生系统的影响实证材料不多,即或对现有卫生系统的结构和老年人优先性不作任何改变,我们对老年人的全部卫生支出都会迅速上升,发展中国家更是如此。现在已肯定知道的是,在富裕的国家中,需要医疗照顾的 65 岁及以上老年人的人数 1995—2025 年预计增加 50%~120%,不仅老年人数增加快,每人每年的健康支出也随着增龄而增加。一项调查发现,75 岁以上的老年人占人口的 5%,但却占用整个卫生支出的差不多 30%。"世界银行指出,与各国的 GDP 相比较,60 岁及以上人口比重越高,医疗卫生费用支出和年金支出在 GDP 中所占的份额越高,这是因为老年人的治疗,往往包括费用昂贵的技术、住院和长期护理,比年轻人的治疗要复杂得多。在澳大利亚,60 岁及以上老年人人均公共健康支出是 15 岁以下人口人均支出的 6 倍，在匈牙利是 10 倍以上。在对工业国家和发展中国家的一份大规模抽样调查中发现，老年人口医疗费比重能占各种公共健康支出的 92%。在我国，老年人全年的人均医药费为总人口平均医疗费的 2.5 倍，18% 的老人占用 80% 的医疗费。老年疾病一方面加大了老年人在医疗、照料护理方面的支出；另一方面还影响到老年人的劳动参与情况，直接导致老年人经济贫穷。在农村和没有强迫性退休制度的地区，不少老年人一直从事劳动到接近生命的终点。健康不佳对于劳动收入占相当比重的农村老年人来说，势必极大地制约其收入来源，影响其晚年生活质量。

21 世纪是我国人口老龄化的世纪，随着老年人寿命的延长，老龄化进程的加快，老年人口的增长十分迅速。2000—2050 年的 50 年间，60 岁及以上的老人将由 1.3 亿上升到 4 亿左右。我国在未来半个世纪内 60 岁和 65 岁以上老年人将分别增加 2.7 亿人和 2.3 亿人，增长速度分别是 2.5 倍和 2 倍，这样的老年人口增长不能不对卫生支出带来巨大压力，其中 80 岁及以上的高龄老人将达到 8000 万人，约占总人口的 20% 左右。即到 21 世纪中叶，我国每 5 个人中就有 1 个高龄老人。届时我国高龄老人是美国 3000 万高龄老人的 2.7 倍左右，日本的 1600 万老龄老人的 5 倍左右，对我国老年医疗保障压力之大，是可想而知的。

年龄的增长使老年人特别是高龄老人不可避免地成为受各种慢性病、老年病威胁的脆弱人群，而人口老龄化特别是高龄化无疑使患有慢性疾病、日常生活不能自理、需要长期照料护理的老人成倍增加，给国家、社会、家庭带来很大医疗费用和医疗照料护理压力。许多发达国家的实践已经证明了人口老龄化的过程是医疗费用支出急剧膨胀的过程。美国 1992 年医疗支出占到 GNP 的 14%，2000 年达到 20% 左右，其中很大一部分是用于老年人。日本 1975 年老年人医疗支出占医疗开支的 12%，1985 年增加到 25.4%。不断增加的老年人口医疗费用既影响到老年人自身的总体生活质量，也给家庭和社会造成巨大压力。

近些年来，我国离退休人员的医疗费支出也十分可观。中国目前离退休老年人医疗费用的主要部分是由国家和单位负担的，国家和社会的承受力已经受到了人口老龄化的明显影响。离退休人员的医疗费增长的压力几乎使各单位的医疗费报销难以继续下去，经常出现医疗费不能及时报销的情况，单靠国家事业费中的医疗保险基金已很难维持下去，不得不另辟途径，从其他方面寻找资金和节约开支来强撑局面。

今后，随着劳动力人口的老龄化，人口城市化和就业人员队伍的不断扩大，退休人口将会继续以快于整个老年人口增长的速度发展，如果没有更加切实可行的有效措施，我国人口老龄化对医疗保障产生的压力将会更为严重，从而将对社会的健康协调与可持续发展产生不可忽视的影响。这些应该引起社会各界的重视，应该在社会主义市场经济的发展过程中结合医疗保险制度的改革,妥善解决人口老龄化对医疗保障提出的新问题。

第三节　当前老龄人口医疗保障的不足及挑战

一、目前老年医疗保健方面存在的不足

根据老龄人的"病谱"可以看出,老龄人对医疗保健的需求越来越大,而我国当前在这方面显得不足。比如,我国的部分城市和地区已先期进入老龄社会,而社会的准备不足,老龄人的照顾、出行、就医等问题还没有受到社会的重视。有些单位发不出老龄人的退休金、医药费不能及时报销,造成老龄人经济困难,有病无法得到及时治疗,小病演变成大病。

特别是目前的医疗工作还是以各级医院为基础开展的,医院只把病人作为服务对象,没有把健康老龄群体和易感老龄群体作为服务对象,将老年病的预防、保健工作放在次要位置。这种传统的医疗模式存在着以下四个方面的问题。

(1) 忽视培养老龄人自我保健的能力和功效。只重视疾病的治疗,而对影响他们健康的心理因素、社会因素没有给予足够的重视。

(2) 重视医疗工作,忽视预防保健工作。临床医师们重视个体病人信息,忽视群体病人情况;对老龄群体的健康状况缺乏详细的了解。由于不能及时得到老龄群体的年龄结构、患病情况、健康水平的资料,对于各种严重疾病的高危人群无法进行监控和分析,也就不能提出预防措施。

(3) 老龄病人住院难。随着老龄人口的逐年增加、寿命的延长,老龄群体的健康状况与年龄成反比,并且多数人患有多种疾病,住院率远远大于中青年龄段。老龄病人集中的地方,因各种原因引起的住院难现象时有发生、给老龄病人及时诊断、治疗带来困难。

(4) 要提高老龄人医疗保健。随着社会的进步、人民物质文化水平的提高,老龄人对医疗保健工作不断提出新的要求,当前的医疗保健难以满足这些要求。

二、应对人口老龄化医疗保健工作需要做出的改变

1. 医疗保健模式的转变

人口老龄化需要医疗保健模式做出以下的改变：

（1）对医疗保健提出了新的要求。健康长寿是每个人的美好愿望，因此探索人口老龄化的特点，对加强老年医疗保健工作具有重大的现实意义。老年医学属于综合性医学，需要多学科协作，才能促进老年医学的发展。

（2）发展"六扩大"服务方式。随着医学模式的转变和人们对疾病与健康认识的提高，医疗卫生服务工作应做到以下六个扩大：

①由治疗扩大到预防；

②由生理扩大到心理；

③由院内扩大到院外；

④从临床医学扩大到社会医学；

⑤服务的方式从在医院内"坐等病人"扩大到走向社区进老龄人家庭；

⑥服务的对象从疾病患者扩大到全体老龄人群体。

（3）大力发展全科医学事业，促进医疗服务模式转变。医学院校开设全科医学系，加快全科医师的培养，卫生部门要有计划地对城市一级医院的医师、社区门诊部医师进行培训，使其转变成全科医师。

（4）设立心理学和社会学的咨询服务。健康的含义不只限于没有疾病，它还意味着人们要了解和掌握自身健康及影响健康的主要因素。因此，要对负责老龄人医疗保健工作的医师进行医学心理学和医学社会学的培训，且在老年病门诊设立心理学和社会学的咨询门诊，解决保健对象的心理障碍，使其心情愉快、身体健康，以达到延年益寿的目的。

2. 建立老年医疗保健网络

在卫生行政部门统筹安排下，三级医院逐步开设老年病门诊和病房；有计划地将部分二级医院转变为老年医院，部分一级医院转变为临终关怀医院，社区开设老龄人医疗保健咨询门诊，建立老年家庭病房，方便老龄人的治疗。医院与社区医疗保健工作相结合，形成覆盖全社会的老龄人医疗、保健网络。为此，需要做好以下两个方面的工作。

（1）社区全科医师为每个保健的老龄人设立健康档案，有条件时为老龄人建立电子医疗保健卡。全科医师与服务对象接触较多，能够提供连续的保健，并且有机会连续观察服务对象的健康状况及健康问题的演变过程。当老龄人患有急、危、重症疾病时，全科医师应护送病人到三级合同医院或老年医院治疗，病情好转

或处于慢性疾病康复期时,二、三级医院提供详细的病情摘要和下一阶段的治疗、康复计划,将病人转回社区,由全科医师负责以后的治疗和康复。全科医师负责老龄人的医疗、预防工作,可以减少医院的压力,使医院在疑难病、危重病的治疗中发挥重大作用。另外,又以可缩短医院的平均住院日,使医院发挥更好的社会效益。

(2) 70 岁以上的老年人和因病造成行动困难的老年人日新增多,他们来院就诊十分困难,影响了疾病的治疗。因此,扩大家庭病房规模由全科医师定期去查房,指导家属开展护理工作已势在必行。全科医师除负责医疗工作外,还可以向社会、家庭宣传卫生知识,介绍适宜的保健养生方法,指导老龄人开展有益身心健康的活动,提高老龄人的生活质量。

3. 加强社会医疗保险

要健全社会医疗保险体系,如医疗保险和人寿保险法规,政府部门和社会要为低收入或无收入老年人建立慈善救济基金,用来解决贫困老年人的就医问题,确保老龄人老有所养,老有所医,使我国达到人人享有卫生保健的目标。

4. 将老龄人的医院护理转变为社区护理

现在的基本医疗和养老保障制度,还只能覆盖到 50% 左右的城镇劳动人口,而相当数量的灵活就业和农民工很难加入。已经建立的新农合医保和城镇居民医保报销比例只能补偿实际费用的 50%。

应进一步推进老年医疗保障制度、并着手建立老龄人护理保障制度。加强护理的制度性建设,这意味着要重心下沉,要从现在的医院护理转变为未来的社区护理。

在传统理念中,对老龄人的护理仅仅存在于医院护理的层面,更多是对疾病的治疗。这一方面会带来高昂的费用,消耗大量医疗资源,同时也会给老年人带来诸多痛苦。而将护理从医院转向社区,从治疗转向保健,则有可能效率更高。

根据世界卫生组织的研究,有 1/3 的慢性疾病可以通过预防保健避免,1/3 可以通过及早发现而得到控制,1/3 通过病患者与医生的有效沟通提高治疗效果。

5. 为老龄人建立医疗护理体系

应对慢性疾病,基层社区内的长期预防保健显得更为有效。因此,未来我国为老龄人努力建立的医疗护理体系应是以社区为核心、家庭为基础,专业的老年卫生机构为依托,集预防、医疗、康复、护理和临终关怀为一体,构建医院—社区—家庭三者互动的模式。

三、人口老龄化对医疗保险制度的挑战

　　老龄人对医疗保险的需求明显高于中青年人,因此人口老龄化对医疗保险制度的影响重大,主要体现在对医疗保险基金的需求不断增长。医疗保险基金是医疗保险制度运行的物质基础和根本保障,对医疗保险制度的实施至关重要。人口老龄化既对医疗保险基金的来源,同时也对医疗保险基金的开支发生影响,总的说来是增加了基金的风险性。

　　1. 老龄化使医疗保险基金的供给减少

　　我国现行的基本医疗保险制度的主要筹资方式是用人单位和职工的缴费,用人单位的缴费率为职工工资总额的 6% 左右,职工个人缴费率为本人工资收入的 2% 左右,离退休人员不再承担医疗保险金的费用。由于老龄化的进程加快,使得在职职工与退休人员的比例,即劳动年龄人口负担老龄人口的系数(负担系数)上升。

　　2011 年 8 月 24 日,全国人大常委会执法检查组关于检查《中华人民共和国老年人权益保障法》实施情况的报告显示,我国不少地方在职职工与退休人员比例逐渐下降,社会抚养压力增大。全国人大的这份报告还显示,2010 年大约 5 个劳动年龄人口负担 1 个老人(5:1),到 2020 年约 3 个劳动年龄人口负担 1 个老人(3:1),2030 年约 2.5 个劳动年龄人口负担 1 个老人(2.5:1)。这种现象表明,一方面提供医疗保险基金付款(缴费)的人数相对于使用这笔资金的人数在减少;另一方面享受医疗保险待遇的人数却在迅速扩大。

　　另外,由于医疗保险制度是在原公费劳保医疗制度的基础上建立起来的,没有基金的积累和沉淀。对于在实行新制度时已经退休的"老年人"来说,他们的医疗保险资金就构成一笔"隐性债务"。按照现行制度的规定,一方面,已经退休的职工不再缴纳保险费;另一方面,离、退休职工的医疗保险要由新制度来承担。在没有其他渠道的资金解决老年人医疗保险"隐形债务"的前提下,仅靠在职职工缴费来负担自己和已经退休老年人的医疗费用,使医疗保险基金的压力相当大。

　　2. 老龄化使医疗保险基金的支出增加

　　近 100 年来,人类的"疾病谱"发生了历史性的转折。在 20 世纪初,威胁人类健康的主要疾病是急性和慢性传染病、营养不良及寄生虫病等。今天我国排在人类死亡"疾病谱"最前列的疾病是心血管病、脑血管病、恶性肿瘤以及呼吸系统疾病等的慢性病。

　　导致上述疾病的主要因素有社会因素、心理因素、环境因素以及人们的生活方式等。此外,这些疾病与年龄有很强的正相关性,随着人群生存时间的延长,此类疾病的发病率呈现增高的趋势。由于医学技术的进步,现在这些疾病已经可以通过手术或药物得到一定程度的治疗和控制,大大延长了患此类疾病老龄人的寿命。老龄人患这类疾病的数量明显高于其他人群,因此随着老龄化的加剧,对医疗保险的需求会进一步增加,医疗费用也会随之进一步增加。不仅如此,老龄人本身就是体弱多病的人群。据卫生部调查,老龄人发病率比中青年人要高3～4倍,住院率高2倍。老龄人患慢性病的比率为71.4%,有42%的老龄人患有2种以上的疾病。老龄化导致的医疗费用的消耗也将大幅度增长。相关研究表明,在医疗服务价格不变的条件下,人口老龄化导致的医疗费用负担年递增率为1.54%,未来15年人口老龄化造成的医疗费用负担将比目前增加26.4%。

以上从基金来源和基金的支出两个方面的考察,不难发现人口老龄化将对医疗保险基金带来不利影响。目前有不少地区,特别是经济欠发达地区,医疗保险基金已经入不敷出或已到零界限,参保人员年龄结构老龄化导致的医疗费用大幅度增长是重要原因之一。与此同时,在一些地区,由于经济发展水平低,企业和职工参保意识不强,还存在着医疗保险费拖欠和基金征缴困难等问题,使得医疗保险基金面临更大的风险。

3. 需要完善医疗政策与护理服务

从上述内容中有关人口老龄化对医疗保健工作和医疗保险制度的影响可以看出,我国亟须完善医疗政策和护理服务。有些专家对这些方面已经提出了很好的意见,比如以下两种:

(1) 完善医疗政策

老龄人的需求是多层次的,对老龄人的需求问题要分轻重缓急解决。应该明确的是,不是所有老龄人的需求问题都要由政府解决,由政府包下来。对于那些关系到老龄人的基本需求,如经济、医疗、合法权益等的保障问题,主要应由政府来解决,特别是对困难老人的基本医疗保障应由政府承担。建立完善的基本医疗保障制度,保证老龄人都能享受医疗保障,病有所医,住院能得到最大力度的护理。对于那些收入水平较高、个人需求层次较高的老龄人,可以由政府制定优惠政策,激活市场、借助社会力量来满足他们的需求。

(2) 完善护理服务

在护理服务上,需要配备高素质的护理人员提供高质量的护理,要力争做到以下五点:

①作为医生和护理人员,拥有较多的护理知识和经验,能针对患者的体征作出正确的诊断和治疗,并能在各种不典型的临床反应症状中,及时发现病情变化,给予恰当的抢救和护理。

②用自身扎实的专业知识和较丰富的临床经验,针对老龄人群多发疾病、疾

病并发症多和一个人同时患多种疾病的特点,对症下药。

　　③老龄病人的机能衰退和疾病的长期复发治疗,使尿道、血管等器官变硬变窄,给医疗护理技术操作造成一定的难度,医护人员要有过硬的技术操作本领,减少病人不必要的痛苦,避免操作不当影响治疗效果。

　　④为老龄人服务的医护人员,除了应具有一般医生所必需的敬业精神外,还要有一份特别的耐心和爱心,不厌其烦地护理老人。

　　⑤老龄人,尤其是老龄病人,因病痛的折磨和社会交往减少,容易产生厌世情绪和孤独症。老龄人特别喜欢回忆往事并向他人倾诉,医护人员要特别注意心理医护质量,用爱心去倾听老龄人的心声。

第八章

人口老龄化对苏州社会方面产生的影响

老龄问题是人口年龄结构老化与经济、社会、文化和政治各个领域的综合性问题,需要人们积极应对。人口老龄化既有积极影响,也存在消极影响,所以,当人们讨论由于人口老龄化进程而产生的社会经济问题时,有许多政策工具可以采用。通过这些合理有效的政策手段,人们可以充分利用老龄化带来的有利条件,同时减少和避免不利因素,促进经济、社会的全面发展。

第一节 人口老龄化与相关政策法规不断完善

一、世界各国政府应对人口老龄化问题的政策分析

1. 日本应对老龄化问题的政策分析

(1) 制定男女就业平等政策,促进女性就业

1985年,日本政府制定《男女就业机会平等法》、《女性再就业制度》和《劳动省关于确保男女雇佣机会和待遇平等的法律》、《劳动者派遣法》、《短时间劳动法》、《最低工资法》等,具体内容包括确保在就业方面男女机会和待遇平等、支援女性兼顾职业生活和家庭生活、制定时间制工作、提高女性地位、开发女性能力等。具体措施:①通过女性重返工作岗位计划,对女性进行普遍的技能训练,使女性可以寻找离家近的企业上班,让女性可以灵活地在企业之间流动,这样可以大大减少机会成本;②改变工资体系,采取同工同待遇,减少女性的收入损失;③提高劳动

力市场的弹性,方便出入。

(2) 修改移民政策,吸收外国劳动力

2005 年 6 月,日本法务省设立了"促进多文化共生社会研究会",2006 年 3 月日本总务省召开了"多文化共生研究会",提倡不同国籍和民族的人在互相尊重对方文化的基础上,平等生活。日本移民政策由过去强调"同化",而改为现在强调"共生",并采取提供社会保障、子女教育等措施保证外国人在日本就业及生活。"外国人才交流推进议员联盟"提议,今后 50 年内,日本应该向"多民族共存的国家"过渡,使移民人数达到日本总人口的 10%,即 1000 万人左右。该机构还建议制定专门的《移民法》,以明确移民国家的理念,并设置移民厅负责相关事务。

(3) 实施《老年人就业稳定法》,促进老年人就业

《老年人就业稳定法》是日本应对老龄社会所制定的法律。该法规定,所有企业都有义务雇用老年人。从 2006 年开始,企业要逐步提高退休年龄,到 2013 年,提高到 65 岁。企业可以从以下三种形式中任意选择一种:①废除退休制度,不以年龄为理由终止劳动合同;②逐步提高退休年龄,到 2013 年采用 65 岁退休制度;③采取"延长工作年限制度"以及"再就业制度",确保 65 岁为止的雇用。实施《老年人就业稳定法》之后,到退休年龄后仍被继续雇用的人数,从 2005 年的 12 万人(48.4%)增加到 2008 年的 31.6 万人(73.3%)。

日本政府的"人口减少社会政策"的关键在于充分利用老年人、女性及外国劳动力。日本政府为促进老年人及女性就业,制定了一系列相关政策措施,但在具体实施过程中,由于社会及企业雇佣意识尚未发生变化,老年人及女性只能从事短期劳动及临时劳动,无法获得长期稳定的收入。特别是老年劳动力创新精神减弱,劳动生产效率不高,也影响再就业。而女性出于习惯在结婚后辞掉工作,很难对其实施有效的职业培训,无法挖掘女性劳动力的潜力。因此,日本单依靠自身的人力资源难以满足国内对劳动力的各种需求。在利用外国劳动力方面,日本政府虽然修改了移民法,但移民在日本人口中所占比例极小。因此,引进外国劳动力及留学移民是有效实施"适应人口减少社会策略"的人力保障。从长远看,日本人口结构变化势必影响综合国力、产业竞争力及科学技术人才的供给。因此,应放宽移民政策。增加留学移民。移民不仅能提高人口数量,也能优化人口结构。具有良好素质的留学移民,能给日本社会带来活力,使日本经济得到可持续发展,并使日本逐渐变成多民族国家。民主党政权提出的"新增长战略",主要依靠科技力量,提高生产效率,实现产业结构升级,增强国际竞争力。另外,日本政府明确提出吸引海外研发机构,吸收高层次人才的"日本亚洲据点化战略",需要通过吸引海外科技人才,积极发展高新科技产业,缓解人口减少及老龄化带来的影响,从而保持综合国力。

2. 德国应对老龄化问题的政策分析

德国是世界上社会保险制度最完善、也是最复杂的国家之一,德国社会福利保障的起始可以追溯到中世纪。1883 年稗斯麦政府通过了《医疗保险法》,1884 年颁布了《事故保险法》,1889 年又出台了《养老、残废、死亡保险法》。通过 1883 年、1884 年和 1889 年的法律,建立了三项既包括工人也包括部分职员在内的义务保险制度:医疗保险、事故保险以及当时被称为伤残保险的老年保险。这三项制度直至今日仍然对德国的社会福利保险业产生影响。经过 100 多年的演变和发展,德国最终形成了强调政府、社会、雇主、个人共同担负责任、权利义务相统一的社会保险制度。总的来说,德国已形成种类丰富、体系完备、法律健全、运行良好的社会保险制度。

德国政府不断探索养老方式的改革,并在不少方面已经收到了良好效果,如推出"多代屋"项目。在"多代屋"里,有针对老人的陪护式居住,有帮助双职工父母的儿童看护,有小区的健康咨询服务,还有年轻人和老年人共享的读书角、咖啡厅等等,不同年龄的人共聚一堂,其乐融融。

"多代屋"的运行很大程度上依靠小区志愿者的服务。在这里,老年人不仅是被服务的对象,许多 60 岁左右的老年人都会自愿无偿的为别人提供服务,比如照看孩子、打扫房间,或帮助比他们年纪更大的老人们。而"多代屋"里的儿童们也会经常和老年人一起读书、画画,给老人们的生活带来慰藉,沟通代际之间的感情。

目前,据德国政府预计,到 2050 年,60 岁以上的老年人将占德国全国人口的 35.5%,其中至少一半的老年人会选择结伴养老方式,结伴养老式公寓因此会备受青睐。德国各地已有近千套老年公寓,且订购和申请入住者很多。

德国 10 年间实现了经济和社会发展方式的转变,也改变了外界"欧洲无力改革"的观念。德国如今是欧洲当之无愧的地理中心、经济中心和政治中心,10 年前的"病人"已成为当前欧洲经济的发动机和中流砥柱。正如英国《经济学家》感叹,德国人以古板著称,但现在正在变得令人吃惊的灵活。默克尔也称,德国制度是"国际经济管理的模范"。如果一些欧洲国家希望从根本上摆脱债务危机,德国过去 10 年走过的路,将为这些国家提供十分宝贵的借鉴。

3. 美国应对老龄化问题的政策分析

美国的养老保障制度已经有 200 年的历史,经历了 20 世纪 30 年代的立法建立到 20 世纪 50—60 年代的蓬勃发展,20 世纪 70 年代开始的改革至今,采取了各种有益的措施,都对当时的经济发展发挥了一定的作用。但当前,美国现有养老保障制度正面临着严重的困境。人口老龄化对现有养老体系有着很大的挑战;社会保障支出增长过快造成政府财政负担过重;现收现付制度的缺陷已经开始显现。为此政府不得不对其社会保障制度进行改革。

（1）保障主体的多元性

美国社会保障主体的多元化特征是由其市场化、社会化的社会保障倾向所决定的。在美国，除政府之外，社会保障的行动主体还包括私人公司、社团、志愿组织甚至个人。在保留现有的强制性养老保障体系的基础上，美国政府尤其提倡建立各种自愿性的个人养老保险或者企业补充养老保险，形成更多层次、更多支柱的养老保障体制，以降低国家养老金替代率，减轻政府的财政压力。联邦政府和州政府通过立法来鼓励私人养老计划的发展。1974 年的《雇员退休收入保障法》为雇主养老金和个人账户的发展打下了良好的基础，直到今天它仍是政府管理私人养老金计划的主要工具。1978 年的《美国国内税收法案》建立了一种专门的退休养老计划——401 K 计划，目前已经成为了美国雇主养老金的主要形式，极大地分担了政府的财政压力。1986 年的《税法改革修正案》进一步加大了鼓励和引导自愿性企业养老金和个人退休投资计划的力度。2001 年《经济增长与减税调和法案》及 2002 年《企业改革法案》等提高了个人退休账户和雇主养老金（401K）的最高缴费限额，加快了 401K 计划的私营化进程，私人养老金在美国养老金体系中进一步占据了重要地位。联邦政府还通过税收优惠来鼓励私人养老计划的发展，政府在税收法律方面制定了专门针对雇员和个人退休计划的税收规定，其中最重要的税收制度安排是个人缴费税收延迟支付，企业缴费的税前扣除。

（2）社会保障财源多渠道

与美国社会保障项目的多元层次及美国公私兼顾社会保障制度相适应，在社会保障的财政来源上显示了多渠道的特色。这集中体现在联邦政府提供的经费发挥了主渠道作用，但是在不同时期和不同社会福利项目上重点有所侧重。政府通过征收企业公司雇主的税收及企业主为雇员提供的福利经费，成为社会保障项目的重要资金来源。各种社区及各种社会福利组织也为不同利益集团提供了社会福利保障的部分经费。私人通过交纳保险税为特定的保险项目提供了社会保险经费，此外一些人的慈善性捐助也起了很大作用。社区、公司和私人的投保力量是美国社会保障资金来源的重要组成部分。

（3）养老保险采用基金化的运作方式

1983 年，美国国会通过《社会保障修正案》，决定提高养老金的缴税率和缴税上限，使养老金的现金流收入大于支出。这项里程碑式的立法对社会保障制度的资金来源和未来受益进行了改革，变现收现付制度为预留积累制，即保险计划内的缴税水平能够保证留出一定储备基金。养老保险信托基金对于延长养老保险制度的支付期限很有帮助，首先，信托基金的积累可以用来购买政府债券或者投资，所获收益仍旧用来充实信托基金，然后进行再投资，信托基金犹如滚雪球一般会越滚越大；其次，从 1983 年信托基金建立到 2011 年"婴儿潮一代"进入人口老龄化，大约有 30 年的间隔时间，这期间可以积累起一笔相当可观的资金。当"婴儿潮一代"大量退休导致养老保险基金的现金流支出大于收入时，就可以从信托基金中提取资金，以帮助养老保险制度渡过难关；最后，信托基金作为国家的一项储备，对于稳定经济也有帮助。

（4）提高退休年龄，抑制提前退休

1983 年里根政府的《社会保障修正案》提出提高退休年龄，该法案预定，自 2009 年开始退休年龄从 65 岁提高到 67 岁。推迟提高退休年龄不仅推迟年金给付，增加保险基金积累，而且相对缩短发放年金的年限，减少了成本。提高退休年龄，在一定程度上保护了劳动力资源，扩大了劳动队伍，改善了劳动市场供求关系，并使劳动就业结构更趋合理，这也将为养老保险制度做出贡献。

（5）充分发挥市场功能

社会保障制度的发展离不开政府，但完全依靠政府直接组织和管理的社会保障制度（包括养老金制度）也都会出现各种各样的问题。其中最突出的问题是管理成本较高而效率却普遍很低，而且容易导致社会成员对政府的过分依赖、政府面临的经济压力乃至政治和社会压力过大等问题。可见，美国政府在发挥其应有作用的同时，也充分利用了市场机制和市场力量。

二、我国老龄政策现状

老龄政策是国家干预人口老龄化过程，调整人口老龄化与经济、社会、文化、政治发展的矛盾而采取的公共政策的总和。从中华人民共和国成立到改革开放这 30 多年的时间里，我国人口年龄结构尚处于年轻型阶段，甚至不少年份还出现了年轻化趋势，因此这一阶段我国关于老龄问题的研究很少，只是存在一些针对性很强的老年人政策。中国的老龄政策体系经历了一个从无到有、逐渐完善的过程。20 世纪 80 年代之前，中国人口年龄结构尚处于年轻型，国家和社会各界对人口老龄化的过程和后果还没有足够的认识，老龄问题的研究基本上处于空白，老龄工作没有纳入政府议事日程。因此，这一时期的中国并不存在现在意义上的老龄政策，只是存在一些零散的老年人政策。

近十几年来，我国老龄人口比重急剧增长，虽然我国也相应出台了一些针对老龄化的政策，这些老龄政策在应对人口老龄化的挑战、保障和改善老年人的福利等方面发挥了积极作用，取得了一定的成效，但是随着人口老龄化形势的发展，也开始暴露出诸多的问题和不足，从政策科学角度来审视现有老龄政策体系，其主要问题有以下四方面。

1. 政策覆盖面狭窄且功能单一

由于政策制定者倾向于将老龄问题界定为社会问题,把老龄工作作为改善弱势群体的一项社会福利工作,将老龄政策归结为社会政策的范畴,较少考虑老龄问题的经济后果,从而导致应对人口老龄化经济后果的政策匮乏。当前中国老龄政策规范和调整的领域主要局限于老年人的经济供养、医疗保健、照料服务、精神文化生活、权益保障等有限的几个方面,"老龄政策"似有等同于"老年人政策"之嫌。其次,从国家、群体和个人的角度,理想的老龄政策应当具备三项功能,即成功应对人口老龄化的挑战,实现国家经济和社会的可持续发展;有效保障老年群体的权利和福利;促使社会个体成功应对老龄化。从功能的角度来审视,现有老龄政策的功能主要集中在保障老年群体的权利和福利,在微观层面促使社会个体成功应对老龄化的老龄政策,而在宏观层面促进国家经济社会可持续发展的老龄政策等相对匮乏。从老年人的需求角度来看,老龄政策在功能方面既要满足老年人的生存性需求,也要满足老年人的发展性需求和价值性需求。老年人的发展性需求和价值性需求的满足是 21 世纪老龄社会持续发展的动力之一,只有充分关注和满足老年人这些需求的老龄政策,才能使老年人成为社会进步的建设性和推动性力量,才能激发人口老龄化的正面效应。然而,中国当前恰恰缺乏的是满足老年人发展性需求和价值性需求的老龄政策,突出表现在严重匮乏扶持老年人就业、志愿服务和社会参与的实质性政策措施,造成老年群体人力资源的严重闲置和浪费。

2. 政策对象定位不准

从生命历程的角度来看,社会个体老年期出现的诸多问题,是其在非老年期各种问题累积的结果。因此,老龄政策应促使全体国民树立终身准备意识,让全体国民正确对待"老化和年老",对自己的老化过程负责,为自己的晚年生活负责,使尽可能多的社会个体在进入老年期后拥有健康的体魄和心智,具备较高的参与社会发展能力,享有较好的社会保障。因此,老龄政策的群体不应仅仅局限于已进入老年期的群体,还应当扩展到非老年期的群体,以消除导致老年期问题的积累性因素,防患于未然,未雨绸缪。由于政策制定者对生命历程和生命周期的认识不足,使中国老龄政策的对象主要局限于老年期的个体,导致当前的老龄政策基本上属于"事后补救型"的政策,而以非老年期个体为对象的"事前干预型"的老龄政策基本上处于空白。

3. 制度碎片化与统筹水平低相互交织

政策应当具有普适性,平等地对待政策客体,使政策客体公平享受政策分配的各项资源。然而中国老龄政策的地域差异明显:一是同城市相比较,农村老龄政策薄弱,这也是城乡二元差异在老龄政策领域的具体体现;二是不同经济区域间老龄政策发展不均衡,东部发达地区的老龄政策相对完备,中西部欠发达地区的老龄政策相对粗疏。这种老龄政策的"碎片化"导致不同地区的老年群体之间难以平等共享国家经济社会发展成果。尤其是我国养老保险制度设计具有明显"碎片化"的特点,构成复杂、模式多样,分为城镇、农村两大类养老保险,城镇又分为企业、事业单位两种退休制度,公务员、事业单位、企业、农民四种养老保障模式,费用来源不同、保障程度不一,彼此独立,养老保障制度涉及多部门、各级政府,缺乏政策衔接,无法体现公平,妨碍不同职业间流动;养老保障统筹以区、县为主,造成整合调动资源难、规避风险能力差,不能有效发挥养老保险互济功能和应对养老保险财务困境;社保基金缴费门槛高、城乡异地转移接续难,使得流动人口、农民工参保率低、退保率高,2008年参保农民工人数仅占城镇就业农民工的17%,2009年降至11.5%。

4. 政策体系还需完善

老龄问题的结构性特征,客观上要求应对策略的结构性。这种综合性和结构性要求老龄政策元素之间以及不同政策单元之间能够相互联系、彼此调适,形成有机的体系,以充分发挥其对老龄问题的综合治理功能。中国当前老龄政策缺乏系统性,没有形成完整的政策体系。突出表现在两个方面:一是政策不配套,比如目前虽然有《老年人权益保障法》,但是缺乏相应的实施细则以及养老保险、老年医疗保健、老年福利等方面的配套法律法规,使《老年人权益保障法》的许多规定显得过于原则化,缺乏可操作性;二是有些老龄基本政策和具体政策之间存在不一致的内容,还需要及时修改和完善。比如,《老年人权益保障法》中规定"农村的老年人,无劳动能力、无生活来源、无赡养人和扶养人的,或者其赡养人和扶养人确无赡养能力或者扶养能力的,由农村集体经济组织负担保吃、保穿、保住、保医、保葬的五保供养,乡、民族乡、镇人民政府负责组织实施"。该款与新修订的《农村五保供养工作条例》中的有关规定不一致,目前农村的五保供养已由农村集体供养转为公共财政供养。再如,现行低保政策的测算方法,是将老年人和子女的收入合并计算,不足低保标准的再给予补充,因而将部分老年人的离退休金平摊到子女身上,这与《老年人权益保障法》中关于"老年人依法处理个人的财产,子女和其他亲属不得干涉,不得强行索取老年人的财物"的规定相矛盾,这实际上在无形中硬性分割了老年人的收入。

三、不断完善我国的老龄政策

中国应对人口老龄化问题不能照搬西方高福利模式,必须立足人口众多,长期处于社会主义初级阶段,城乡、区域、群体间差别较大,人口老龄化来势迅猛,劳动年龄人口和老年人口"双高"的基本国情,走一条中国特色"积极、健康、保障、和谐"的老龄化应对新路。"十二五"时期,应该在出台人口老龄化应对战略的基础上,重点制定中国老龄事业的中长期发展规划,使应对人口老龄化的工作保持前瞻性和长期一致性。

1. 有关人力资源开发的相关政策

要进一步调整产业结构,促进技术进步,提高劳动力素质,这是增加就业、提高抚养能力的基本因素,通过实施人力资源综合开发战略,为人口老龄化创造丰厚的财富。通过实施就业优先策略,实现潜在"人口红利"向现实"人口红利"转变。注重经济发展与社会发展统一,通过优先投资于人的全面发展,实现由人口大国向人力资源强国转变,延长"人口红利"期。深化教育体制改革,培育创新型人才,构建终身教育体系,积极发展早期教育,适度延长义务教育年限,推动基础教育尤其是农村教育均等化,进一步完善职业教育架构,提高高等教育应用型人才培养比例,健全城乡老年教育网络。营造人口道德素质提升的社会氛围,加强公民尤其是青少年道德素质教育,推进社会信用体系建设。实现人口质量对数量的替代,提升国际市场人力资本收益率,提高知识和技术对经济发展的贡献率,逐步实现由"廉价规模劳动力"向"技能劳动力"再向"知识劳动力"的转变。通过健康老年人参与社会及启动老年人消费,实现社会发展动力由外生型向内生型转变,挖掘二次"人口红利"。积极开展健康促进行动,构建老年健康服务系统,延长老龄人口健康期;适当拉长就业和准就业年限,适时延长退休年龄;积极开发适合老年人的经验型、技能型、公益性就业岗位,创造、增加老年人参与经济社会发展的机会;通过养老资源积累制度,增加对以养老、医疗为核心的覆盖城乡社会保障体系建设的投入,提高老年人收入水平,提升老年人自我养老和消费能力;大力发展老龄产业,构建与老年人需求相匹配的产业体系,激活老年人的消费动力。

2. 养老保障相关政策

建立全国统一、覆盖全民与经济发展相适应,基金征集与待遇支付相配套,社会统筹与个人账户相结合,权利与义务相对应,公平与效率相联系,资金来源多渠道的养老保障制度。加大养老保障财政投入力度,扩大覆盖面和提高保障功能,调整财政支出结构,财政补贴"暗补"变"明补",财政政策"短期性"变"预算性",增加中央财政拨款和转移支付,重点支持欠发达地区养老保险制度建设。建立社会统筹基金、个人账户基金与商业保险基金组成的"三支柱"养老保障制度。社会统筹采用现收现付制,通过政府强制性缴费或征收社会保障税等形式组成第一支柱,以支定收,规避基金投资、预期寿命延长、通货膨胀等风险,老年人有无缴费记录都将获得基本养老金,构筑普惠保障底线,解决贫困老年人口问题,实现代际间及不同收入阶层间转移支付和收入再分配;个人账户采用积累制,从基本养老保险制度中剥离出来,通过强制性积累与自愿建立企业、职业年金组成第二支柱,实现个人收入在时间上的转移,一生内的平衡,保障老年人生活稳定;商业保险作为第三支柱,采用自愿性投保,保障不因退休导致生活水平降低,满足不同收入层次人群养老需要,增加养老金供给,解决老年人有尊严生活的问题。

实施"统账结合"模式,合理界定政府、企业、个人责任,调整统账比例和管理方式。政府是责任主体,政府承担基金管理运作成本和兜底责任,解决隐性债务、转制成本及已退休老人资金的来源,合理确定地方养老金,中央通过国有资产划转和国有股减持配以相应补助比例,尽快做大全国社会保障基金,从根本上解决新旧制度的矛盾。增加企业缴纳社会统筹基金和个人缴纳个人账户基金责任,降低财政支出压力,通过加大中央财政对个人账户做实的补助比例,调动地方财政投入积极性。鼓励建立老年长期护理险等多种形式的商业养老保险制度,制定相应的税收、金融等优惠政策,在国力不足、保障水平低的情况下,发挥商业保险的重要补充作用。

提高社会统筹层次,在更大范围内实现养老保障的公平。通过统筹层次划清中央和地方责任,中央制定统一资金余缺调剂政策,并从养老保险基金结余、财政资金中建立调剂资金,通过中央、省转移支付调剂资金,加快缩小省内养老保障水平差距,以加大省级养老统筹推广力度。在全国统筹不具备条件的情况下,建立养老金异地接续制度,尽早实现跨省劳动力养老账户自由流动,为全国统筹创造条件。

实现将"统账结合"运作模式向社会统筹与个人账户独立运行模式转变,确保个人账户的独立性。养老保障制度建立初期,多数地方难以将个人账户做成实际积累基金,在过渡阶段以"名义账户"制取代"个人账户"制,名义账户制设立门槛及管理成本低,易规避资本市场不健全、储蓄率居高不下、巨额转轨成本过高等体制制约。随着经济发展、资本市场完善,最终实现在全国做实个人账户,确保养老保障制度运行效率和收支平衡,建立稳定、可持续制度体系。

建设养老保障制度良性运行机制。将养老保障资金纳入社会预算体系,实现社会保障预算编制权、执行权和监督权分离,财政部门编制预算,税务部门征收社会保障费,劳动和社会保障部门运作管理,各级人民代表大会对资金预算和运行进行监督;尽快实现应保尽保,将老年人口作为扩大覆盖面的重点,加大财政支付力度,提高老年人口参保率,着力解决农民工养老保障制度建设难点,将失地农民、农民工纳入城镇养老保障体系,加快建立养老保障接续制度;确定适宜养老保险替代率,由于我国收入结构中非工资收入比例较高,在养老保险替代率60%基础上逐步提高,以提高老年人口晚年的生活质量。

3. 建立社会化养老服务支持的政策体系

以建立"老年人自立为主,社区服务为辅,机构养老兜底,社会服务支持"的社会养老新格局为目标,调整机构养老功能和布局,逐步建立完善的社会化养老服务支持体系。"老年人自立为主,社区服务为辅,机构养老兜底,社会服务支持"是指在老年人尽量自立的基础上,必要时可以利用社区服务满足基本需求,当出现自理能力缺陷时可以进一步寻求机构养老,同时一个社会化的服务支持体系随时可以为老年人提供个性化服务。这其中关键要做好的工作是:

一是机构养老功能和布局。首先,将社会福利性的养老机构的服务对象调整为生活自理能力较差的老年人和高龄老年人,这类养老机构将分散化、小型化,布局于各社区周围,实现老年人的就近养老。其次,经营性的养老机构布局遵循市场化原则,但政府可以利用产业规划进行调节,并通过政府补贴和税收措施引导部分养老机构向高龄老人和自理能力差的老年人倾斜,成为准福利机构,部分养老机构则向高端发展,走优质高价的发展之路,满足部分老年人的高端需求。"十二五"期间应该对养老机构进行科学分类,对现有养老机构布局和功能的合理性进行全面评估,针对目前养老服务资源不足、结构性矛盾突出的问题,因地制宜地发展养老机构。同时,在养老机构功能调整和布局合理上进一步下功夫,重点是增加城区的养老机构床位,缓解一些大城市中心区的养老机构床位紧张的局面。

二是建立社会化的养老服务支持体系。我国应积极构建政府主导下的社会化养老服务体系,实现政府"管大放小、管少放多"的宏观管理体制,即政府以政策支持、资源调动、宣传倡导及监督监管等方式参与养老福利事业,而将养老服务推向社会。

4. 完善老龄产业发展政策

构建多层次老龄产业发展模式,坚持市场主导、政府扶持、全社会共同参与原则,兼顾经济效应与社会效应、公益性与盈利性、老年人群与全体人群关系。制定老龄产业发展规划时,要将老龄产业纳入新兴产业发展序列、国家产业发展现划,提升老龄产业在国民经济中的地位,大力发展以高品质实用性为主的老龄制造业、以自动化可及性为主的老龄高新科技产业、以专业化便利性为主的老龄服务业,扩展老龄关联产业、延伸老龄产业链。

制定老年产品税收减免、金融扶持、技改贴息、土地优惠等政策,动员社会力量参与、鼓励民间资本进入老龄产业,建立老年人失能等级划分标准,按等级制定相应产品、服务优惠政策;通过政策引导各类生产、服务性企业升级改造、兼并重组,培育一批老龄龙头企业,打造一批老龄知名品牌。

加大老龄产品研发力度,要"产、学、研"结合,利用科研院所丰富的人才资源和技术储备,做好老年人消费意愿和消费倾向调查研究,开发适合老年人生活与情感、行动与保护、治疗与康复、引导与照料等多样性产品,尤其是形成具有中国特色的老年人特需的康复辅具产业体系,加快高新技术产品研发成果转化,消除"数字鸿沟",创新具有人性化、个性化的特色产品。

四、苏州市老龄政策现状

在老龄化的发展过程中,必须解决的首要问题是老有所养、老有所医。目前以国有企业的养老保险、失业保险、城市最低生活保障制度和职工医疗保险制度为重点的社会保障体系初步形成。但是也要看到社会保障制度建设还面临不少困难和问题。主要表现在保障体系建设起步较晚,覆盖面窄,统筹层次低,社会保障资金筹措困难,保障水平低,法制不健全,等等。建立一个公平与效率相兼顾,资金来源多渠道,保障形式多层次,权利与义务相对应,服务管理社会化的养老、医疗、服务保障体系,是人口老龄化发展和市场经济发展的必然选择。

1. 老龄服务政策不断完善

苏州经济发展迅速,位居全省乃至全国前茅。经济发展的同时,更要注重人民生活。必须建立、健全和完善一个与老龄化进程和经济发展相适应的养老、医疗、服务社会保障体系,做到既适应老龄化的发展,又不影响社会经济的发展,保持人口、经济与社会的可持续协调发展。

2007 年苏州修订了《苏州市老年人优待办法》,2010 年出台了《关于加快苏州市老龄事业发展的实施意见》和《关于进一步加快发展苏州市养老服务事业的补充意见》。为老年人新增了多项优待措施,明确了老年人在参观园林、乘坐公交等方面的优待规定,扩大了发放高龄老年人长寿补贴的范围,调整了养老服务援助标准和项目,增加了对特殊困难的老年人实施养老援助服务等内容。初步建立了保护老年人合法权益的养老医疗、生活救助、社会福利、文化体育、法律援助、社会参与以及扶持老年服务设施、发展老年服务产业等法规政策,提高了全社会的尊老爱老助老意识、法律意识和老年人的自我保护意识。

2. 老年人权益得到更大保障

人口老龄化问题是重大的社会问题。解决这些问题的措施,归根结底要靠法制。有关老年保障的法律建设还滞后于人口老龄化的发展。在许多涉老问题的纠纷处理和老年人的保障问题上缺乏专项的法律和法律依据。为了切实维护老年人的合法权益,发展老龄事业,有利于调整老年人与社会、老年人与单位、老年人与非老年人、老年人与家庭成员之间的关系,制裁侵犯老年人合法权益的不法行为,促进社会和谐、家庭和睦,必须尽快制定养老保险法、医疗保险法、社会救济法、家庭赡养法、社会服务法、老年人住宅法和老年人福利法等专项涉老法律、法规。

苏州市老年维权网络逐步健全,各市(县)、区都建立了老年人法律援助站,社区(村)设立老年心声站、谈心室或维权岗,普遍开设老年维权热线,妥善处理老年人来信来访,维护了老年人合法权益。充分发挥法律援助职能,为符合条件的老年人提供法律援助,全市公证机构对符合条件的老年人实行免费办理遗嘱类公证。自2006年以来,苏州市法律援助业为老年人提供免费咨询近4000人次,对符合条件的办理法律援助案件300多件,较好地保障了老年人的合法权益。

3. 老年人保险体系不断健全

2010年12月1日起苏州市正式启动了老年人团体意外伤害保险、居家养老护理责任险和养老机构综合责任险。其中,居家养老护理责任险保障范围涵盖从事居家养老服务的护理人员及服务对象,此举为国内首创;养老机构综合责任险对养老机构建筑范围内因疏忽、过失或者护理不当造成的人身伤亡和财产损失等责任事故提供保障;为70周岁以上老年人和相关养老机构提供保险保障,是完善苏州市养老服务体系,发挥保险社会管理功能的重要举措,是苏州市保险业因地制宜创新保险产品的一次大胆有益探索。

第二节　人口老龄化与社会保障成本

推行社会养老保障体系,是社会发展的必然趋势。但在选择社会保障模式时,必须考虑到人口老龄化的影响。从发达国家的经验来看,用于老年人口的养老支出,与社会经济发展水平和人们的收入水平的变动有密切关系,但与老年人口规模及比重的关系更为密切。

2006年以来,苏州市以落实市政府128号文件为契机,各市、县(区)按每位老年人80元的标准安排养老服务事业经费,主要用于政府养老服务建设项目、资助社会力量兴办养老机构和居家养老服务组织,对特殊困难老年人提供"援助服务"等。每年还从福利彩票公益金中安排了一定的经费,作为为老年人服务的配套经费,有力地支持了各项老龄工作的开展。

一、养老机构设施投入大

为了实现"街道、镇建有养老服务中心,社区、村建有居家养老服务站"的目标,苏州市加大了投入力度,目前苏州市拥有各类养老机构178家,其中民办48

家,养老床位总数达 27355 张,其中民办床位 7169 张。千名老人拥有床位数 21.6 张。苏州市建有全省最多的示范性养老机构。所有街道、镇全部建有居家养老服务中心,1900 多个社区、村均建立居家养老服务站,覆盖率达到 100%。

大量的养老服务设施的投入需要有强大的财政支持,苏州市人均 GDP 在全国名列前茅,地方政府加大了对社会保障与医疗服务以及社会保险基金等方面的投入,如表 8-1、表 8-2 所示。

表 8-1 2010 年末苏州养老机构建设情况

类型	指标名称		数量
养老服务	养老机构建设	养老床位总数	27355 张
		公办机构数、床位数	130 家、20186 张
		民办机构数、床位数	48 家、7169 张
	居家养老	城市居家养老服务站点	822 个
		农村居家养老服务站点	1114 个

表 8-2 2010 年苏州市财政支出情况

项目	支出额/万元	比重/(%)
财政支出	10957462	100
社会保障与就业	636687	5.81
医疗卫生支出	337803	3.08
社会保险基金支出	2466192	22.5

二、养老支出持续上涨

随着人口老龄化的进一步加快,离退休职工也迅速增加,相应的养老金支出以更快的速度增长。城镇职工实行的是"社会统筹"与"个人账户"相结合的养老保险计划,并没有摆脱人口年龄结构的影响。因为"社会统筹"和"个人账户"的资金来源相同,资金平衡的本质仍然是时期平衡,或者说是"现收现付"式。2010 年全市养老保险参保人数为 346.78 万人,而 60 岁以上老年人数量为 131.67 万人,如表 8-3、表 8-4 所示。人口老龄化的加剧将会影响就业人口与退休人员的比例,从而必然影响资金的平衡。

随着人口老龄化程度的不断加深,人口老龄化高峰将在 21 世纪 30 年代达到高峰,老年抚养系数迅速上升,将成为养老保险成本上升的主要因素。

表 8-3　2010 年苏州市养老保险参保人数

地区	养老保险参保人数/人
全市	3 467 759
市区	1 034 747
♯吴中区	268 019
相城区	143 238
县级市	
常熟	432 876
张家港	404 811
昆山	885 002
吴江	446 744
太仓	263 579

数据来源:《苏州市统计年鉴》。

表 8-4　2010 年离退休人员医疗保险情况

地区	医疗保险参保人数/人	其中:	
		离退休人员参保人数/人	所占比重/(%)
全市	3911863	663437	16.96
市区	1300371	292610	22.50

数据来源:苏州市统计局。

三、医疗保障费用不断增加

养老金支出只是人口老龄化对社会保障成本影响的一个方面,另一项不容忽视的支出是老年人的医疗费用。苏州市政府加强居民的医疗保障,"十一五"期间,对具有苏州市区户籍但原无用人单位、无社会医疗保险,年龄在男 60 周岁、女50 周岁以上的居民及重症残疾人纳入医保,覆盖率达到 97%。农村合作医疗保险行政村覆盖率 100%,参保率 98.9%。新型农村合作医疗向城乡居民社会医疗保险转变取得突破性进展,部分地区建立了城乡接轨互换通道。2011 年,苏州市已建社区卫生服务中心 133 个,社区卫生服务站 1161 个,全市城乡社区卫生服务普及率达到 99% 以上,社区卫生服务人口覆盖率达到了 100%。在社区卫生服务中心(站)开设老年人常见病专科和家庭病床覆盖面达到 90% 以上。为城乡 60 岁及以上老年人建立健康档案达到 95.5%。

人口老龄化的加快,必然增加离退休人员的医疗保险的参保人数和医疗保障费用,这些都将对苏州市财政支出产生一定负担。人口老龄化过程中公共医疗费用的上升是两个因素交互作用的结果,一是老年人的规模和比重的迅速膨胀;二是老年人口人均医疗费用的增长。随着经济社会发展水平的提高,离退休人员与在岗职工保险福利费中医疗卫生费比例将不断提高,对政府预算的压力也将越来越大。

第三节　人口老龄化与养老服务模式的多样化发展

人口寿命的延长,一方面,使高龄老年人不断增多,家庭内的代数将相应增加;另一方面,伴随父母年龄的提高,子女的年龄也在相应提高,导致低龄老年人供养高龄老年人的局面产生,家庭供养能力会有所下降。养老问题是社会面临的最主要的经济和社会问题。

人口老龄化对家庭养老产生负面影响,因此,大力培育社会化服务功能,弥补家庭养老功能的缺失,满足日益增强的社会养老需求,是人口老龄化提出的一个现实要求。但就我国目前的情况而言,社会养老的发展同样面临较多的制约因素。如社会保障体系的覆盖面低、缺乏系统的老年服务体系、养老设施严重不足、老年人口的收入水平偏低等。因此,社会养老在很大程度上只能作为家庭养老的一个补充。

社区养老是最近国际上兴起的养老模式,既能达到全托的养老服务效果,又能满足差异化的家政服务需求。既满足了老年人亲情的需要,又不需要像机构养老那样花费很大的成本。近年来,打造精细化的居家养老服务品牌成为苏州市"社区养老"的探索方向:日间托老所、虚拟养老院、社区志愿团队等,通过不断探索和努力,精细化的居家养老服务体系在苏州市初见端倪。

一、日间托老所

日间托老所是指社区老人白天去"托老所"里娱乐、休息、吃饭,晚上回家,而且收费不高。许多空巢、孤寡老人买菜烧饭困难,又不想进敬老院,请保姆又会加重经济负担。对于老年人来说,选择何种养老方式不仅是一种生活质量的保证,更是一种心理上的依托。"日间托老所针对的是身体健康的老人,不仅要为他们解决吃饭问题,更要整合社区资源为老年人的晚年生活添彩。

二、虚拟养老院

日间托老所使身体健康、经济相对宽裕的孤寡老人和空巢老年人找到了快乐家园。那么行动不便,生活困难的老年人则选取虚拟养老院的方式。虚拟养老院依托的是现代信息服务技术,老人们有需要时只要拨打一个电话,就可以在家里接受一对一的上门生活照料服务。不同的老年人有不同的需求,虚拟养老院的服务项目也根据老年人的需求在不断拓展:由单纯为老年人提供家政服务拓展到产品配送、医疗保健等诸多领域。"虚拟养老院"还为"空巢"老人缓解的寂寞感和心理压力,周到的服务得到了广大老年人的喜爱,成为老年人实实在在的"贴身保姆"。

三、社区志愿团队

苏州市在探索养老模式上,积极探索新路径。鼓励社区志愿者参与养老服务,政府通过购买公益性岗位,再由这些专门的社工召集志愿者为老年人提供服务,社工加义工,然后带动全社会的力量。志愿服务不仅解决了老年人的养老需求,使老年人足不出户就能享受到便捷服务,而且有效降低了社会养老成本,也改善了养老对象的生活质量。

第四节　人口老龄化与苏州老年文化事业

老有所学,老有所乐也是老龄人的基本需求。当今社会,科学技术日新月异,新思想、新理论、新知识、新事物不断涌现。老龄人是社会的重要成员,也必须适应社会的发展进行不断学习,享受社会发展带来的文化成果。党的十六大提出构筑终身教育体系,建设全民学习、终身学习的学习型社会的新思想。而长期以来,老年教育相对滞后,适应老年人的文化设施落后、匮乏,极不适应已经到来的老龄化社会。要重视老龄教育工作和老龄文化、体育基础设施建设,调整教育、文化、体育结构和体育资源配置,加大对老龄人教育、文化、体育事业的资金投入,建立、发展、完善老龄人教育、文化市场,促进社会经济和教育、文化事业的协调发展。

苏州市已建有老年大学(学校)1086 所,初步形成了多层次、多形式、多学制、多学科的老年教育体系,参加老年学校学习的老年人达到 16.5 万人,占老年人口总数 13%;建有各类老年文艺团体 2252 个,从市、区到镇(街道)、村(社区)都建立了老年文化娱乐队伍,参加人数 23 万多人,占老年人口数 19.6%;建有老年人体育协会 1035 个,参加人数近 66 万人,占老年人口总数 52%。老年文化、体育活动的蓬勃开展,极大地丰富了老年人的精神文化生活,提高了老年人的健康素质和生活质量。

面对日益严峻的人口老龄化趋势,《苏州市老龄事业发展"十二五"规划》指出,加大老年教育扶持力度,老年教育经费列入财政预算,把老年教育纳入终身教育体系,加快建设各类老年学校和办学点,形成以市老年大学为龙头、各市(区)老年大学(学校)为支撑、街道(镇)老年学校为骨干、社区(村)老年学校(办学点)为基础的四级办学网络。各市、区建有 1 所占地面积在 5400 m²(古城区 2700 m²)以上,建筑总面积在 3000 m²(古城区 1500 m²)以上,在校学员人数不少于 1500 人,建有 8 个以上配有现代化教学设备的专用教室的示范性老年大学。80%以上的街道(镇)老年学校达到苏州市街道(镇)现代化老年大学建设标准,全市老年人参加各级各类老年学校学习的人数达到老年人总数的 20%。

第五节　人口老龄化与苏州老龄管理服务社会化

过去长期实行的是计划经济体制,城市对老龄人的管理服务基本上是政府包办,由企业、单位独自进行管理。农村则以家庭保障为主,没有建立起社会保障制度。其结果造成:

第一,由于所出生的地点不同,所在的单位、条件不一样,因而所享受的管理服务也有差别。单位管理水平的不平衡,老龄人所享受的服务不均等。同时也造成社会管理服务资源的巨大浪费。

第二,随着人口老龄化的发展,客观上导致企业、单位等市场经济主体离退休人员的大量增加,人员结构老化,管理负担加重。中国对于人的管理一直是封闭式的,由企业、单位进行管理。人一走上工作岗位,就由社会人变成了单位人,生老病死全部依附在企业、单位身上,全部由企业、单位包下来。近几年虽然建立了养老保险、失业保险、医疗保险等保障制度,但社会化程度还比较低,覆盖面还比较窄,仍有一大部分管理服务工作仍由企业、单位来承担。尤其是行政事业单位目前尚未建立养老保险制度,全部的保障、管理仍由单位负责。企业、单位的大量精力、很大一部分资金都用在了老龄人的保障、管理和服务上。

第三,人口老龄化发展,客观上导致人的平均寿命在逐渐延长,老龄人口逐渐增多,老年人的生活照料需求在扩大,特别是高龄老年人的生活照料需求在扩大。而在曾经计划生育政策和人们生育观念转变的共同作用下,出生人口相对下降,单亲家庭逐渐增多,家庭规模趋于小型化,家庭提供照料老年人的资源在逐渐减少,能力相对削弱。而传统习惯、养老环境和社会经济发展现实告诉人们,家庭依然是照料老年人的主要模式和主要力量,尤其是在占人口大多数的农村更是如此。家庭规模的小型化与人口老龄化成反差,这是一对新的矛盾,也是一个重要性的社会性的难题。必须适应人口老龄化发展的客观要求,加快推进老龄人口社会化、管理化管理的进程。

第九章

苏州人口老龄化进程中存在的问题

第一节 老龄问题的思想认识

一、过分放大了人口老龄化的影响

随着人口老龄化加速发展,人们普遍认为将使劳动年龄人口相对下降,劳动力资源相对减少,甚至会出现劳动力不足,导致劳动力年龄老化,进而影响劳动生产率的提高,造成社会供养老龄系数上升,消费性人口增长,劳动年龄人口负担加重,劳动者成本提高,造成依靠养老金生活的人上升,有储蓄能力的人相对减少,支付储蓄的增多,不利于资本的积聚与形成,人口的老龄化必然会增加对老龄人管理的工作量,增加对社会管理资金、资源投入,加大社会性管理成本。

事实上,人口老龄化是一把"双刃剑":一是它给社会经济带来诸多负面影响;二是它是由低出生率、低死亡率、低自然增长率造成的,是社会进步的标志。我们应该看到,通过调动积极因素,减少消极因素,二者是可以协调发展的。人口老龄化实质上是一个挑战与机遇并存的过程。我们最大的任务是如何抑制人口老龄化的负面效应,激发出人口老龄化的正面效应。

我们要以积极的姿态认识人口老龄化问题,以新的思路和理念解决人口老龄化问题。要以积极、乐观的态度看待人口老龄化,不要将人口老龄化仅仅看成是一种危机,而要将人口老龄化看成是社会的重大成就。老年型社会象征着人类社会的成熟,在人口日趋老龄化的过程中,社会经济的发展并未停滞,而是日新月异;要正确看待老年人口问题,不要将老年人作为社会负担,而把老年人作为社会的一种财富。老年群体是蕴藏着技能、经验、智慧的人才宝库,挖掘老年人的潜能,是建设未来美好社会的重要组成部分。

目前老龄人口中多为具有劳动能力的低龄老年人,他们是能够有所作为的。在家庭生活中,老年人的作用更是不容忽视,他们帮助劳动人口料理家务、照顾孩子,解决劳动人口的后顾之忧。而且,在人口老龄化初期,人口增长放慢,总人口抚养比和少儿抚养比急剧下降,人口年龄结构趋于稳定,是有利于社会经济发展的"黄金结构"时期。

二、对老龄人心理关爱的认识不够

1. 老年人需求的普遍认识

长期以来,从家庭方面讲,子女认为,保障老人有吃、有穿、有病能得到及时医治,让老人吃好、穿好就是子女最大的孝敬。从单位、组织来讲,也仅仅注重于物质方面的需求和外在性的服务,认为多给离退休老同志办点福利,老同志就不会有意见了,工作就算做好了。而对于老龄人的教育,文化、体育生活等精神需求、心理需求考虑得较少,重视不够,忽略了老龄人要求劳动、工作的渴望。而客观上,老龄人的需求是多样性的,既有物质方面的需求,也有精神、文化、心理等方面的需求。还有劳动和工作的热望。社会越发展,这种多样的需求越强烈。

相关统计数据显示,老年人患各类心理疾病的人数逐年增加,其中尤以患神经官能性恐惧症、忧郁症和综合焦虑症居多。不少老年人从工作岗位上退休回家后,无所事事,闲得无聊,特别缺少交流,一旦遇到一些不如意的生活小事后,心理疾病便"一触即发"。在这样的状况下,有部分老年人喜欢没病找病,"对号入座",结果使本已比较脆弱的心理更加脆弱,甚至导致忧郁症的出现。

许多老年人不仅"空巢",而且"空心"。老年人各类心理疾病的上升,一方面反映了目前老年人心理疾病亟需加大医治力度,但另一方面也给人们的家庭、社会敲响了警钟,那就是如何来预防、疏导老年人的心理障碍。这首先需要人们有一个正确的认识:老年人的精神生活也是大事,同样要有人关心、重视。

精神需求是老年人获得身心健康的一个重要方面,而保持人际交往是其中的关键环节。对老年人喜欢与人交往情况的调查结果表明,喜欢和别人聊天的老年人占68.3%,男性老年人中对此持肯定态度的占67.7%,女性老年人中持肯定态度的占68.9%。喜欢结交朋友的老年人占65.0%,男性老年人中对此持肯定态度的占65.3%,女性老年人中持肯定态度的占64.7%,大多数城市老年人喜欢和别人聊天、喜欢结交朋友,在这一点上,男性和女性老年人、低龄老年人与高龄老年人都无明显差异。

给老年人送上心理的关爱,需要家庭、街道、居委、社工、义工等社会的各个方面形成合力,只有全社会都来重视老年人的心理健康问题,送"温暖"送到心里,心灵被温暖了,老年人才会真正拥有生理和心理都健康的美好生活。

2. 老年人需求分析

老年人的需求具有多样性,既有生理性的,又有社会性的;既有物质的,又有精神的。美国著名的人本主义心理学家马斯洛把人的各种需求归纳为五个层次,这就是生理需求、安全需求、尊重需求、归属与爱的需求和自我实现的需求。老年人也有这五个层次的需求,根据老年心理的特殊性,对其需求应作具体的分析。

第一,生理需求。这是一切需求中最基本、最优先的一种需要。生理需求包括人对食物、水、空气、衣服、排泄及性的需要等,如果这一类需要不能得到满足,人类将无法生存下去。老年人也有这些基本的需要,以满足其生存,但老年人的生理需要有其特殊之处。在食物方面,老年人更注重保健;对饮水和空气环境的需求也更讲求洁净、新鲜、卫生;在服装方面,老年人需求与自己年龄相符的服饰,讲求宽松、轻便、保暖、透气和适用;由于其身体机能的衰退,老年人更需要方便、舒适、无障碍的卫生间。

第二,安全需求。在人们的生理需要相对满足后,就会产生保护自己的肉体和精神,使之不受威胁、免于伤害、保证安全的欲求。如防御生理损伤、疾病,预防外来的袭击、掠夺、盗窃的危害,以及在丧失劳动力之后希望得到依靠,等等。老年人的安全需要较之其他人群更为迫切,尤为集中在医、住和行这三个方面。在医疗康复保健方面,老年人希望老有所医、老有所乐、健康长寿。一旦生病,希望能及时得到治疗,能就近看病和看好病;还希望生病期间身边有人护理和照顾;另外还希望有人指导他们加强平时的健康保健,使其不生病或少生病。老年人的居室要求稍宽敞一些,以便于行走和活动,室内要求通风、干燥、透光;内部设施要便于老年人使用和行动,比如卫生间要有扶手和坐便器之类,楼道要安装栏杆和扶手,以防止其摔倒;居住楼层不宜太高,以便于老年人进出和下楼活动。老年人出行的安全尤其重要,一般需要有人伴护,以防止途中摔倒或犯病,公共场所和交通工具也需设置老人专座或老人通道,保障老年人出行的安全。

第三,归属与爱的需求。一个人在社会生活中,他总希望在友谊、情爱、关心等各方面与他人交流,希望得到他人或社会群体的接纳和重视。如结交朋友、互通情感,追求爱情、亲情,参加各种社会团体及其活动,等等。老年人的这些需求也是强烈的。首先,他们需要家庭的温暖,子女的孝顺,享受天伦之乐;其次,老年人也需要参与社会活动,渴望与邻里、亲朋好友的接触和交流,害怕孤寂;老年人也有爱情需求,特别是一些丧偶老人,希望能有一个伴侣与之相濡以沫,共度晚年。

第四,尊重需求。一个人在社会上总希望自己有稳定、牢固、强于他人的社会地位,需要自尊和得到他人的尊重。老年人特别爱面子,自尊心强,特别需要别人对他的尊重,对于他人对自己的态度尤为敏感。这种尊重需求往往也会延伸为老年人注重自己在知识和修养方面的提高,对自身形体、衣着装扮的关注,等等。

第五,自我实现的需求。人们希望实现自己的理想和抱负,充分发挥个人的聪明才智和潜在能力,取得一定的成就,对社会有较大的贡献。老年人也希望为社会做一些力所能及的事情,充分发挥自己的潜能和余热,实现自身的价值或未完成的心愿,也从中体验到成功的喜悦和满足感。

面对滚滚而至的银发浪潮,根据对老年人需求的分析,我们不仅要提供解决供养、医疗等问题的经济保障,更需要提供大量的日常生活照料和帮助,尤其是精神抚慰和关爱更能给老龄人带来幸福感。我们要借鉴世界上一些福利型国家和地区的经验,结合实际,开展和加强社区养老助老服务,满足老年群体的多方面需求。

3. 与老龄人之间的沟通有待于加强

社会、单位和家庭都客观存在一种现象,老龄人和非老龄人由于各自所经历的时代不同,生活阅历的不同,对社会上的一些问题的看法也不一样,认知存在一定差异。特别是社会发展到今天,由于生活的快节奏,工作的高频率,上班族忙于工作,应酬事务,不太注意老龄人的需求,尤其是对老龄人精神生活需求顾及太少。而老龄人也居功于自己过去的贡献,抱怨没有受到重视和尊重,非老龄人与老龄人之间交流不多,联系较少,缺乏必要的沟通和理解,形成一种无形的隔阂,这不利于社会的和谐。

和谐的社会是人与人之间相互理解的社会,应建立在相互沟通和相互交流的基础之上。客观要求,一是要在全社会大力倡导尊老、敬老、扶老、助老的良好风尚,弘扬中华民族的传统美德,在全社会成员中形成关注老龄问题,关心老龄人的身心健康,多为老龄人做些实事。二是在单位与老龄人之间、非老龄人与老龄人之间建立一对一,一帮一的联系制度,了解他们的所需所求,了解他们对社会、单位的看法,倾听他们对单位以及对在职职工的意见和建议。三是要定期举办非老龄人与老龄人的联谊活动,加强二者之间的交流,增进友谊,从而促进和谐社会建设。社会和谐了,"跌倒老人扶不起"的现象也就会逐步减少了。

三、养老观念滞后于时代发展

当前,受经济发展水平的制约,社区养老福利化水平还不够高,只有部分特殊人群才能享受政府买单的养老服务,大多数老年人只能通过自费方式接受养老服

务。一些老年人的养老观念滞后,阻碍了社区养老事业的发展。主要表现在:

一是一些老年人认为,社区养老是政府的事情,不应由自己付费。在"是否愿意自己花钱购买养老服务"的问卷调查中,给出肯定回答的老年人仅占36%。

二是一些社区为解决养老服务问题,采取了"加盟单位"的形式:由居委会牵头,让社区相关服务项目(如理发、家政等)组成加盟单位,在服务价格上,对老年人实行行业最低标准。但即便如此,老年人的消费热情仍然不高。

三是在养老服务项目上,老年人的服务需求主要集中在较低层次,如家政服务,而学习、法律咨询等较高层次的需求相对较少。

第二节　苏州的社会养老保障有待完善

目前,我国仍处于社会主义初级阶段属于发展中国家,是在经济发展水平还比较低的情况下步入老龄化社会的。江苏省城镇企业职工基本养老保险制度经20多年的改革,苏州虽已建立起社会统筹和个人账户相结合的基本养老保险制度,但距建立独立于企、事业单位之外、资金来源多元化、保障制度规范化、管理服务社会化、相对完善的社会保障体系要求,仍有漫长的一段路要走,城乡社会养老保障面临诸多难题。

一、城镇企业职工基本养老保险统筹层次偏低,抗风险能力较弱

这是当前最为突出的问题,具体表现在以下三个方面:

1. 苏州养老保险基金收、支严重不平衡,养老保险费收入难以满足日益增长的养老金支付需求。目前,全市仍存在县、区当年基本养老保险基金收支倒挂,长此以往,可持续的养老保险体系面临严峻挑战。

2. 统筹层次偏低,互济功能不足。由于江苏养老保险仍实行市县统筹,积累基金主要分布在局部地区,无法在更大范围内实行调剂,抗风险能力弱。

3. 资金来源渠道比较单一,多元化筹资尚未制度化,基金增值也缺乏有效途径。

二、社会特殊群体尚未全部纳入制度保障范围

通过多年努力,尽管苏州的社会保障制度建设不断取得新的进展,但社会保障还存在明显的城乡差、地区差、人群差问题,农村社会保障制度建设滞后于城市,突出问题在于农村居民这个最大群体的老有所养问题尚未切实解决;城乡尚有老年居民没有养老保障;城镇企业社会养老保险还存在因病、因贫"断保"人员无力续保缴费。再加上苏州外来人口比重较高,这些外来人员很多都不在制度保障范围之内。

三、现有的管理服务手段不能满足日益发展的养老保险业务需求

根据我国养老保险实行个人账户管理的制度要求,社会保障的管理对象已从企业延伸到每个参保者。今后将更注重参保人权益的记录和确认。随着城镇化的发展和统筹城乡社会保障体系的推进以及城乡人力资源市场的形成,劳动力必将出现大规模、高频率流动,跨地区、城乡之间必将出现大量的社会保险关系转移和资金调转,服务需求量急剧增长。目前,养老保险"金保工程"的覆盖范围和工作进程虽在不断扩大和加快,但距离管理目标要求和实际工作需要仍有较大差距。

四、老年人救助、养老福利和助老慈善事业还不能满足需求

就苏州全市而言,老年人救助工作还处在推进阶段,救助体系尚未完善,政策尚不统一、制度尚不衔接,内容不够丰富,方式不够多样化和人性化,标准尚偏低;尚未建立随物价指数同步增长的低保标准增长机制,"三无"、"沉保"老人的供养标准自然增长机制还刚起步,公共财力投入还缺乏法定依据;区域统筹程度较低,南北差异较大;助老慈善事业还有待进一步加大力度。

第三节　苏州医疗服务保障面临的问题

一、人口老龄化带来的巨大医疗需求和医疗总费用的上涨

1. 慢性病成为困扰老年人健康的主要问题

随着人民生活水平的日益提高,苏州市老年人的疾病谱也随着发生明显的转变,慢性病、流行性疾病正成为困扰老年人健康的主要问题,也带来了巨大的医疗需求。相关研究表明,年龄每增加 10 岁,各种慢性病患病率都大幅上升。60 岁以上老龄组与 20～29 岁年龄段相比较恶性肿瘤增加了 131 倍,高血压增加 115 倍,糖尿病增加 100 倍、脑血管病增加了 135 倍。多数慢性病具有病程长、治疗难度大愈后较差的特点。从苏州市调查数据看,老年人口慢性病患病率居高不下。此外,苏州市人均期望寿命值增加,也成为慢性病患病率增高的重要因素之一。

2. 医疗护理需求量大

健康与医疗是人类最基本的生存需求,对老年群体来说更显得重要。由于年龄的慢性病是影响老年人日常生活活动能力的主要因素,慢性病又缺乏有效的治疗方法,后期治疗及康复等多在医院外进行,因此老年慢性病患者尤为需要相应的护理。

相关调查显示:江苏省城市老年人日常基本生活需要照料的比例为 9.1%,农村为 10.7%。随着年龄的上升,越来越多的老年人的日常生活需要他人照料,尤其是 85 岁以上的高龄老人,需要他人照料的比例高达 41.8%。有 19.3% 的城市老年人愿意入住护理院,其中,69.8% 的老年人愿意常住,他们认为最多能承受的费用平均每月为 1147.7 元。有 14.5% 的农村老年人愿意入住护理院,其中,80.7% 的老年人愿意常住,他们认为最多能承受的费用平均每月为 130.50 元。作者在苏州市春晖护理院调查时发现,该院现有的 250 张床位远不能满足老年人的入院需求,老年人需入院都得提前几个月预约,说明老年人对护理照顾非常需要,因此,建立老年护理保险制度已成为广大老年人及其家人的迫切要求。

3. 对医疗服务可及性需求较高

医疗服务可及性包括两部分:一是政策可及性,老年人不仅是经济上的脆弱人群,而且也是卫生服务需求量最大的人群。苏州属于经济相对较发达地区,老年人口对于改革中的医疗保障制度期望较高,期望能够依靠强有力的医疗保障政

策来保障健康;二是地域可及性,老年人由于机体功能退化,导致行动能力下降,对于医疗机构的可及性要求较一般人群更高。但是目前医疗服务机构布局过于集中,某些地区大医院的密集程度已超过发达国家水平,医疗卫生服务可及性的不公平在城乡尤为明显,农村老年人口的医疗服务可及性需求相对于城市老年人口显得更加迫切。

4. 医疗费用支出高,支付能力有限

老年人口是医疗服务的高消费人群,据相关资料统计,一个 60 岁以上的老年人的医药费用将占用其一生医药费的 80% 以上。美国医疗费用增长中,7% 是由人口老化所致。在日本,65 岁以上老年人的医疗费用是一般人群的 4.6 倍。而江苏省 2003 年 60 岁以上居民两周就诊医药费是平均两周就诊费用的 1.59 倍,住院费是平均费用的 1.44 倍。以城市职工为例,2001 年江苏省在职人员人均医疗费用支出为 499 元,退休人员人均医疗费用支出为 675 元,退休职工是在职职工的 1.50 倍。2005 年在职职工为 615 元,退休职工为 1567 元,退休职工的人均医疗费用支出已经是在职职工的 2.55 倍。由此可见,老年人口医疗支出明显高于其他人群。医疗费用对于自费医疗的老年人来说是一个沉重的负担。而通过对老年人需住院而未住院的原因分析,经济因素是影响老年人利用医疗服务的主要因素,在很大程度上抑制了老年人相当一部分的医疗服务利用。

由于受以上因素,特别是老年人的支付能力因素的影响,老年人的这种对医疗服务的高需求并非都会转化为对医疗服务的有效需求,于是形成了一种"高需要,低需求"的局面。应该如何改革医疗保险制度,使这种局面状况得到缓解,是需要考虑的问题。

二、老年医疗保障制度不健全

苏州市现行老年医疗保障制度与建设覆盖城乡居民的基本卫生保健制度的总体要求还有较大差距,主要表现在:

1. 筹资少及政府投入不足

建立老年医疗保障制度的一个重要难题是资金问题。与其他年龄人口相比较,老年人患病率高,医疗花费多,疾病风险大,保险风险大。高风险必然对应高成本,这无疑增加筹资难度。而老年医疗保障的筹资来源却很匮乏。自医疗保障制度改革以来,政府投入到医疗卫生事业的资金比重呈逐年下降趋势,同时个人支出迅速增加,近两年来虽然有一定改善,但仍无法赶上对医疗保障基金的需求量逐年增加的速度。这一矛盾使得医疗保险基金始终处于捉襟见肘的状态,也使老年医疗保障体系的建立受到极大的制约。

2. 覆盖面不全、保障程度不高

城镇职工医疗保障从结构上看,覆盖对象主要是国家机关、事业单位职工、全民企业职工和私营、外资企业中的职工。2007 年开始推行的城镇居民医疗保险制度覆盖了绝大多数城市居民,使城镇医疗保障覆盖面大大增加,但进城务工的农民工及外来人口没有得到保障。

从农村来看,苏州市新型农村合作医疗制度已推出多年,目前新型农村合作医疗的覆盖率也达到 95% 以上,基本覆盖了农村人口,但筹资比例一直不高,尽管新型农村合作医疗筹资标限从每人每年不低于 50 元提高到不低于 100 元,但这一比例相对于农村居民人均每年 300～400 元的医疗费用,城镇职工筹资人均 1000 多元的标难还有较大差距,新型农村合作医疗的报销比例平均维持在 60% 左右,使农村居民,尤其是目前大多仍留在农村的老年居民的医疗保障问题还未得到很好的解决。

3. 城镇职工基本医疗保险缺乏合理的医疗经费筹措机制、个人积累机制和稳定的医疗费用来源

1998 年,国务院 44 号文规定退休人员参加基本医疗保险,个人不缴纳基本医疗保险费。基本医疗保险制度实行"现收现付"制,通过代际转移来对老年人进行保障。这从某种意义上说是对老年人口的特殊照顾,减轻了老年人的交费负担。然而,随着人口老龄化对医疗保险参保人群结构的影响,退休人员单位和个人都不缴纳基本医疗保险费的弊端对基金支出的压力已越来越明显,医疗保险基金运行存在巨大风险。

另外现行个人账户的组成为个人的缴纳部分以及用人单位缴纳的一部分,数量较少,多用于支付门诊的小额医疗费用,往往一两次门诊就已用完。个人账户用完之后,就要自费,就会造成小病拖着不治疗,逐渐转化为大病。而老年人一旦遇上大病住院或慢性病时也起不到减轻个人负担的作用,很大程度上降低了个人账户的使用价值。

4. 参保个人负担过重

根据作者对苏州市几个老年护理院的调查发现,参保老年人的医疗负担过重,自费比例很高。医疗保险所定的报销范围、自费药品、起付线、住院统筹自付比例以及封顶线等。使许多老年人即使参加了医疗保险,也很难获得补偿。

5. 缺乏专门针对老年人群基本医疗保险的政策措施

与总人口相比较,老年人具有高患病率、高伤残率、高医疗利用率的持点。76.7% 的 60 岁及以上老年人存在不同程度的视、听、语言、智力、肢体等功能方面的残疾,是总人口平均水平的 36 倍。另一方面,老年人群的医疗需求高而承受能力低,一旦患大病,高昂的医疗费用以及高的自付比例,使得许多经济状况一般的老年人放弃治疗。因此,在建立面向整个人群的医疗保险制度的同时,有必要对老年人制定专门政策,以保障老年人医疗的基本需求,而目前缺乏这方面的政策措施。

三、现行老年医疗服务体系运行存在的问题

1. 老年医疗服务机构数量少、质量差

目前苏州全市专门为老年人提供医疗护理服务的老年病医院、老年护理院、康复机构、临终关怀机构不仅数量上较少,且多数硬件设施条件较差,不能满足老年人日益增长的医疗保健需求,多数病、残、弱老年人主要由家庭提供基本护理,但护理水平较低,且随着家庭结构的变化,对老人的照料矛盾将更加突出。

2. 老年医疗服务人员素质较低

老年护理院、康复机构中对患者提供生活及简单医疗护理的从业人员大多是从社会上聘请来的普通农村妇女。只经过简单的培训就上岗、且年龄偏大,多数在 50 岁以上,未经专门老年护理训练,不能很好地满足社会的需求。

3. 老年医疗服务机构之间缺乏有效的衔接

老龄人看病任意选择医院,没有建立综合性医院、老年病医院、老年护理院以及社区服务机构的老年人就医标准,机构之间的转诊流程标准,各类机构之间各自为政,没有形成完善的服务体系,既没有满足老年人医疗需求,又造成资源的浪费。

第四节　苏州的养老服务尚需完善

一、社区养老服务发展尚不成熟

1. 养老服务供需矛盾突出

对于苏州老龄化程度的不断加深,老年人口大幅增长,无疑是社会安定、医疗卫生条件改善、人民生活水平提高的直接体现,与之相伴的是老年服务需求的大幅增长。目前老年服务供给与需求的矛盾非常突出,需要各级政府积极引导社会资源,增加老年服务供给,以缓解供求矛盾。

目前,在苏州市社区养老服务中,享受政府买单、免费服务的老年人只包括低

保、孤寡、五保户、优抚孤寡老年人等特殊人群,不能覆盖所有需要养老服务的老年人。服务对象范围过窄,不能满足所有老年人的养老需求。以平江区娄门街道为例,娄门街道各社区有居家养老需求的老年人多达103人,而享受政府补贴的只有8人,大部分老年人的养老问题仍需进一步解决。

到2010年底,苏州市养老机构达到178家,养老床位数27355张,老年人拥有床位数达到21.6‰,略高于全国17‰的平均水平,取得了很大的进步。但在养老机构建设中仍然存在许多难以解决的问题。

从目前的现状看,苏州市老年人对养老机构的需求,城市大于农村,中心城区大于外围城区。集中表现在高龄失能老年人入住养老机构的需求量较大,而苏州市养老机构总床位中,护理床位只有4900多张,仅占床位总数的18%,护理床位拥有率只有3‰,距离苏州市委、市政府的要求,还有很大的差距。

2. 服务设施利用率较低

在实地调研中发现,尽管苏州市社区养老服务设施逐渐完善,但许多设施只流于形式,利用率很低,不能适应老年人日益增长的文体活动需求。一是许多服务设施如电脑室、台球室等只在规定日开放,平日老年人有需求时却不允许使用。二是一些老年活动中心或活动室的位置不合理,没有考虑到老年人的身体状况和心理需求。比如,将老年活动室设置在二楼或三楼,这给年龄较大、行动不灵活的老年人带来了极大的不便。有的老年活动中心与社区办公室相邻,这让老年人感到不自由,以致不愿意去社区参加活动。许多老年人希望社区能把老年活动中心与社区办公中心分隔开来,形成独立的空间,这样可以不受拘束地开展活动、享受乐趣。三是许多社区供老年人活动的场地太小,大型活动只能安排在室外,受天气情况的制约很大。遇到不好的天气,活动就不能正常进行。以上问题严重影响了老年人参与社区活动的积极性。在"您是否使用过社区提供的养老服务设施"的问卷调查中,仅有22%的老年人表示使用过养老服务设施。

3. 资金来源单一

目前,苏州市社区养老的资金来源主要是政府拨款,市场化资金的参与不够。虽然近年来政府不断加大对社区养老事业的资金投入,但随着老年人数量的不断增加,仅靠政府投入难以满足老年人的养老需求。还必须调动一切可以调动的力量,共同推进养老事业的不断发展。加强市场化运作是发展养老事业的重要环节。在调动市场力量方面,尽管苏州市加大了对社会中介组织、企业等发展养老产业的扶持力度,出台了许多优惠政策,但目前养老产业在苏州市还没有形成规模,利润率不高。一些企业或社会组织更愿意将资本投入到其他领域,以获得更大的利润。可见,苏州市对民办养老、社会养老机构的扶持力度还需要进一步加强。

4. 全民参与不足

社区养老不同于机构养老,其最大的优势在于参与性,因为社区的内涵之一就是居民的参与。但是,由于多数居民缺乏参与意识、社区的宣传力度不够、政府过于主导等原因,目前苏州市社区养老的公众参与不足,尚未形成全社会养老的良好氛围。主要体现在以下三个方面:

首先,居民参与社区养老的积极性不够,参与率不高。主要表现为:社区里许多居民根本不知道有社区养老服务机构,也不知道其具体服务项目;部分居民认为提供养老服务是政府的事情,应由政府负责;不少居民有参与意愿,但找不到合适的参与载体;尽管有志愿者提供服务,但不少志愿者来自高校与企事业单位,并不是社区居民。

其次,老年人自身的参与不够。在社区养老中,老年人本身就是一种潜在的力量和资源。实际生活中,60~69岁的老年人如果健康状况良好,不但能够照顾自己,还可以为其他老年人提供买菜、做饭等服务。如果能采取合理措施,让健康的低龄老年人去帮助不能自理的高龄老年人,为高龄老年人提供服务,就能在一定程度上缓解社区养老服务人员紧张的状况。在养老服务中,低龄老年人更具优势。与其他服务人员相比较,老年人更能理解老年人的需求,更易于沟通和交流。但目前老年人这种潜在资源还没有被充分发掘和利用,如何利用老年人自身的优势,鼓励老年人参与养老服务,是我们今后应当进一步探讨的问题。

最后,社区养老工作运行机制不够健全和完善。目前,苏州市虽然建立了社区养老管理体系,成立了各部门参与的老龄工作领导机构,但社区养老工作仍面临着"民政线热,其他线冷"的问题,各部门很难形成合力。

二、民营养老服务发展比较缓慢

1. 民营养老投入不足

"十一五"期间,苏州市为了加快发展养老服务事业,出台了《关于加快发展我市养老服务事业的意见》、《关于加快发展我市养老服务事业的补充意见》(以下简称"两个《意见》")等政策,积极扶持民办养老机构的发展,起到了很好的推动作用。民办养老机构从最初的8家发展到48家,民办养老床位从不足1000张增加到7244张,分别占机构总数和床位总数的27%和26.5%。但这一发展趋势与周边养老事业发展较快的地区相比较,仍然存在差距。上海市目前民办养老机构数和床位数占比均达到80%以上,厦门、青岛等市民办养老机构占比都达到了70%以上。

2. 民办养老机构设施设备简陋

有实力的企业集团和个人之所以不愿意投资养老行业,主要是因为投入成本大,在享受相关优惠政策上,还常常会出现难以得到落实的问题,加之物价水平、工人工资的不断上涨,造成养老机构赢利微薄,投资回收期较长。同时,政府给予的床位建设补贴和运营补贴吸引不了大的民间资本进入这一领域。不少民营养老机构保本经营甚至负债累累,只能在低收费标准、低工资标准、低服务条件的"三低"状态下维持度日,靠自身积累根本无力再改善现有条件、扩大规模。

3. 民营养老服务水平偏低

社会力量兴办养老机构一定程度上缓解了机构养老的供需矛盾,但由于开办人的指导思想、运作理念、管理水平、资金等原因,致使这些养老机构在服务、管理上还不到位。机构养老首先应重点满足有护理需求的老年人,但民营力量考虑成本和风险,在建设养老机构时,总是考虑投入与回报的比例,尽量减少成本。

不少养老机构负责人反映,现在护工难招,因为老年人 24 小时都要陪护,特别是对不能自理的老年人要喂饭、翻身、帮助大小便,这样的活一般人干不了。现有的民办养老机构普遍聘用的护理人员大多数是外地劳动力和本市下岗职工。另外,护理人员多为"40"、"50"人员、下岗失业人员,她们一般年纪偏大、文化程度不高,有的还缺乏必要的培训,再加上护理人员待遇较低,她们的业务素质和管理能力较差,对服务质量带来了一定的影响,同时也影响了民办养老机构的发展。

三、土地资源制约着养老机构建设

养老机构建设的用地问题,是制约养老机构发展的最重要因素。《苏州市民办养老机构管理办法》中第八条规定老年人单人间居室使用面积不小于 10 m^2,双人间不小于 14 m^2,三人间不小于 18 m^2。床位数达到 50 张以上,有基本生活用房和室内外活动场地。

据清华规划院养老产业研究所所长陈首春测算,商业型养老机构,前期投入分摊到每个床位上约为 2000～3000 元/月,后续运营成本也需要 2000～3000 元/月,照此计算,一张床位的收费要达到 4000～6000 元/月才能勉强运营。养老地产要想盈利十分困难,目前养老地产的发展可以用叫好不叫座来形容,面临不少现实问题。养老地产的融资也是个难题。养老地产是一个投资回报周期长的行业,投资后获得回报少则 7～8 年,多则 10～20 年,若全部用自有资金而不允许销售,则发展很难。目前如果以养老项目向银行融资,银行担心如果项目出现资金链问题,是不可以把老年人从作为抵押物的房子中赶走的。因此银行不愿意给养老地产项目贷款。

由于古城区土地资源十分紧张，地价不断攀升、租金持续上涨，养老机构的建设成本大幅增加；加上因卫生、环保原因，古城区严格控制护理机构的发展，因此，使得古城区老年护理床位"一床难求"的现象更加显现。

以沧浪区为例，民办养老机构大多数为个人出资兴办，其出资人大多数为小投资者，还有部分下岗职工，其兴办的资金大多数为自筹、借款，在资金投入、场地租用、设施购置、人员聘用等方面较为谨慎。大部分民办养老机构基本上没有绿化空地、休闲空间及活动场所，这些都制约了民办养老机构的进一步健康发展。

四、养老机构规模小，数量少，管理粗放

机构养老是养老服务社会化的重要内容之一，是实施老年人社会福利照料服务的主要载体，特别是使城市"三无"老年人、农村"五保"老年人和鳏、寡、孤、独及特困老年人得以安享晚年的重要场所。据相关资料显示，截止 2010 年上半年，苏州市运行的各类养老机构共 170 家，总床位 23181 张，全市每百位老年人拥有的床位数是 1.31 张。这个发展水平处于全省与经济发达省份的前列，但是远远低于发达国家 5%～7% 的比例，也低于一些发展中国家 2%～3% 的水平。也就是说，苏州市养老设施的总量远不能满足快速老龄化的需求。另外还存在着布局不均衡的问题，我国现行的城市规划对城市养老设施布局没有专项的规划，所以养老设施的布点具有较大的随意性，缺乏考虑因为老龄化速度不同、地区特点不同等客观因素，造成目前资源紧张与浪费并存的状况。例如，除极少数养老机构条件较好外，相当一部分养老机构条件较差，功能也不全，经营理念保守，粗放式管理，服务质量不高，导致床位使用率不高，老年人入住率较低。全省老年公寓和护理（临终关怀）院入住率只有 55%，福利院入住率为 66%，农村敬老院的入住率也只有 73.8%。

五、政府财政投入不足，政策落实不够到位

养老服务社会化固然需要建立健全市场化运作机制，但是离不开政府的引导，政府在养老服务社会化工作中应始终处于主导地位。但是，从目前情况看，一些地区的政府对这项工作的认识还不到位，缺乏应有的重视，投入严重不足。由于经费困难，致使许多养老设施陈旧，养老服务人员待遇低。同时，政府对养老服务社会化的一些优惠政策落实起来也有很大难度，导致民间资本进入社会化养老事业的速度迟缓，少数民营养老机构甚至处于举步维艰的地步。从全市来说，养老服务社会化的程度不很高。一方面是部分老年人具有养老服务的需求，但却得

不到放心的服务,而另一方面中介组织的服务人员和志愿者却找不到服务对象;一方面是部分老年人愿意进养老机构,却找不到满意的老年公寓,而另一方面养老机构的入住率却不足六成。这里的原因虽然是多方面的,但政府的责任缺失是重要原因之一。

六、居家养老服务尚属起步,资源整合有待加强

苏州市居家养老服务虽在一些区域取得了经验,但还没有在面上全面推开。社会各界特别是有关部门对居家养老服务的重要性和迫切性未达成共识,在社会上尚未形成广泛认同的舆论氛围,社区居民群众对居家养老服务知晓率不高,参与以社区为依托的居家养老服务的积极性不够高,居家养老服务的种种优势有待进一步发掘,其运行机制还不够健全和完善。居家养老服务的工作机制应该是政府主导、部门协调、社会参与、民间组织运作,以形成区(县)、街道(乡镇)、社区(村)三级组织架构,分工负责各项工作。但目前居家养老组织体系中各有关部门之间缺乏有效配合,各涉老部门之间缺少协调沟通,没有真正形成合力。各部门往往从自身的利益出发,各自为政,条块分割,社区资源没有优势组合和充分利用。从一些已开展居家养老的社区看,服务的内容还比较单一,不能满足老年人多样化的需求。虽然承诺的服务内容和项目较多,但实际上真正提供给老年人的往往较少,由此所提供的居家养老服务内容与老年人的需求之间存在着一定程度的错位。

七、养老服务队伍专业化程度不高,服务机构不够规范

社会化养老服务的提供者主要分为两类:一类是受薪的服务人员,另一类是不受薪的志愿服务人员。从总体上看,苏州市养老服务队伍的规模、素质都显得不足。西方发达国家在社会化养老服务方面都比较重视,有许多专业人员参与管理和服务。而苏州目前从事社会化养老服务的专业管理人员和服务人员匮乏,整个养老服务队伍素质较低,专业化程度不高,绝大部分人员没有经过系统的专业培训,不具备养老服务护理员的专业资质和执业资格,而且人员流动性很大,没有形成一支稳定的养老服务队伍。高等教育和职业技术院校培养这方面专业人才设置的相关专业也不多,这使人数众多的社会化养老服务需求存在着很大的缺口,即便是有一部分专业人才,但是由于待遇、身份等问题也很难留住。专业人才的不足严重影响了服务项目和内容的扩展以及服务质量的提高。与此同时,养老服务机构还没有完全规范化管理,缺乏严格的准入制度和质量评估监督制度,致

使一些养老服务机构始终在低水平上徘徊。

八、法律法规不够健全，养老服务业缺少有法可依

由于有关老年人的法制建设滞后于人口老龄化的发展，在处理一些涉及到社会化养老服务的民事纠纷方面，缺乏专项法律法规和执法依据。根据发达国家的经验，养老服务的关键环节是做好社会化养老服务工作的法律保证。而我国虽然1996年已颁布了《老年人权益保障法》，但关于养老服务方面内容过于笼统，缺乏行为约束和可操作性，而且时间已过去近20年，情况有了许多变化。当前，特别需要就居家养老、社区服务、家庭赡养、社会救济、老年福利、养老机构管理等方面出台相关法律法规，以使养老服务业有法可依，有章可循。

第五节　老龄产业发展不够完善

随着人口老龄化的发展，尽管老龄产业的发展取得了相当的进展，但总的来讲，发展相对滞后，目前还存在较多问题。

一、对老龄产业认知不够

老龄产业是一个新兴领域，因此有许多人对老龄产业了解较少，在认识上还不统一。对什么是老龄产业和如何发展老龄产业存在较大分歧。有些人认为老龄产业不是一个独立的产业部门，没有必要专门进行讨论。有些人则认为老龄产业是一个独立的产业部门，发展前景十分乐观，导致一些项目盲目上马，甚至是一哄而上。而有些人则认为老龄产业投入风险高、回报低，常持消极或观望的态度。在发展老龄产业的方向上，有些人认为应该走市场化道路，让企业自主发展。而有些人则认为老龄产业涉及的许多服务和产品生产周期长、利润低，并带有很强的社会性和福利性，政府应该给予政策和资金支持。对老龄产业存在的不同看法不可避免地阻碍了老龄产业的发展。

而且由于老年人在其自身的年龄、文化传统、生活阅历等多方面的作用下，追求商品的价廉、实惠，往往成为他们的普遍心理。但是这决不是说老年人购买商品只重视价格的低廉，他们所追求的价格低廉是建立在产品符合他们特定要求的基础上的，这和单纯要求价廉的贫困人群是完全不同的。然而，厂家往往产生错

觉,误以为老年人就是廉价商品的消费对象,把老年人群与贫困人群混为一谈,把其他年龄群体的产品以降价的方法,简单地转移到老年市场上。因此,这就产生了老年产品价格低的看不上,看得上又买不起的状况,形成供需双方都在抱怨的独特现象。

二、发展老龄产业的资金不足

产业的市场发展最重要的是资金。目前,老龄产业主要是依靠政府投资。尽管每年对老龄事业的资金投入都有较大幅度的增长,政府每年对老龄事业的财政投入有所增加,但是人口老龄化和老年需求增长的比例要大于老龄产业资金投入的增长比例,这就造成了老龄产业在资金上存在严重缺口。因此,如果完全依靠政府的投入,老龄产业不能获得长期、稳定和足够的发展资金支持。尽管也提出了资金来源多元化,但来自企业和非经营单位的资金投入比例仍然较小,尤其是民营企业资金短缺的情况更为突出。

三、配套的政策法规缺乏

不少企业在发展中提出,希望政府能够在起步阶段和成长过程中给予必要的政策支持。政府也出台了一些文件,提出重视和发展老龄产业。但是都是一些原则性的要求,缺少具体的配套政策。老龄产业涉及到生产、流通、经营、消费等各个环节,涉及到民政、财政、劳动保障、工商、计划、金融、物价、税务等多个行政管理部门,政策协调难度大,具体落实困难。江苏省的老龄产业仍属"朝阳产业",更由于其特殊的福利性与微利性,使其在发展初期的利润较低,甚至出现亏损。这要求政府有关部门应尽快制定相关的配套政策,培育老年产品市场,并出台老龄产业发展管理办法,为老龄产业的发展提供法律依据,使老龄产业的发展步入法制化轨道。

四、老龄产业尚未形成规模

就目前而言,上规模、上水平的老龄产业项目不多。主要是分散经营,服务和产品单一,层次不高。主要在衣食、居住、医疗卫生方面提供服务。针对老年人文化娱乐和精神享受的内容比较少,而且缺少高新科技和高质量的品牌产品,难以适应高水平的市场竞争。许多领域还没有得到很好的开发,如老年旅游、老年保险、助老服务等。

五、市场供需不平衡

现有产业的决策多是根据人口老龄化的宏观形势做出的判断,缺少对市场进行细分和对老年人需求的具体的社会调查分析。结果造成许多产品和服务模式雷同,缺少特色,产品和服务与老龄人的需求不对路。在老龄产业的供需领域存在不均衡的状况。一些产品和服务市场拥挤,局部竞争激烈,而又有一些产品和服务短缺,市场供不应求。

目前,苏州市场老年产品供给企业中专门经营老年产品的生产企业或以老年产品为主营业务的生产企业为数极少;即使有,其规模也相当小,更多的只是作为企业的辅助业务。另外,老年人作为一个特殊消费群体,在消费上有其明显的需求倾向、即饮食消费求营养、衣着打扮求适体、生活品求实用、文娱活动求清闲。然而,目前苏州市场上这种具有个性的老年产品实在缺乏,真正是根据老年人的消费特征为老年人专门设计、研制、生产的产品则寥寥无几。

六、缺少市场规范和标准

尽管说对老龄产业的发展,应该采取产业化和市场化的运作模式,但是目前有关市场管理大多数还是依照旧有体制,而且市场运行尚未实现规范化和标准化。例如,对老龄产业的某个行业进行管理的依据是什么,企业具备什么样的条件才能享有政策优惠,家庭服务业中对老年人的护理要遵循什么样的标准才算达到要求等,存在大量的问题。

宏观上看,由于苏州的市场经济体制和产业结构尚不完全合理,这些势必影响到苏州老龄产业的布局。某些地区、某些领域的老龄产业存在盲目上马和无序发展的现象。例如老年保健品业是苏州老龄用品业中发展最快而且市场供需也最为旺盛,但是由于老年保健品市场缺乏统一严格的行业标难与市场规范,不仅产品质量难以保证,而且企业还用夸大宣传的手段忽悠老年人。

七、缺乏专业性人才

目前,苏州的一些老龄产业经营者的管理技能不高,无法评估和诊断经营;许多开展的项目缺乏专业技术指导,提不出好的发展方案;市场上还缺乏对老龄产业深入研究的咨询机构。由于缺乏智力支持,导致苏州老龄产业中的许多行业处于低水平运作,难以实现长足的飞跃。

第六节　对老龄人的人力资源再利用开发不够

人是生产力中最活跃的因素,人力资源是中国的第一资源。唯有人才资源得到有效开发,让一切劳动、知识、技术、管理和资本的活力竞相迸发,让创造社会财富的源泉充分涌流,我们的事业才能始终充满生机和活力。老龄人也是一种人力资源,老龄人群体是蕴藏着技能、经验、智慧的人才宝库,忽视老年群体的作用,会导致人才资源的极大浪费,影响社会经济的可持续发展。

目前,苏州平均寿命81.1岁,活到80岁、90岁已经比较普遍,百岁老人也不少见。而现行的退休制度是:女55周岁、男60周岁就从工作岗位上退下来,这是由我国的国情和社会发展的客观要求决定的。但退下来以后的十多年、甚至几十年完全闲置起来,特别是那些经验丰富,有独到专长的高级人才闲置起来不做事,既是一种人才的浪费,也是社会的重大损失,同时也不利于老龄人的身心健康和社会的稳定。

老年群体不仅是社会资源的消费者,社会化发展的受益者,更是未来社会发展的参与者、建设者。我们要充分认识到,在社会飞速发展的今天,老年人力资源,特别是人才资源的价值和重要性在日趋升温,一个健康的、有知识、有技能、有爱心的老年人群体是极为宝贵的社会财富。一个社会越是能及早地认识这一点,就越能及早地获得老龄化的净收益。

一、对老年人力资源开发的认识存在误区

1. 认为老年人是被照料对象,是"社会负担",离退休主要是"休"。忽视老年群体中仍有相当一部分人有继续工作、参与社会发展的愿望和能力。

2. 认为老年人再就业是同青年人"抢饭碗"。随着人口年龄结构的变化,苏州劳动年龄人口逐年增加,就业压力也日见加大。从农村劳动力向城镇的转移来看,随着农民收入的增加越来越依赖于非农就业的工资性收入,农村剩余劳动力向城镇转移的步伐还将进一步加快,再加上外省劳动力人口的流入,苏州劳动力供给的增长和就业岗位的提供之间将产生较大的矛盾,社会就业的压力进一步加大。因此。多数人认为老年人再就业会影响青年人的就业。

3. 认为老年人力资源可以只"用"不"育"。被聘用的老年人,用人单位只管用,认为用工时间不长,随时都可能"回家养老",投资了也是"白费",因而忽视对

老年人力资源的继续教育和培训。

4. 认为老年人才难管。许多企业对老年人才有偏见,如担心老年人才会自视过高,不易接受不同意见,难以管理,有的企业认为老年人容易安于现状,不如年轻人有创造力;还有的企业担心老年人为企业工作的年限也不会很长。

二、返聘退休老年人,易与原单位在职人员发生冲突

目前,单位领导大部分都是中青年人,而离退休人才,资历深,具有思维定势,易与在职人员发生冲突。尤其是反聘的离退休老领导,他们的"余威"往往会干扰到现任领导的正常工作。有的现任领导认为,对老领导的意见,不接受,是不尊老敬老;接受了,自己的创造力得不到展示。

三、再就业的老年劳动者,其权益难以得到保障

目前,我国的《劳动法》对再就业老年人的劳动行为的规定许多是空白,由此,老年人再就业大环境存在"三个不保"——没有劳动合同保障、没有最低工资保证、没有劳动福利保护。有关调查和新闻报道显示,老年人在求职和就职过程中自身权益遭到侵害的现象时有发生。首先,大多数老年人因缺乏求职、应聘经验而被骗财;其次,在就职过程中,往往受到用人单位"不签合同"、"拖欠工资"、"增加工时"、"降低福利"、"随意辞退"等不公平待遇;再次,再就业老年人一旦出事,如发生工伤事故等,因原单位和现用人单位相互推诿而难以得到保障和解决。

四、老年再就业缺乏社会化管理

目前,苏州尚未设立老年人力资源档案库,尚未建立老年人力资源信息网络,尚未开辟专门的老年人才市场,致使用人单位找不到所需的老年人才,而老年人才也是求职无门,大多数是"自己寻找"、"原单位返聘"、"家人、亲朋介绍",存在相当的盲目性。所以,苏州老年人再就业基本处于自发状态,缺乏政府和组织介入,缺乏社会化管理。

五、老年教育无行政管理、无法律保障

苏州市老年教育已经粗具规模,形成市、县(市、区)、部分乡镇(街道)和村多层次的老年教育网络。《苏州市老龄事业发展"十二五"规划》中明确规定:"大力

发展老年教育。坚持"政府办学为主,社会积极参与"的办学体制,加大老年教育保障力度,老年教育经费列入财政预算,确立各级老年大学事业人员编制,积极培养老年教育专(兼)职师资,切实把老年教育纳入终身教育体系,加快各类老年学校和办学点建设,按照苏州教育现代化老年教育办学标准,各县级市(区)建有 1 所教育现代化老年大学,80%以上的街道(镇)老年大学达到苏州市街道(镇)现代化老年大学办学标准。"加强老年大学(学校)内涵建设,提升老年教育质量,满足老年人对体质老年教育的需求。"规划的老年学校大致有三类:第一类是相对正规的具有传统学校特点的县区以上老年大学;第二类是以"六有"(有牌子、有班子、有场所、有经费来源、有教学计划、有教学活动和效果)为要求的乡镇、街道老年学校;第三类是利用现代远程传媒为主要教学载体和手段,以分散学习为主要形式,经教学点辅导为辅助的空中老年大学。但目前,对老年教育的行政管理尚未建立,老年教育至今没有列入政府主管部门的职责,全市老年教育工作没有一个部门自始至终进行有效管理,也未列入教育及社会事业的正式基本信息统计,亟需明确管理部门,并建立法规、制度予以规范。

六、现行的退休政策缺乏弹性和灵活性

劳动是权益,退休也是权益。什么时间退休在政策上没有体现尊重本人意愿和个体的差异。从维护老年劳动者的权益出发,退休政策应当为退休者提供一个逐步适应的机会。它应该是有弹性的、灵活的,并且是带鼓励性质的。我国现行的退休政策是对所有人"一刀切",不分文化、科技程度高低,不分岗位、能力区别。而且,目前各地区都存在着不同程度的"早退"、"内退"现象。现行的退休政策不仅造成了老年人力资源的严重浪费,也是对高新科技人才的一种浪费。

第十章

积极应对苏州人口老龄化的建议

  人口老龄化是社会发展进步的结果和标志，也是人类历史发展的必然规律。苏州已经进入超老龄化社会阶段，并将长期处于老龄化社会，在建设社会主义市场经济，全面建设小康社会，建设富强、民主、和谐的社会主义现代化进程中，要充分认识人口老龄化的严峻性、紧迫性，树立老龄意识，增强老龄观念，以积极的态度，采取切实可行的措施，制定经济社会发展战略应对人口老龄化的挑战。建立健全老龄战略规划体系、社会养老保障体系、老年健康支持体系、老龄服务体系、老年宜居环境体系和老年群众工作体系，服务经济社会改革发展大局，努力实现老有所养、老有所医、老有所教、老有所学、老有所为、老有所乐的工作目标，让广大老年人共享改革发展成果。

第一节　积极老龄化思想的建设

  "积极老龄化"是指人到了老年时，为了提高生活质量，使健康、参与和保障的机会尽可能获得最佳机会的过程。目的在于使人们认识到自己在一生中能够发挥自己在体力、社会、精神方面的潜能，按自己的权利、需求、爱好、能力参与社会，并得到充分的保护、照料和保障。使老年人能够保持身体健康，提高预期寿命，积极参与社会活动，继续为社会做出贡献，保障生活质量，提高生活水平。

  "积极老龄化"要求国际社会以积极的态度主动去应对人口老龄化，提出应对措施，采取积极行动，使社会保持活力，实现社会和谐、可持续发展。我们必须认真学习积极老龄化的思想和理论观点，深刻理解、正确把握积极老龄化的丰富内涵和政策框架，树立积极的思想，采取积极的态度，制定积极的政策，实施积极的行动，主动应对人口老龄化面临的新情况，认真解决新形势出现的新问题，全面落实科学发展观,积极促进苏州老龄事业的发展。

一、加强人口老龄化的宣传教育工作

世界卫生组织指出:为了积极老龄化运动,所有相关的责任人,都应该通过在政治舞台、教育部门、公共论坛和新闻媒体,如广播和电视节目的对话、讨论和争论来阐明和普及"积极老龄化"的概念。走出旧的传统人口老龄化思想认识的误区,树立积极老龄化的新观念。既要看到人口老龄化是社会发展的成就,又要看到它给人类社会带来了严峻的挑战;既要看到老年人过去对社会经济发展所作的贡献,又要看到继续发挥老年人作用的必要性;既要懂得人人都会老的道理,又要理解做好老龄工作是关系每一个人切身利益的大事。从而积极主动地支持、实施积极老龄化战略。

各级政府要适应老龄工作新要求,加强对老龄工作的领导,把老龄工作纳入议事日程,统一部署,统一检查,统一考核。及时研究解决老龄工作中存在的困难和问题,形成党政主导、部门尽职、社会参与、老龄委综合协调的老龄工作格局。

各级新闻媒体要高度重视老龄事业的宣传工作,充分利用各种方式,宣传党和政府有关老龄工作的方针和政策,宣传老龄工作的重要性、紧迫性和必要性,宣传老年人对促进社会稳定和经济发展的重要作用,增强全社会的老龄意识。通过评选"姑苏老年之星"和"孝亲敬老之星",大力弘扬中华民族敬老、养老、助老的传统美德,为老年人和老龄事业创造良好的社会环境。

二、把老龄事业列入政府工作目标

为实现积极老龄化目标,除了卫生和社会服务部门外,还需要许多部门的行动。所以,落实积极老龄化战略,必须把健康、参与、保障这三大政策框架支柱的内容,列入老龄事业发展规划,列入国家的社会经济发展规划,作为政府的工作目标来落实。

三、完善老龄化问题的政策法规体系

政策是实施和落实积极老龄化的保证,要围绕健康、参与、保障这三大政策框架支柱,结合社会经济发展的实际,制定与之相适应的具体政策。当前,政府对实施健康、参与、保障这几方面的政策都有,但大部分散见于政府颁布的多个文件之中,没有形成一套完整、系统、独立的法规。应对现有的政策、法规进行疏理、规范和完善。对于过时的要进行修改,不足的进行补充,形成一套完整的政策法规体系。

四、加大对老龄事业的资金投入

贯彻落实积极老龄化,必须有资金作保障。政府要根据老龄化发展的实际和国家的经济发展水平,把资金列入财政计划,并做到逐年有所增长,建立财政资金保障机制。同时要拓宽资金来源渠道,建立多元化的投融资体制。加强对老龄发展资金的管理,做到专款专用,防止资金挪作它用,以保障实施人口老龄化事业发展的战略需要。

要根据经济发展水平和老龄事业发展需要,按照公共服务均等化要求,加大老龄事业的投入,用于发展养老事业,确保老龄事业与经济社会协调发展,保障老龄工作经费。福利彩票公益金中要有一定比例用于老龄事业。积极引导社会资金投入老龄事业,逐步形成多元化的老龄事业投入机制。

五、深入开展老龄化问题的研究

各级政府、老年科学研究机构等涉老部门和老龄工作者,要加强对人口老龄化问题基础理论和应用工作的研究。要根据第二届世界老龄大会提出的积极老龄化的新思想、新理论,结合我国实际,有计划、有步骤、有重点地开展调查研究,用先进的理论指导新的实践。针对新形势下出现的新问题,提出对策和意见,为政府制定决策,解决老龄问题提供科学依据。不断提高研究水平、管理水平,推动老龄事业朝着健康的方向发展。

六、进一步加强对老龄工作的领导

老龄工作是党和政府的一项重要工作,也是社会事业的一个重要的组成部分,关系到社会的稳定和社会的长治久安,必须高度重视。要坚持党政主导,社会参与,全民关怀的方针,把积极老龄化的发展战略列入党和政府的议事日程,做到领导分工有人抓。列入工作计划,及时检查指导。充分发挥政府各涉老部门的作用,认真落实积极老龄化的发展规划,促进老龄事业的发展。

第二节　加强社会养老保障体系建设

建设完善的社会保障体系,是从根本上解决老龄化日益突出的养老问题的制度安排。社会保障制度为老年人提供最基本的生活保障,要健全和完善城市社会养老保障,在城乡基本建立起老年社会性保障体系。确保城乡老年人的养老等问题得到妥善解决。

基于以上分析,我们必须立足国情,高度重视人口老龄化对城乡养老保障体系的严峻挑战,未雨绸缪,从全局的高度,用改革的办法,按照建立统筹城乡社会保障体系的思路,积极推进城镇企业职工基本养老保险制度向乡镇各类企业和被征地农民延伸,大力推进新农保制度,努力建成城乡一体化的养老保险体系。做到既尽力而为,又量力而行;既巩固完善现有的工作成果,又努力创新制度;既解决当期突出问题,又坚持可持续发展。

一、进一步提高社会保障的法制化程度

目前,我国社会保障立法比较滞后。从国家层面讲,应尽快出台《社会保险法》;从省级层面讲,应尽快出台农村社会养老保险制度,体现社会保障强制性特点,以增强城镇企业职工和农村社会养老保险"扩面"与征缴的"刚性"。今后,各级政府的劳动和社会保障立法,需要关注在劳资关系中将追求公平作为政府好政策的原则和出发点;发挥政府的主导作用,完善"三方"协调机制;建立和完善劳动保障监察制度,确保社会保障法律法规得到贯彻实施。

二、做实个人账户,解决"空账"运行,是实现城镇职工基本养老保险制度持续稳健运行的重要保证

1. 努力保持社会基本养老保险基金收入可持续增长

持续稳定的基金收入是养老保险制度安全运行的根本保证。近年来,基本养老保险覆盖范围达到应保尽保的程度后,新增征缴对象的数量将逐渐降低,基金收入的增幅也会逐渐减缓,甚至出现基金收入规模下降的情况。目前,要采取有效措施重点引导和鼓励民营企业、自由职业者参加社会养老保险,以实现基金收入可持续增长。

2. 努力化解基本养老保险基金支出面临的压力

据相关资料统计,2003—2006 年,江苏省享受基本养老保险待遇的企业离退休人员数从 240.20 万人增长至 302.38 万人,人数增幅为 25.89%;基金总支出从 205.80 亿元增至 355.28 亿元,支出增幅为 72.53%。在已经步入老龄化社会的情况下,随着国家对企业退休人员养老金待遇连续多年调整,江苏省养老保险基金支出增长的压力将不断加大。

基于苏南苏北区域经济发展差距和全省养老保险实行县级统筹的现状,全省基本养老保险基金结余主要集中在苏、锡、常及省直管企业,大部分地区结余很少,有 33 个经济薄弱县(市)每年要靠省级专项补助才能确保当期发放。养老保险做实个人账户后,由于个人账户基金和统筹账户基金分账运行,个人账户基金将不再用于当期支出,基金收支出现明显不平衡。原来基金当期收支存在缺口的统筹地区,缺口将更进一步加大,财政支付的压力进一步加大。各级政府必须通过调整财政支出结构,应对做实养老保险个人账户后基金支付出现的新情况。

3. 努力保证做实个人账户、基金运营增值

做实个人账户后,统账分离,基本养老保险个人账户就意味着是一种带有强制性的个人储蓄,其积累的资金就应是缴费者的私人财产,个人账户产权当属参保缴费个人所有。从辽宁省的试点情况看,做实个人账户后,职工参保的自觉性、主动性明显增强,参保职工主动查询个人账户储存额的越来越多、对于做实个人账户基金收益率的关注程度也越来越高。

目前,从安全性考虑,养老保险基金还多用于购买国债或存入银行以实现保值增值,其收益率与参保人期望值存在一定差距。经过试点的黑龙江、吉林两省和 7 个新增试点省份,中央补助资金全部由试点省份政府委托全国社会保障基金理事会投资运营,全国社保理事会承诺的基金年收益率为 3.5%。这与当前银行一年期存款利率比较并无优势。江苏省养老保险个人记账利率较高,2004 年、2005 年度均为 6.9%,2006 年度为 4.5%。目前,做实账户基金的运营尚无明确的政策和渠道,仅靠银行协议存款。期间,可能发生个人账户做实后的基金实际收益率低于目前个人账户空账记账利率的情况。因此,应通过政策措施,努力保证做实个人账户基金增值。

4. 努力提高管理和服务能力

做实个人账户是养老保险制度的重大改革。由此,管理服务理念和手段将发生一系列的变化,对各级政府、劳动保障部门及其社保经办机构的执行力提出了更高要求。

首先,政府有关部门要加强合作,协调一致。做实个人账户工作与劳动保障、地方税务、财政部门密切相关。在现有劳动保障部门核定缴费基数、地税部门征

缴、资金存入财政专户的模式下,三个部门实现步调一致是至关重要的。

其次,加强社会保障信息化建设。建立起覆盖广泛的社会保障信息管理系统,将社会保障资金的缴纳、记录、核算、支付、查询服务等全部纳入计算机管理系统,实现对所有服务对象跟踪一生、记录一生、保障一生、服务一生的目标。这是劳动保障部门及其社保经办机构目前亟待解决的现实问题。

第三,政府应落实个人账户基金运营和监管的责任。在做实个人账户推进过程中,要明确个人账户基金运营的监督主体及其责任。这样,才能确保做实个人账户制度稳步推进。与此同时,政府还应承担一系列相关的责任,如个人账户市场化运作的环境营造和市场失灵时的介入等。

三、提高统筹层次,加快省级统筹步伐,建立和完善确保养老金按时足额发放的长效机制

基本养老保险省级统筹是企业职工基本养老保险制度改革发展到一定阶段后的一种较高层次的管理方式,是深化基本养老保险制度改革的必然结果。根据社会保险的通用法则,只有提高统筹层次,扩大覆盖面,提高基金征收规模,才能有效保障参保人员的养老问题。

所谓基本养老保险省级统筹,是指包括单位和职工个人缴费比例、基本养老金计发办法、发放标准、基金管理、基金调剂等内容在内的整个企业职工基本养老保险制度和体系一到省,统筹管理。实施养老保险省级统筹,对于养老保险制度的持续有以下促进作用:一是增强互济功能。只有实现较大范围的统筹,才能增强基金调剂能力,提高抵御风险的能力,确保养老金发放。二是便于人员流动。提高统筹层次,能够在更大范围内实现各地区缴费基数、比例和享受待遇标准的统一,消除参保职工跨地区流动转移养老保险关系的障碍。三是有利于提高管理水平。通过减少管理环节和层次,实现集中管理,降低基金分散管理的风险。

根据江苏省情实际,推进养老保险省级统筹应着重把握以下四点:

1. 明确各级政府的责任

社会保障是政府提供的一项重要公共产品,不同层级的政府应对此负责。应明确划分各级政府养老保险的职责范围,以实现养老保险产品收益成本比最大化,提高养老保险资源配置效率。划分养老保险各级政府职责范围应遵循以下三个要求:

第一,明确划分各级政府在养老保险制度设计和政策制定过程中的职责范围。省级政府依据国家劳动和社会保障有关法律法规制定适应本地区实际状况的地方性养老保险法规政策和实施细则,实现养老保险基金的保值增值等具体实

施办法的选择;市、县政府主要职责为:规范养老保险日常管理、负责养老保险基金征缴和支付等。省、市、县三级政府各司其职、各尽其责。

第二,建立政府相关职能部门的协调机制。推进养老保险省级统筹,必须由省政府主导,劳动和社会保障部门在各市、县的大力配合和财政、编办、金融等有关部门、单位的大力支持下,各负其责,紧密配合,协调一致,共同推进。

第三,实行行政首长负责制。鉴于目前社会保障责任局限在县级政府部门的层面上,由此,实行各级政府行政首长负责制,已成当务之急。应将社会保障工作纳入各级政府行政首长的责任范围,列入考核体系,并接受监督。

2. 建立和完善公共财政框架下的财政投入机制

第一,建立各级政府间养老保险财政投入的责任分担机制。根据"分税制"的基本财政税收制度,科学合理地界定市县政府对城镇企业职工基本养老保险兜底的责任范围,明确各级政府的财政支出责任,实现财政对养老保险的投入随着当地 GDP 总量增长而相应增长。

第二,建立和完善社会保障的预算管理。社会保障预算是国家在一定时期内经法定程序批准的社会保障收支计划,它是国家实行社会保障制度的需要,是加强社会保障基金管理监督的内在要求,是规范政府履行社会保障职能的重要手段。社会保障预算应包括财政拨款安排的社会保障经费预算、社会保险基金预算、基金结余投资预算、经办机构管理费预算等。要加强对养老保险预算的编制、审批、执行、监督、总结与分析等的管理。通过加强预算管理,为养老保险基金收支平衡、资金的安全和保值增值提供制度保障。

3. 妥善解决地区差异对省级统筹的影响

江苏省苏南、苏北经济社会发展水平存在着较大的差距,这种差距在社会养老保险方面同样存在、短期内消除这种差异是不可能的。有鉴于此,如果在目前情况下养老保险制度实行省级统筹,势必会产生较大幅度的资金再分配,因而迟滞省级统筹的进程。显然,降低地区间资金再分配必然有利于加速省级统筹进程。降低地区间资金再分配有多种途径:

首先,明确各地区历史债务的数额和责任,把历史债务从现行制度中剥离出去,通过各级财政和其他办法加以解决。这样,必然降低各地区通过代际转移手段消化历史债务的支出部分,大大缩减各地区间养老保险收支的差距,降低省级统筹产生的地区间资金再分配程度。

其次,尽快建全覆盖城镇全体劳动者的社会养老保险制度,一方面使全体城镇劳动者都能享受政府提供的养老保险,另一方面也有利于降低当前制度的抚养比,减缓制度的财务压力,同时,也缩小了出于地区间社会养老保险抚养比的差异引起的基金收支差异。

第三,出于不同地区经济水平的差异,养老金的绝对水平和增长标准应该与当地经济水平和发展相联系,以体现不同地区的职工在养老成本上和过去工作贡献方面的差异。

第四,降低社会统筹的养老保险待遇水平,有利于缩减地区间收入再分配的程度。如果把按现行制度已经退休和将要退休人员的养老金发放都纳入省级统筹,势必产生一个庞大的社会统筹系统。我们设想,把省级统筹定位在基础养老保险,也就是对现行制度中按当地上年社会平均工资 20%发放的部分实行省级统筹,对个人账户实行市场化的运营管理。对养老保险制度改革前参加工作、实行养老保险制度后缴纳企业养老保险费的人员,过渡性养老金由中央和地方财政逐步补贴或者通过其他方式补偿,将有利于省级统筹社会养老保险制度的建立。

4. 建立与社会养老保险省级统筹相适应的管理体制

实行省级统筹势必要改变现有的养老保险管理体制和运行机制,根据职责相对应的原则,建立统一、高效的养老保险管理新体制。

第一,由现行省对市、县的分级系统管理模式,改为建立垂直管理的模式,明确上级主管部门、下级政府与社会保险经办机构的职权划分。建立一支省内垂直领导的工作队伍,统一征收和支付基金。这种体制强化了省级政府社会保障的责任,增加了省级统筹的权威性,能有效控制基金支出的水平,是一种较高的、比较合理可行的管理运作模式。

第二,统一规范管理制度。包括三方面内容:(1)统一基本制度,即方法、标准的统一;(2)统一管理体制,即各部门、各层级责任、权力的明晰;(3)统一技术规范,即计算机网络、操作程序的统一。省级统筹的养老保险制度的建立有赖于统一完善的养老保险险情信息系统,及时掌握了解各地养老保险财务状况和未来的趋势,实现养老保险的精细化管理,对制度的成本、债务、长期财务收支状况等做出预见性的分析。

第三,建立健全养老保险监督机构。明确监督的主体,规范监督程序,公开监督结果,强化处罚措施。监督机构的建立,会进一步完善省级统筹管理体系,有助于建立公众对此项工作的信任度。

四、加快推进企业退休人员的社会化管理服务工作

1. 充分发挥政府在退休人员居家养老事业中的作用

退休人员如何养老,已成为急需解决的社会命题。居家养老这一形式,它适合我国老年人的养老心理需求,适合我国"未富先老"的经济承受能力,理应得到政府的大力支持,鼓励其快速发展。在居家养老事业发展过程中,政府责任是否

到位至关重要。我们认为,在市场经济条件下,政府责任主要体现在以下两个方面:首先是经济方面给予支持。如对实行居家养老的困难老年人在资金上给予一定的补贴,允许为居家养老服务的企业利用社区里的公共服务设施,并给予税收及相关政策上的优惠等。其次是建立起政府指导下的居家养老服务市场化运作机制。如制定居家养老的基本服务内容和服务标准,通过政府集中招标采购方式降低服务价格,保证服务,控制其服务企业在基本服务内容中的利润幅度,以保证居家养老的老年人能得到质优价廉的家政及各种服务。

2. 加快推进行业企业和异地居住退休人员按属地原则纳入社区管理的步伐

行业企业是指参加原养老保险行业统筹的(包括金融、电力、电信、铁路、煤炭等)中央行业企业。行业企业绝大多数退休人员管理服务工作有较好的基础,退休人员担心实行社会化管理会失去原来企业给予的福利。因此,行业单位对此项工作一直处于观望之中。

根据中办发[2003]16号和苏办发[2003]21号文件精神,可以采取以下办法:一是对分散在城市内的行业企业退休人员,直接纳入属地管理。二是对远离城市、独立的工矿区和职工生活区相对集中的,原退管组织健全且管理较好的,可以依托原企业增挂当地社会化管理服务中心进行管理,统一制度、统一业务指导,待条件成熟后,纳入社区管理。三是对新退休人员直接纳入属地管理。

异地居住退休人员是指退休后离开工作地转到其他省市或地区居住的职工,这是当前社会化管理服务工作中的一个难点。由于养老保险实行属地原则,退休人员养老金原则上由工作单位所在地的社保机构发放,档案仍由原单位或发放养老金的社保机构统一管理,与居住地的社保机构并无关系,因此,原单位一些福利性的社保待遇无法享受,管理服务工作不能及时到位,如医疗费用的报销、免费健康体检等。解决上述问题的办法是按属地管理原则纳入社区管理。

3. 努力统筹协调,共同做好管理服务

退休人员社会化管理服务工作是一项系统工程,除了退休人员的管理服务外,还包括就业服务、居民医疗、养老保险服务、失业和老工伤人员的管理服务等;同时还有涉及其他部门的工作,如社区医疗卫生服务、退休党员组织活动等,要探索建立与有关部门、单位的定期沟通和会商机制。努力做好统筹协调工作,形成合力,共同把社会化管理服务工作做好。

五、以人人享有社会保障为方向,构建覆盖城乡的社会保障体系

构建覆盖城乡的社会保障体系,要贯彻党的十七届三中全会精神,按照江苏

省委 2008 年 11 月召开的十一届五次全会"关于贯彻落实党的十七届三中全会《决定》加快推进农村改革发展的意见",贯彻"广覆盖、保基本、多层次、可持续"原则,更加注重解决制度建设的薄弱环节,更加注重对社会弱势群体的帮扶救助,更加注重城乡社保制度的配套衔接,做到既尽力而为又量力而行,努力使社会保障制度涵盖范围不断扩大,参保人群不断增加,待遇水平不断提高,服务能力不断强化。

1. 加快建立新型农村社会养老保险制度

目前,我国农村人口老龄化的速度快于城市老龄化的问题已不容乐观。作为一个人口规模达 13 亿的发展中大国,其中 60 岁以上农村人口有 0.91 亿,65 岁及以上人口有 0.53 亿。全国 65 岁及以上人口比例达到 8.16%,农村达到 8.17%,已经超过老龄化社会国际标准 7% 的水平,农村老年人口占全国老年人口的比例达 61.36%,高于全国老年人口比重 61.29%。

据相关资料统计,截止 2007 年 6 月底,江苏省农村居民 3631.3 万人,占总人口比例 48.1%,全省 60 周岁以上老年人口 1166.6 万人,占总人口比例 16%,这表明农村人口老龄化更为严重。由此可见,建立农村社会养老保险制度是应对人口老龄化挑战的最佳对策。

2. 积极探索城镇无保障老年居民晚年生活补贴问题的解决办法

据相关资料统计,截止 2008 年 6 月底,江苏全省尚有 783 万 60 周岁以上老年居民没有养老保障,占老年总人口的 67.1%。目前,全省已有无锡、常州、苏州、镇江、泰州、南京 6 个市先后出台了城乡老年居民养老补贴办法。

为了从制度上解决全省城乡老年居民晚年生活补贴问题,可以采取具备条件的城市先行、逐步拓展到农村的办法和步骤,积极探索城乡无保障老年居民晚年生活补贴问题的解决办法。建议在认真总结先行地区做法和经验的基础上,由省政府出台专门的指导性、政策性意见,像解决其他民生问题那样,建立省财政转移支付与地方财政专项投入的共同机制,直接向城乡无保障老年居民发放生活补贴,在一定程度上保障其老有所养。

对老年人的养老补贴,以县级财政补贴为主,省级财政适当给予补助。各级政府应根据当地经济社会发展状况和承受能力,努力为城乡无养老保障的老年人建立养老补贴制度和享受待遇的正常调整机制,将所需资金列入财政预算。对参考目前全省已开展对 60 周岁以上老年人口补贴的地区实行的标准,建议全省城镇和农村 60 周岁以上老年人月补贴标准为:苏南 150 元、90 元,苏中 120 元、70 元,苏北 90 元、50 元。按此测算:省级财政需投入 2 亿元,县级财政需投入 4.4 亿元,两级财政共投入 6.4 亿元。

3. 研究解决社会养老保险出现的新情况、新问题

进一步加大企业职工基本养老保险范围，逐步提高企业退休人员基本养老金水平，推进做实个人账户试点工作，研究将企业职工基本养老保险提高到省级统筹层次的办法和步骤，鼓励有条件的企业建立企业年金。采取公益捐助、慈善帮扶、政府补贴引导、先垫付后回收等多种措施，帮助 60 多万已参加基本养老保险但又因贫、因病断保的再就业困难人员、大龄下岗失业人员续保缴费，解除其老无所养的后顾之忧。

4. 完善被征地农民基本生活保障制度

应当看到，目前江苏省为被征地农民设计的社会保障制度，实际上是个过渡性的制度安排。从保障水平上看，处于农村低保和城镇低保之间，低于城保。农民失去土地后能否最终成为市民，其社会保障能否过渡到城市居民社会保障制度是关键。江苏省政府在制定全省被征地农民基本生活保障制度（25 号省长令）中明确规定：有条件的地区可以让失地农民直接参加"城保"。全省各地对此做了积极的探索和实践，并取得较大进展。

第一，让征地农民基本生活保障制度和城镇社会保障制度接轨。苏州、无锡、南京市政府在设计被征地农民基本生活保障制度时，从确保失地农民权益和建立和谐社会高度出发，制定了失地农民和城镇职工社会保障制度接轨的制度。具体是：养老保险制度实行置换接轨，劳动年龄段失地农民已实现就业的参加城保。对第二、三年龄段人员按城镇灵活就业人员缴费标准，从征地补偿费和安量费中筹措资金，不足部分内各级财政补贴参加城镇居民养老保险。对第四年龄段人员直接计发城保养老金。

第二，由被征地农民自觉参保向强制参保发展。2005 年。江苏省政府在制定被征地农民基本生活保障制度时，为尊重被征地农民私有财产：处置权，规定失地农民可自愿选择参加基本生活保障，但要求各地政府应采取措施，积极引导失地农民参加基本生活保障。从试点情况看，许多失地农民仅选择一次性领取征地补偿费，而不参加被征地基本生活保障，为长远生计留下了隐患。苏州、无锡、南京等地从实际出发，制定了强调失地农民参保和积极引导政策，取得明显实效。2007 年全国人大通过了《物权法》，其中明确规定征地时必须在土地出让金和安置费中留足社会保障费。据此，为认真贯彻执行国务院办公厅 29 号文件精神，确保失地农民征地后生活水平不下降，长远生计有保障，江苏全省各地采取得力措施克服失地农民短视行为，强势推进，不让失地农民被征地后游离于社会保障制度之外。

第三，解决"即征即保"问题向解决历年被征地农民问题发展。自从 2006 年国务院 31 号文件提出"即征即保"的明确要求，符合条件的地方在基本解决了当期失地农民"即征即保"问题后,开始逐步解决历年被征地农民社会保障问题。调研发现,历史上被征地农民情况复杂,难题多。主要表现为"六难"一是年代跨度大,最长达 21 年;二是征地政策不统一,先后主要经历安置被征地农民进征地单位、货币安置、补偿费安置等阶段;三是补偿水平高低相差太大,最高 4 万元,最低6000 元;四是合法用地和不规范用地交织;五是被征地农民户籍所在地和征地实施地相分离现象很普遍;六是征地资料不全,而且分散在各有关单位。苏州、无锡、南京、太仓、江阴等地政府和劳动保障部门,先后制定了根据具体情况和当地经济发展水平相适应的补助费制度,并开始实施。

六、健全城乡社会救助体系,大力发展社会福利和慈善事业

1. 加快建设新型老年人社会救助体系

要从组织领导、机构、资金、信息化等方面、加快建设以人为本、城乡统筹、网络健全、制度衔接、管理规范、保障有力的,与全省经济社会发展水平相适应的,多层次、全方位、可持续的新型老年人救助体系。要把老年人救助体系建设纳入当地经济社会发展规划,及时制定相关政策,建立健全政府主导、民政主管、部门协作、社会参与的工作机制和运行机制。建议各市、县(市、区)行政部门设立专门工作机构。各街道、乡镇设立社会救助中心。建议通过政府购买服务方式,按 100~200 户低保家庭配备 1 名专职工作人员。通过政府购买服务方式,向社会招聘专管人员,社区、村一级也要通过财政补贴方式、解决有人办事问题。5 年内实现城乡最低生活保障标准年人均不低于 2500 元的目标,基本消除绝对贫困现象。

2. 加快发展适度普惠型养老福利服务

坚持政府主导和社会参与相结合,坚持居家养老、社区养老、机构养老相衔接,坚持政府购买服务与建立养老评估制度相连接。政府要通过完善或出台有关政策,进一步调动社会力量参与养老福利事业的积极性,形成政府、社会"双轮驱动"模式。建立和规范长效投入发展机制和自然增长机制,为养老福利事业提供资金保障。加强对养老福利事业的指导,创造发展普惠型养老福利服务的社会环境。

3. 促进养老福利服务与慈善事业的良性互动

发展养老福利服务,不能完全由政府包揽。即使是高福利的发达国家,也有社会参与的养老福利服务。慈善事业不仅是社会参与养名福利服务的一个方面,也是社会主义人道主义和精神文明建设的重要体现。要积极发挥慈善机构的独特作用,鼓励和支持企事业单位、民间组织和个人积极开展养老福利服务的捐助和帮扶,尤其是在对待贫困老年人的救助中发挥雪中送炭的辅助作用。

第三节 完善老龄人口医疗服务

在我国目前的经济社会发展大环境下,还不可能用一个统一的医疗保障制度覆盖所有的人口,医疗保障体系必然是针对不同人群的医疗保障制度的组合。老年人群与其他人群相比较处于弱势状态,按照与其他人群一致的做法"一刀切",势必导致老年人的部分医疗权益得不到保障。因而应该构建一个符合老年人群特点的老年医疗保障体系。

各国老年医疗保障体系无疑给我们带来许多启示,但由于各国和地区都有各自不同的经济、文化等基本情况,没有哪两个国家和地区的医疗保障制度完全相同。国外成功的经验也不可能完全复制到中国来,更不可能完全照搬到我省我市。我们应借鉴别人的优点,根据自身的基本情况,创建适合本省市老年人口特点和需要的老年医疗保障制度。

苏州老年人口绝对数量的迅速增长,无疑对其医疗卫生事业提出了新的要求。解决老年人的医疗问题将是苏州医疗保障体系中面临的最大难题。如何让辛劳一生的老年人老有所养、老有所医、老有所乐,构建适合苏州基本情况的老年医疗服务体系,将是未来工作的一个难点。

一、坚持政府的主导作用

老年人属于弱势群体,政府应保障老年人的基本医疗需求。在老年人医疗保障体系的组织与发展过程中,由于其医疗服务的特殊性,必须依靠政府干预,甚至在一些领域必须依靠政府直接组织。即使在经济市场化程度很高的国家,对老年人的医疗保障从卫生筹资到资源分配,从服务目标确定到服务体系建设等各个领域,政府都发挥主导作用,在不少国家甚至都是由政府直接组织。各级政府应明确责任,合理调整财政支出结构,加大向老年人医疗保障事业方面的资金投入。首先,在公共卫生服务领域,应强化政府在承担老年人群的预防保健、健康宣传、体格检查等方面的责任,将其纳入公共卫生项目。其次,在一般医疗领域,要强化政府的筹资作用。通过政府介入筹资与分配过程形成风险分担机制及再分配体制,可以减轻疾病给老年患者个人及家庭带来的巨大风险,并且可以体现集体选择的优势,对于规范医疗服务、克服信息不对称现象有突出意义。第三,要强化政府在老年医疗服务体系建设与发展中的作用,加强老年医疗服务机构建设,重点发展老年康复与老年护理院,并将这些机构纳入各种医疗保险制度定点机构中去,提高老年居民的医疗、护理服务利用能力。

二、完善城镇基本医疗保险制度和农村新型合作医疗制度

1. 城镇基本医疗保险制度的完善

（1）扩大保险覆盖范围

进一步推动城镇职工基本医疗保险和城镇居民基本医疗保险的发展,不断扩大覆盖范围。做好城镇职工的参保工作、重点研究解决困难、破产、改制企业职工及退休人员的医疗保障问题;把职工医疗保险覆盖范围扩大到城镇所有从业人员,重点解决非公有制经济组织从业人员、个体工商户、私营企业及灵活就业人员和进城务工农民工的参保问题,以此来平抑参保人员中老年人口所占比例。将居民医疗保险向职工家属、城镇居民等社会其他人员拓展,保证将所有老年居民纳入保障范围。

（2）改善医疗保障筹资机制

一是加大政府责任、争取财政补偿。政府应明确在建立社会医疗保险制度过程中所承担的责任,调整财政支出结构,提高财政预算中医疗保障支出的比例,按退休人员参保的人数给医疗保险相应的资金补偿,解决人口老龄化给医保基金带来的风险问题。基本医疗保险的筹资应以国家立法强制执行,以保证其公平性;不属于基本医疗保险的部分应以个人积累为主,但政府应在政策上给予扶持。

二是成立专门的老年保障基金。社会统筹基金中应建立老年人大病保险、互助医疗基金,老年人专项医疗基金作为老年基本医疗保障体系的补充。主要作为老年人患重病、大病、慢性病时予以适当的医疗费用保障。

三是增强个人账户的积累功能。城镇职工基本医疗保险制度设置个人账户的目的之一,就是要发挥个人账户的积累功能,但因为个人缴费额度较小,个人账户的积累功能极其有限。特别是对老年人来说,医改以后才转入基本医疗保险,原本就没有积累。而由于常伴有慢性病,门诊医疗次数比较频繁,往往一两次就诊的费用就耗尽了个人账户的金额。建议利用当前劳动人口比例较高的优势,逐步提高个人缴费比例,以增强个人账户积累功能,解决未来医疗费用之需;对于老年人,要适当提高个人账户的划入比例,以适应老年人的医疗需求特点。

四是扩展医疗保险基金的来源渠道。随着人口老龄化和职工与退休人员负担比的提升,医疗保险基金短缺的现象将日益突出。因此有必要打通医疗保险基金的来源,增加基金存量。政府可以尝试拓宽筹资渠道,如鼓励民间慈善捐款,从社会福利彩票所筹集的福利资金中提取一定比例用于老年人医疗保障事业,社会

保险基金投资运营的收益也可划拨一部分用于补偿医疗保险费用的开支等。

（3）改革支付模式

把符合要求的社区卫生服务机构作为基本医疗保险定点医疗机构；把符合基本医疗保险有关规定的社区卫生服务项目纳入基本医疗保险支付范围；制定合理的社区卫生服务收费政策，规范服务项目的名称、服务内容、收费标准等；社区卫生服务不仅要向老年患者提供快捷方便的卫生服务，而且应提供科学合理、价格低廉的收费，其收费方式应与医疗保险支付方式相结合，向按服务单元、按病种或按人头包干的预付制方向发展。

2. 新型农村合作医疗制度的完善

（1）改变必须以家庭为单位的参保规定，允许在家的老年人和小孩单独参保。鉴于我国农村劳动力流动的大规模和长期性，许多地区仍留在农村的居民以老年人和孩子为主。按照以家庭为单位参保的规定，将影响到他们的参保积极性。建议允许在家的老年人和小孩单独参保，以确保他们获得医疗保障。对于部分家庭成员长期在城市工作，但其他家庭成员仍然在农村从事农业生产的农民工，应给予其自由选择权，允许他们既参加农村合作医疗，又鼓励其尽快融入所在地的社会保障体系。将具有准社会保险性质的新型农村合作医疗制度逐步转变为真正的社会保险制度。

（2）实行强制参与原则，保证老年居民得到保障。新型农村合作医疗自愿参加的方式会排斥贫困群体，最贫困的农村居民，事实上也是最需要帮助的人。这部分人往往是体弱、多病、无经济来源的老年农村居民，其多因缺乏缴费能力而无法参保。这与社会保障制度需要突出对经济弱势群体保护的一般性原则是明显矛盾的。而体现其强制性特征，弱化逆向选择引起的制度财务危机，则可保证新制度的可持续发展。对于经济困难、无力交纳保险费的老年人口，应开展医疗救助，确保其能获得保障。

（3）提高新型农村合作医疗筹资和报销比例。目前新型农村合作医疗的筹资和报销比例都较低，与城镇基本医疗保险有较大差距，影响了农民的参保积极性，对于医疗需求量较大的老年人来说，目前的保障程度仍偏弱。政府仍需要进一步加大投入，逐步提高对农村居民的保障水平，为将来实现城乡一体化的医疗保障制度奠定好基础。

三、适应老年人不同层次的需求，发展护理保险、商业保险和医疗救助制度

1. 发展护理保险

老年护理保险是为因年老患病或伤残需接受长期护理的被保险人提供费用给付或护理服务的保险。老年护理保险是社会保障体系中的新型分支，对于缓解老龄危机、保障老年人护理服务需求、抑制医疗费用的上涨可起到重要的作用。

老年护理服务具有医疗和福利性质，既包含日常的生活照料，又具有基本医疗和护理内容，在居民收入水平较低的情况下，由个人购买商业长期护理保险的做法难以解决全社会老年人对护理服务的需求。因此，建议在政府主导下，实行社会护理保险。在城市建立政府、企业、个人三方共同负担保费的机制，可以免除企业这部分税收，鼓励企业为职工购买长期护理保险。在农村则建立以政府为主导，个人参与护理保险的筹资机制。具体的参保对象、资金来源、缴费标准、护理认定、护理评估等措施，可以借鉴美国、日本、澳大利亚等国的长期护理保险的做法，进一步确定护理内容，明确护理条款，形成长效机制。

2. 发展商业医疗保险

应对苏州市人口老龄化在医疗和医疗保险方面带来的挑战，有必要发挥商业医疗保险的潜力，调动社会各方面的力量，增强苏州市老年人口的医疗保障能力。从苏州市医疗保障的现状来看，老年人口参加商业医疗保险的比例非常低，商业医疗保险的作用远未充分发挥。应鼓励个人通过商业医疗保险来弥补社会医疗保险的不足，最终提高商业医疗保险在整个保障体系中的地位和作用。

3. 完善医疗救助制度

政府在社会医疗保险实施过程中承担着相应的责任以体现医疗保障制度的公平性和可及性，解决社会弱势群体的医疗保障问题是政府应该承担的重要职责，而老年群体则是社会弱势群体的主要组成部分。

政府要在建立社会医疗救助机制，保障弱势群体的基本医疗需求上发挥主导作用，主动关注困难人群、弱势群体以及一些医疗费用花费巨大、个人负担过重人群的生活状况，加快研究和建立社会医疗救助制度，加大对弱势群体辅助资金的投入力度，明确救助范围、救助方式和救助力度。在筹资机制上，以各级政府投入为主导，社会力量广泛参与，在医疗服务上，通过合理配置医疗卫生资源，发展初级医疗卫生服务和社区卫生服务，帮助困难群体获得基本的医疗保障。

四、开展健康教育，注重预防保健

积极开展健康教育和预防保健，帮助老年人保持健康，这是减少医疗费用开支、缓解由于人口老龄化带来的医疗费用方面压力的有效途径。据美国的测算显示，由于健康教育和预防保健，降低病残率，可使未来 50 年医疗费用开支降低20％。并且，对于不少老年人来说，慢性病将伴随他们的整个晚年生活，对老年人生活质量的影响很大。因此，采取积极的手段和措施对慢性病进行预防与控制，对维护和改善老年人的生存质量，保护残存功能，延长老年人的健康寿命具有重要意义。

五、加快老年医疗保障制度的立法

如果老年医疗保障制度缺乏法律约束力，缺乏强制执行力度，就会导致一系列问题。老年医疗保障制度的稳健运行和持续发展，离不开立法保护。建议政府应加快医疗保障的立法步伐，通过法规来规范老年医疗保障制度法律关系和各类法律主体行为，增强老年医疗保障制度强制执行的力度，使老年医疗保障扩大覆盖范围，资金的筹集具有法律强制性。规范保险基金运营模式，确保基金依法征缴、高效监管、合理支出，确保基金安全和高效运转。

六、加强老年人的医疗卫生保健

1. 推进老年医疗卫生服务建设

将老年医疗卫生服务纳入各地卫生事业发展规划，加强老年病医院、老年护理院、老年康复医院和综合医院老年病科建设。积极开展老年人医疗、护理、卫生保健、健康监测等服务，为老年人提供居家康复护理服务。加强人员队伍建设，切实提高开展老年人卫生服务的能力。

2. 开展老年疾病预防工作

基层医疗卫生机构要为辖区内 65 岁及以上老年人开展健康管理服务，建立健康档案。组织老年人定期进行生活方式和健康状况评估，开展体格检查，及时发现健康风险因素，促进老年疾病早发现、早诊断和早治疗。开展老年疾病防控知识的宣传，做好老年人常见病、慢性病的健康指导和综合干预。

3. 发展老年医疗保健事业

广泛开展老年健康教育，普及保健知识，增强老年人运动健身和心理健康意识。注重老年精神关怀和心理慰藉,提供疾病预防、心理健康、自我保健及伤害预防、自救等健康指导和心理健康指导服务,重点关注高龄、空巢、患病等老年人的心理健康状况。鼓励为老年人家庭成员提供专项培训和支持,充分发挥家庭成员的精神关爱和心理支持作用。

第四节　加强社会养老服务建设

为进一步推动苏州市社区养老事业的发展,我们需要进一步解放思想,促进投资主体的多元化与投资形式的多渠道,发挥国家、集体、社会组织和个人的积极性,动员全社会力量参与到关爱老年人的事业中来,以满足老年人日益增长的不同层次的需求。

一、完善市场机制,推动社区养老的社会化

1. 大力推进投资主体与投资方式的多元化

为鼓励和引导民间投资,社区养老可以采取社会组织、个人租赁、承包经营等形式,实行市场化运作。政府应对这些社会力量兴办的养老服务机构实施优惠政策,如减免租金、给予财政补贴等。目前,苏州市虽然对社区社会化养老给予了一定程度的资助,但扶持力度仍需加强。

2. 推行政府购买社区养老服务

政府公布购买服务的价格、数量、要求等各项指标,由从事社会公共服务的非营利性组织如康复中心、社区综合活动机构等进行投标竞争,中标后则按要求使用政府购买服务的款项完成服务,同时政府给予一定的监督。这种做法既能引入竞争机制,提高效率,又能整合资源,促进社区养老服务的多元化,还能理顺政府与社会的关系,促进政府行政体制改革,可谓一举三得。

二、进一步加强组织领导,认真落实政府责任

推动养老事业发展,是政府应尽的职责。各级政府的领导都要树立强烈的责任主体意识,充分认识到做好社会化养老服务的现实意义和深远意义,增强使命感、责任感和紧迫感,把这项工作当成积极应对人口老龄化挑战的重要举措来抓,当做促进经济社会发展、构建社会主义和谐社会、全面实现小康目标不可或缺的

重要工作来抓,将养老事业纳入经济社会发展的总体规划,提上各级政府重要的议事日程,作为县区办实事目标考核和领导班子政绩考核的重要内容。政府的责任主要体现在以下几个方面:

1. 统筹安排,对社会化养老服务事业统一进行规划

各级政府都应结合本地实际,科学地研究制定城乡养老服务事业规划,对社会福利机构的数量、布局、规模进行统筹安排,纳入当地经济社会发展总体规划和社区建设总体规划。

更新规划理念,把原来以机构养老为重心转变到社会化养老服务的各个方面。当前,尤其要加大对社区养老服务设施的规划建设力度。根据《老年人权益保障法》中的规定,新建或改造城镇公共设施、居民区和住宅,要建设适合老年人生活和活动的配套设施。《城市居住区规划设计规范》中也指出,要安排一定比例的老年人居住建筑。此外,要根据老年人不同层次的需求,鼓励、引导民营资本积极投资,适度建设各类老年公寓和老年服务设施。

纳入社会化养老服务机构规划布局定点的土地,一定要专地专用,其他项目不得占用。由政府兴建的养老服务机构,建设用地由政府划拨;由社会力量兴办的养老服务机构,在土地供应上给予优惠。养老服务机构建设规划,应由民政部门(老龄办)牵头组织实施,规划部门协助配合,给予正确指导。市、县(区)规划部门在审批新建住宅小区时,要把养老服务事业用房纳入住宅小区规划。

2. 加大投入力度,认真贯彻落实社会化养老服务的优惠政策

各级政府应增强公共服务意识,强化公共服务职能,随着经济发展和社会进步,逐步加大对社会化养老服务方面的投入,研究制定"民办公助"的政策措施,鼓励和支持社会力量参与兴办养老服务业。要统筹考虑养老服务设施建设、队伍建设和运营管理等问题,合理配置资源。有条件的地区,要有针对性地设立专项资金,开设资助项目,探索适应当地特点的社会化养老服务模式。

在资金供给上,要改变过去那种只投入办养老机构的单一做法,还可以提供相关福利补贴,接受补贴的老年人用自己的收入购买服务。特别是对那些生活困难的居家养老对象,他们虽然有政府的最低生活保障线、临时救助等帮扶措施,但也仅能保障其基本生活。社区尽管也采取了各项措施,如提供无偿、低偿服务等,然而居民委员会毕竟是一个群众性自治组织、经费有限,难以满足困难老年人较为全面的服务要求,因此他们难以享受到高品质、全力度的服务。这就特别需要政府采取补贴的形式,为他们购买服务。

政府在养老服务设施建设中的一个重要作用就是制定和实施优惠政策,建立完善激励机制。因此,一定要保证国家现行关于养老服务机构的税收优惠制度的贯彻落实,对养老院类的养老服务机构提供的养老服务免征营业税,对各类非营利性养老服务机构免征自用房产、土地的房产税、城镇土地使用税等。同时,对水、电、气等费用实行优惠政策。

3. 发展中介组织,加强对养老服务机构的监督管理

推进养老服务社会化,关键是要支持社会福利中介组织的发展,由其来构建服务对象与服务人员的对接平台。街道(乡镇)或社区(村)要选择一些诚信度高、服务质量好的中介机构作为政府购买服务的定点中介组织,进行重点培植,实行品牌化经营。对中介组织和养老服务机构加强监管,建立准入制度和质量标识,实行评估审核。对符合质量标准的,要进行奖励;检查督促不符合质量标准的中介组织和养老服务机构改进工作,促使其向规范化、制度化和健康有序的方向发展。通过考评约束、政策激励等手段,逐步做到服务要求具体化、收费标准统一化、内部管理人性化。

三、注重基础设施建设,加大养老服务机构改革力度

养老基础设施和服务机构是社会化养老服务体系的重要组成部分。要针对苏州市目前养老基础设施还比较薄弱、养老服务机构规模小、养老床位严重不足的状况,高度重视养老服务机构的硬件建设和软件改善,满足老年人机构养老的需求。

1. 加快养老福利服务机构建设步伐

以集中收养"二元"、"五保"老年人为重点,切实加强国有老年福利机构建设。这部分老人虽然只占整个老年人数量很小的一部分,但他们是老年人口中最困难和最需要服务的一部分。对他们的赡养照料是政府义不容辞的责任,是老年福利服务保障的重中之重。因此。要集中力量。新建、改建和扩建一批国有老年福利服务机构,各市、县都要建成一所以上示范性养老机构。当前,是历史千载难逢的黄金期。过去由于经济能力不强,历史欠账较多。现在从中央到地方各级党委和政府高度重视改善民生,重视老龄工作,又正逢政府财政支出结构重要调整时期,市委、市政府都明确要求,各地经济上也有一定的能力、因此应抢抓机遇,抓出成效。

2. 动员、鼓励和扶持社会力量兴办养老机构

这样做,对政府、投资者、广大老年人都有受益,对政府和投资者来说,是双赢的局面。一方面,可以减轻政府兴办社会福利事业的压力,同时又发展了社会福利事业;另一方面,可以减轻投资者的负担,抵消养老服务机构部分经营成本之后,养老服务机构可以拿出更多的资金改善养老服务环境,提高服务质量,降低收费标准,使公众可以享受低价高质的福利服务,最终受益者是广大老年人。在市

场经济条件下,政府要切实转变职能,主要从宏观管理、政策指导、区域养老服务机构设置规划、促进交流、典型推广、辅导培训等方面提供服务,而不是具体的公共服务义务,要把政府包办公共服务转到支持和管理社会力量办福利上来。有许多民营企业家愿意办养老机构,政府就应想办法为他们创造条件,研究制定出系统的、有很强可操作性的养老服务事业配套优惠政策,推动民办养老服务机构的蓬勃发展。

3. 深化国有养老服务机构管理体制和运营机制改革

实现经营方式多样化、服务对象公众化和运行机制市场化,使国有养老机构从封闭型向开放型、救济型向福利型、供养型向供养康复型转变。可以将经营权以承包、租赁、出让、委托经营、参股等方式转交给企业社会组织或个人以及外资等市场主体,由其自主经营、自负盈亏、自我发展、自我约束,积极探索走"公办民营"发展路子;引导国有养老机构从单纯为"二元"、"五保"老人服务向为社会公众服务转变,有偿、低偿和无偿相结合,可以利用空余场地兴建老年公寓,向有需求的老年人提供服务,使养老机构不仅能生存,而且能发展;要改变计划经济条件下的管理方式和运行机制,实行领导聘用制、行政领导负责制,量化责任指标。在用人、分配方式上引入竞争机制,实行竞争上岗,人员收入与工作业绩挂钩。在服务项目上,从单纯生活供养转向供养、教育、医疗、康复等服务一体化。对部分窗口式的养老服务机构要加强指导,充分发挥其在人才和服务设施方面的优势,使之成为当地社会化养老服务中心和基地,起到骨干和示范作用。

四、构建社区为老服务平台,大力推进居家养老服务

第37届联合国大会通过的《老龄问题维也纳国际行动计划》中明确指出:"社会服务应以社区为基础,并为老年人提供范围广泛的预防性、补救性和发展方面的服务,同时应加强和努力发展家庭照料,以提供必要的优质保健和社会服务,以便使老年人能够留在家中和他们各自所在的社区中,尽可能长久地独立生活。"这是倡导社区居家养老,让老年人能在自己家中接受亲属和社区的照料服务,切实提高老年人晚年生活质量和生命质量的一个非常必要的举措。社区既是居民生活相互依赖的载体,又是社会互助和社会关系的综合体。因此,社区居家养老是社会化养老的基本模式。

1. 依托社区建立居家养老服务体系

社区是老年人晚年生活最主要的也是最理想的活动场所,老年群体对于社区的依赖、亲近和需求日渐增多。每一个街道(乡镇)都应拥有一处集疗养和社区照料、居家养老等多种功能于一体的综合性、福利性的老年服务中心,社区(村)要拥

有一所老年人服务站点以及卫生服务中心(所、站、室)、法律服务网点、健身活动场所和设施、老年人协会、非企业性或企业性老年服务中介组织等,以此形成健全完善的居家养老服务网络。

2. 开发和丰富老年服务项目

服务的内容主要包括:一是基本生活服务,为老年人提供日托、陪护、配餐送餐、家政服务等;二是医疗康复服务,为老年人建立健康档案,提供上门就诊、急诊送院、家庭病床、家庭康复和护理等服务;三是应急救助服务,为高龄、高危、独居的老年人提供应急呼救服务和定期派人上门巡查服务,及时满足老年人应对突发事件引起的医疗急救、安全保护等需求服务;四是法律维权服务,为老年人提供法律咨询和法律服务,为符合条件的困难老年人提供法律援助,为老年人提供求助诉说和社会工作服务,为老年人人身、财产不受侵害提供有效的安全服务等;五是老年人精神文化生活服务,为老年人看望聊天、护理咨询、学习教育、交流沟通、文化旅游、体育健身、上网邀游、参与社会等创造条件和提供服务。要针对不同服务对象,开展政府购买的无偿服务、政府扶持的低偿服务、政府和社会投入的公益性服务、志愿者服务和市场服务等不同性质的服务,满足多层次、多元化的老年人服务需求。

3. 规范居家养老服务工作

应制定《社区居家养老服务工作规范》、《困难老年人居家养老政府购买服务操作办法》、《居家养老机构运行奖励和补贴操作办法》等规范性文件,可先行试点,再试行,逐步推广和完善。要建立健全各项规章制度,保障居家养老服务健康有序进行。建立志愿者注册登记和服务记录制度,重点发展长期性的志愿者、低龄老年志愿者和专业服务志愿者,开展稳定性的志愿服务。街道(乡镇)或社区(村)要为本区域内的老年人,特别是"空巢"老年人建立档案,组织建立联系人制度,联系人可以是健康的低龄老年人,也可以是社区工作人员或其他志愿者。

五、创新工作机制,促进社会化养老服务又好又快发展

推进养老服务社会化是养老服务事业的创新,这项工作需要不断解放思想,更新观念,积极探索,建立起适合我国国情的、全新的养老服务社会化良性工作机制。

1. 建立政府主导、民政牵头、部门配合、社会参与的养老服务事业发展管理体制

要在坚持政府主导的前提下,广泛动员社会力量参与、推进养老服务社会化。各级老龄工作委员会应承担起社会化养老服务的组织协调功能,由其办公室具体负责推进和指导工作。街道(乡镇)、社区(村)要建立有行政领导、老年服务机构、

卫生服务机构、老年人协会等参与的老龄工作联席会议制度,统筹和协调本地区的养老服务工作。街道(乡镇)老年服务中心和站点要建立老年人情况信息库,定期、不定期发布老年人服务需求信息和社会服务供给信息。对享受政府补贴的居家老年人进行资格评估,对养老服务人员相关资格进行审查,接受服务对象的服务反馈,检查监督服务质量。市、县(市、区)都应建立养老服务信用管理体系、奖励性辅助制度和监督评估表彰制度。

2. 加强养老服务事业法规建设

应抓紧研究制定关于养老机构管理、居家养老服务等条例规章,明确养老机构的准入资质,完善养老机构的管理体制,规范经营行为,提高服务质量,保障老年人和养老机构及其从业人员的合法权益,促进社会化养老事业的健康发展。

3. 深入开展养老服务社会化示范活动

典型引路是我党多年来一个重要的工作方法,开展养老服务社会化示范活动,是推进养老服务社会化的有效手段。自 2005 年开展这项活动以来的实践证明,示范活动得到了基层地方政府领导的高度重视,引起了社会的广泛关注,受到了群众的普遍好评,最重要的是老年人的生活质量得到改善和提高,呈现出方兴未艾的局面。各地应巩固和发展养老服务社会化示范活动所取得的成果,借鉴已取得的经验,进一步创新养老服务方式,丰富养老服务内容,提升社会化养老的整体水平。

4. 进行养老服务的行业化管理

随着养老机构的日益增多和社会化,作为一个专门的服务行业,各地应鼓励和支持组建非政府性质的养老服务行业协会。行业协会代表着养老机构的共同利益,反映机构的共同要求和愿望。它可以加强行业自律和内部的协作,加强机构与老年团体和老年家庭的交流,加强机构与社会相关组织和单位的联系,辅助政府推进社会化养老服务行业规范化建设,提高行业整体素质,促进全行业的共同发展。协会在以各种形式为养老机构服务的同时,可以发现问题,研究行业发展趋势,政府业务主管部门反映会员的要求,维护会员的合法权益,为政府规划、政策的科学制定提供依据,成为沟通政府与机构的桥梁和纽带,最终成为养老事业发展的重要社会力量。

六、改善养老服务,满足老年人养老需求

1. 切实加强养老服务行业监管

进一步完善养老机构行政管理的法律法规,建立养老机构准入、退出与监管制度,做好养老机构登记注册和日常检查、监督管理工作。寄宿制养老机构是关

系老年人安全和健康的重要场所,要列入消防安全和卫生许可制度重点管理范围。

养老机构的硬件设施和服务质量关系到养老服务的整体水平,为了更好地提供养老服务,对养老机构的床位数、绿地率、居室面积及室内配置、康复医疗、公共区域的设置、管理制度、人员配备、膳食服务和运营情况以及服务质量等方面对各养老机构进行指标评定与考核,从而有效监督养老机构的养老服务。

2. 提高服务设施利用率

社区养老服务设施应改为日常开放,为老年人提供充足的活动时间。老年活动场所应根据老年人的特点来设置,尽量安排在一楼,与社区办公中心分隔开来,为老年人的活动营造自由、舒适的环境。今后在城市建设和规划中,不能只追求商业利益,还应考虑到老年人的活动场所,为老年人的日常活动留出足够的空间。

3. 增加养老服务机构数量

不断增加苏州市的养老床位,努力建设示范性养老机构和护理院,建设集医疗、护理、保健、康复为主的老年病医院或老年病专科机构。加快农村敬老院转型升级,改变管理模式,增强服务功能,提升服务质量,使敬老院变成农村老年人聚集、交流和娱乐的场所,并向农村"空巢"老年人提供日间托养、配餐等社会化服务。

4. 健全社区照料网络

按照就近就便、小型多样、功能配套的要求,建设和改造一批托老所、日间照料中心等社区养老服务设施。在苏州市所有街道(镇)建立日间照料中心,在社区建设为老年人服务的助餐点。不断扩大城市社区居家养老服务场所的使用面积,为服务场所配备康复设备和康复护理室。使老年人能从社区获得托养、日间照料、康复护理、心理关爱等居家养老基本服务,并有机会和条件参与社区文化娱乐、学习教育、健身等活动,逐步形成多层次、多形式、广覆盖的为老服务网络。建立居家养老护理责任保险。

5. 合理发展各种养老模式

(1)重点发展居家养老服务

建立健全县(市、区)、乡镇(街道)和社区(村)三级服务网络,城市街道和社区基本实现居家养老服务网络全覆盖;80%以上的乡镇和50%以上的农村社区建立包括老龄服务在内的社区综合服务设施和站点。加快居家养老服务信息系统建设,做好居家养老服务信息平台试点工作,并逐步扩大试点范围。培育发展居家养老服务中介组织,引导和支持社会力量开展居家养老服务。鼓励社会服务企业发挥自身优势,开发居家养老服务项目,创新服务模式。大力发展家庭服务业,并将养老服务特别是居家老年护理服务作为重点发展任务。积极拓展居家养老服务领域,实现从基本生活照料向医疗健康、辅具配置、精神慰藉、法律服务、紧急救援等方面延伸。

首先,改善老年人居住条件。引导开发老年宜居住宅和代际亲情住宅,鼓励家庭成员与老年人共同生活或就近居住。推动和扶持老年人家庭无障碍改造。

其次,完善家庭养老支持政策。完善老年人口户籍迁移管理政策,为老年人随赡养人迁徙提供条件。健全家庭养老保障和照料服务扶持政策,完善农村计划生育家庭奖励扶助制度和计划生育家庭特别扶助制度,落实城镇独生子女父母年老奖励政策,建立奖励扶助金动态调整机制。

最后,弘扬孝亲敬老传统美德。强化尊老敬老道德建设,提倡亲情互助,营造温馨和谐的家庭氛围,发挥家庭养老的基础作用。努力建设老年温馨家庭,提高老年人居家养老的幸福指数。

（2）大力发展社区照料服务

把日间照料中心、托老所、星光老年之家、互助式社区养老服务中心等社区养老设施,纳入小区配套建设规划。本着就近、就便和实用的原则,开展全托、日托、临托等多种形式的老年社区照料服务。

（3）统筹发展机构养老服务

按照统筹规划、合理布局的原则,加大财政投入和社会筹资力度,推进供养型、养护型、医护型养老机构建设。积极推进养老机构运营机制改革与完善,探索多元化、社会化的投资建设和管理模式。进一步完善和落实优惠政策,鼓励社会力量参与公办养老机构建设和运行管理。

（4）优先发展护理康复服务

在规划、完善医疗卫生服务体系和社会养老服务体系中,加强老年护理院和康复医疗机构建设。政府重点投资兴建和鼓励社会资本兴办具有长期医疗护理、康复促进、临终关怀等功能的养老机构。根据《护理院基本标准》加强规范管理。地（市）级以上城市至少要有一所专业性养老护理机构。研究探索老年人长期护理制度,鼓励、引导商业保险公司开展长期护理保险业务。

6. 增强社会服务机构的养老服务能力

96515服务平台是由江苏省发展家庭服务业联席会议办公室（简称家服办）设立的全省统一的家庭服务电话呼叫号码。立足于推动产业发展,规范市场行为,为广大市民提供优质服务,保障企业与客户的双方利益。该平台通过电话（96515）与网站（www.96515.com.cn）两种渠道,为用户提供家政、保洁等家庭相关服务。通过平台可以帮助企业实现订单管理、门店管理、员工管理、客户管理、报表统计等功能,通过信息化手段提高企业工作效率,降低运营成本。服务流程如下图10-1所示。

图 10-1 服务流程框图

七、加强亲情关爱,营造全民参与的养老助老氛围

1. 加大社区的养老宣传力度

倡导与经济社会发展和改革开放相适应的新的家庭养老观念,树立社会服务进家庭的意识。建立家庭养老监督和调解制度,形成由基层政府、老年组织相结合的监督、调解网络。倡导邻里之间、老年人之间、亲友之间互相帮助,探索建立邻里亲友助老网络。鼓励子女与父母同住,子女与父母"分而不离"的购房模式,探索在政策上给予优惠或贴息贷款的机制。初步形成赡养人承担经济辅助和精神慰藉义务、社会提供照料服务、政府给予支持的家庭养老保障网络。

政府相关部门、社区工作人员、志愿者等应通过各种媒介大力弘扬尊老、敬老的良好社会风气,号召社区居民都来关心、帮助老年人,支持社区养老事业,形成全社会养老助老的良好氛围。

2. 推广亲情关爱活动

弘扬中华民族的传统美德,广泛开展敬老、养老、助老的道德教育,使赡养老人是公民的责任和义务这一观念得到广泛认同。促进家庭和睦、代际和顺。加强弱势老年人社会保护工作,把高龄、孤独、空巢、失能和行为能力不健全的老年人列为社会维权服务重点对象。加强对养老机构服务质量的检查、监督,维护老年人的生活质量与生命尊严,杜绝歧视、虐待老年人现象。尝试在社区推广"三个一"亲情关怀活动,即每天一次问候电话、每周一次上门探望、每月一次家庭聚会,使居家养老的老年人体会到社区的温暖。

八、加强沟通宣传,促进老年人养老观念的转变

社区养老服务工作的顺利开展,首先要得到受惠老年人群体的认可。社区工作人员应经常与老年人进行沟通,帮助老年人充分了解社区的养老服务,使他们能切实根据自己的需要,有效地利用社区所提供的养老服务资源。另外,还要让老年人认识到晚年生活质量的提高不能完全依赖政府的福利政策,在条件允许的情况下,可以通过自主购买服务来满足自身的养老需求。

"以房养老"适合国情。"以房养老"的融资模式,利用老年人已有住房资源,

将房屋作价并抵押给银行、保险公司等金融机构,拓宽老年人养老的资金筹措渠道。"以房养老"模式俗称为"倒按揭",是住宅按揭的一种,即用自己的住宅作抵押,向金融机构申请贷款作为养老资金,每月领取一定金额,也可以在紧急时一次性贷较大的金额。通过以房养老的模式,使有房老年人可以有更多的经济能力购买养老服务,提高老年人的养老生活质量。通俗地说,就是老年人将自己的房屋抵押或出租出去,以定期取得一定数额养老金或接受老年公寓服务的一种养老方式。许多老年人没有多少积蓄;许多老年人没有养老保险,但许多老年人因享受福利分房政策,都有套承租的公有住房;实行住房改革制度以来,许多老年人也都拥有了自有产权房;有的人后来通过购买商品房,还有了第二套、第三套房,已经具备"以房养老"的条件。

"以房养老"可以采取以下几种形式:

(1) 出售自有住房,入住养老机构,以房款补贴养老。

(2) 将自有房屋出租,自己到养老机构以租金补贴来养老。

(3) 售出较大住房,购买或租赁较小住房,用其差价养老。

(4) 将自有住房出售,再与购房者签署长期租赁协议,仍然在原居房用购房款补贴养老。

(5) 与赡养人签订遗赠赡养协议,用住房价值购买终身赡养服务。

(6) 对子女承诺用现住房价值,采取家庭内部的以房养老形式。

(7) 通过金融或房屋机构买断老年人自有住房产权,通过测算定期给予养老补贴,老年人仍然可以在自己住房里终身居住。

九、推广"时间储蓄",引导老年人互助服务

利用老年人之间容易沟通的优势,发动社区内退休在家的低龄健康老年人组成志愿者队伍,使低龄老年人为高龄老年人服务,健康老年人为体弱老年人服务,引导并实现老年人群体的自我管理与自我服务。要形成这一社会机制,除了要精心策划和大量宣传,关键在于以下两点:

1. 形成有利益导向的运行机制

如推行"时间储蓄"的养老方式,发掘老年人自身资源。即低龄老年人通过"时间储蓄"的方式来照顾高龄老年人,等低龄老年人达到高龄时,就能根据"储蓄"的时间来免费接受其他低龄老年人的服务。这种方式不但可以减轻政府的财政负担,增加服务人员,更好地满足老年人的养老需求,而且可以调动老年人的积极性,促进老年人之间的互动,为他们带来精神慰藉。

2. 发展老年人互助组织

老年人自我管理与自我服务机制的形成离不开组织的保障。在社区中建立老年人互助组织,不仅是老年人自我管理的需要,还是社区建设与公民社会建设的需要。国外的社区老年人组织已经成型,大大丰富了老年人的物质生活与精神文化生活,相关经验值得我们借鉴。

十、加强养老服务队伍专业化建设,提高社会化养老服务水平和质量

养老服务社会化的推进和养老服务业的迅速发展,呼唤建立一支道德好、业务水平高、服务质量优的养老服务队伍,期待着实现专业化和社会化的有机结合,以适应养老服务事业发展的需要。

1. 积极扩大养老服务队伍

发展社会化养老事业,特别是大力推进居家养老服务和社区照料,需要大批的服务人员。各地应把推动养老服务社会化与推动下岗职工再就业工程有机结合起来,为下岗职工尤其是"40","50"人员开辟新的就业渠道。

2. 认真实行培训上岗制度

要以《养老护理员国家职业标准》为依据,积极推行养老护理员国家职业资格制度。市、县(市、区)都要制定养老服务人员培训计划,对从业人员开展养老服务专业的技能培训。劳动力就业培训和农村劳动力转移培训都要将养老服务专业技能列入培训内容。对已经在职从事养老服务的人员要进行资质培训,帮助取得资格证书。推进执业资格等级认证,对技术性较强的专业服务逐步实施持证上岗制和等级待遇制。

3. 开办老年服务专业教育

目前老年社会服务的迫切需求已到非办老年服务教育不可的地步。现在老年服务专业化人才奇缺,一个重要原因就是我国老年服务专业教育滞后。高等学校应开设老年服务专业,也可以为在校的学生开设老年学基础知识的选修课,如老年社会学、老年心理学、老年经济学、老年健康学等,以便使这些学生在未来各自专业的实践中具备适应老年服务社会需求的能力。也可以充分利用高等学校和科研机构的资源,借用互联网平台,采取远程教育的方式,开展老年服务专业教育和科研。

(1) 不断增加各类为老服务专业人员

利用高等学校、职业院校等教育资源和相关职业培训机构,加强对养老服务从业人员的专业培训,对为老服务人员持有苏州市《就业失业登记证》的人员,政

府免费提供养老护理等相关职业培训,培训后经职业技能鉴定合格的发给相应的职业资格证书,可以按规定享受社会保险补贴等就业扶持政策。各市、区加强对现有从业人员的职业技能培训和职业道德教育,不断提高从业人员待遇,维护合法权益,通过各种措施,稳定和壮大养老服务从业人员队伍,提高整体素质。在为老服务队伍中,成立苏州市养老服务协会,加强行业自律和自我管理,充分发挥各类养老机构、社区服务机构的骨干作用和医疗卫生、家政、商业、餐饮、公用事业等机构的参与作用,逐步形成养老服务组织网络。

(2)适当扩大相关专业招生规模

当前从事护理的人员队伍不足,专业化素质偏低,可以扩大老年服务与管理专业的招生规模,对相关专业的毕业生,政府给予一定就业扶持制度,引导学生的就业方向,并提供相应政策保障。

(3)鼓励在校学生参与社区服务

相关数据调查显示,大学生愿意参加社区志愿服务的情况比较乐观。有30%的大学生表示"非常愿意"参加社区志愿服务活动;有58%的大学生表示"比较愿意"参加社区志愿服务活动;有9%的大学生表示"不一定,看情况";仅仅有3%的大学生表示"不太愿意"参加社区志愿服务活动。

大学生是一个特殊的群体,他们数量大、集中,且具有一定的专业知识与文化水平,因此,组织大学生参与社区志愿服务无论对社区发展与社区建设,还是对大学生本身都具有重要的意义。"空巢"老年人不仅"空巢"而且"空心",绝大多数"空巢"老年人都是长期没有儿女在身边。这些老年人极其渴望精神慰藉,而大学生恰好具备这种能力和条件。在周末或者空闲时间,可以去"空巢"老年人家里,与老年人沟通交流,陪伴老年人做一些"天伦之乐"之事,让老年人体会人与人之间的关爱。

另外,学校与社区加强合作,为学生参与社区活动搭建桥梁。学校要鼓励学生参加社会服务,采取一定扶持措施。增加社会实践的项目,调动学生参与养老服务社会实践和社区志愿者服务的积极性。

4. 在养老服务领域建立社会工作者制度

社会工作者在养老服务领域大有可为。有关部门应尽快出台相关政策,抓紧开发养老服务领域的社工岗位,鼓励和吸引专业社会工作和社工专业的高等学校毕业生到养老福利服务机构工作,并为他们创造良好的工作和发展环境,提升养老服务机构专业化服务和管理水平。

第五节　构建老龄产业发展体系

　　为促进作为解决苏州市人口老龄问题出路的老龄产业的发展,应该依据老年人的自身特点和需求,制定出相应的策略。

一、完善老龄产业政策

1. 制定老龄产业、养老服务业的法律法规

　　老龄产业和老年服务业是一项新产业,各级政府,应尽快制定发展老龄产业、养老服务业的法律法规,使老龄产业和老龄服务业在发展过程中有一个总的指导和遵循。同时各级政府和相关部门,在制定、落实和检查社会经济发展计划和规划时,应将老龄产业和老龄服务业作为其中的一项重要内容。在各级发展计划部门制定投资计划、安排投资项目时,要逐渐加大对老龄产业特别是老龄服务业的投入,积极推动老龄产业和老龄服务业的不断形成和健康发展。研究制定、落实、引导和扶持老龄产业发展的信贷、投资等支持政策。鼓励社会资本投入老龄产业。引导老年人合理消费,培育壮大老年用品消费市场。

　　研究制定老年产品用品质量标准,加强老龄产业市场监督管理,引导老龄产业健康发展。发挥老龄产业行业协会和中介组织的积极作用,加强信息服务和行业自律,疏通老龄产业发展融资渠道。

2. 制定政策鼓励社会力量投入养老产业

　　逐步完善引导老龄产业发展的税收、信贷、投资等政策,采取税收优惠、减免费用、信贷支持等措施,积极鼓励、引导和规范个体私营和外资等非公有资本参与老龄产业的发展。对社会力量兴办老龄产业,根据相关法律法规,在规划、用地、税收等方面给予政策优惠。形成政府主导,市场化、社会化、多层次的老龄产业和老龄服务业的发展模式。积极开发适合老年人的金融、理财、保险等服务项目。支持信息服务、管理咨询、人才培训等社会中介机构的发展。

二、确立政府宏观管理、社会力量兴办、社会福利机构自主经营的老龄产业管理体制

1. 加强宏观引导和调控

政府在加强宏观引导和调控方面,主要从制度上、法律上和公共政策上支持和鼓励社会、集体、个人兴办老龄产业,体现国家在经济和政策上对老年人的保护,纠正和弱化市场经济对发展老龄产业的不利因素,创建老龄产业正常发展的经济社会环境。这些政策包括发展导向、投资政策导向、行业规范与管理等。对社会福利机构兴办的为老服务机构,以及通过捐赠支持社会福利事业的单位和个人,可以根据税务部门的有关规定,给予税收优惠政策;对为老服务的经济实体实行税前还贷。同时,政府要鼓励港澳台同胞、海外侨胞以及国外经济实体和个人投资为老服务产业。对于合资、合作及独资兴办的为老服务机构和设施的,除享受外商投资应该享受的一切优惠政策外,还应在用地、各项收费、税收等方面给予更大的优惠。

2. 鼓励和引导社会各方面力量积极参与

引导社会各方面力量共同发展老年服务业,逐步形成政府宏观管理、社会力量兴办、老年服务机构按照市场化要求自主经营的管理体制和运行机制。在社会主义市场经济条件下,在支持老龄产业社会化的同时、还要坚持市场经济的原则,充分发挥市场机制的作用。

3. 设立老龄产业风险基金

通过一家或多家企业及个人共同发起设立老龄产业风险基金,并委托专业基金管理公司进行管理,该基金作为风险基金,可以帮助中小企业规避投资风险,也可以促使科技含量较高的老年产品开发项目得到充足的资金,迅速转化为生产力。

从发达国家情况看,老龄商品市场非常完善,例如在法国,厂商为了迎合老年人的需要,千方百计发展老年人商品和服务市场,从药品到宠物食品、家居防盗安全系统、适合老年人假牙咀嚼的口香糖等,应有尽有。又如,日本为尿失禁的老年人生产"老人尿裤",解决老年人在生活中的诸多不便。与这些国家比较起来,我国的老龄产品主要以老年保健营养品为主,老年人专用品开发得很少。为此要做好以下工作:首先,做好市场调研和市场分析工作。要在充分调研的基础上,了解老年人的需求,根据不同需求及老龄群体的分布来开发商品,量少的还可以实行定购定做制度,切不可盲目生产,以免造成不必要的损失。其次,加大投资力度,鼓励科研,开发老年人专用商品。再次,选择恰当的分销渠道,以方便老年人购

物。这可以通过开设老年用品专营商店来进行,因为大多数老年人年老体弱,购买物品的时候不愿意四处寻找。最后,加大宣传力度,进行促销活动。虽然老年消费有一定的忠诚度,对广告的反应较弱,但也不是无懈可击,关键在于抓住老年消费者的心理需求。

三、培育老龄产业市场

1. 引导消费观念

正确引导老年人的消费观念和消费行为,帮助他们建立健康的消费模式,从一般的衣、食、住、用、行物质享用,向比较高的物质和精神消费转变;从单纯的现金支出消费向现金支付和信用支付相结合的消费模式转变;从重积累、轻消费,重子孙、轻自身的观念,向融入时代、融入社会,不分年龄,人人共享,共同提高生活质量的消费水平转变。注重维护老年消费者的权益,促进老年消费市场的繁荣与发展。

加大对老龄产业和老龄服务业信息化建设和舆论宣传,提高全社会成员对发展老龄产业和老龄服务业重要性、必要性、紧迫性的了解和认识,增强政府、企业、社会以及消费者参与发展老龄产业和老龄服务业的积极性。尊重老年人的消费习惯,帮助老年人形成科学的消费理念,采取一些更贴近老年人实际的宣传、促销方式,帮助老年人获得更多的真实有用的信息,引导老年人对产品和服务的消费需求,以刺激老龄产业和老龄服务业市场。

2. 培育老年市场

加强老龄产业和老龄服务业的舆论宣传,培育老年市场,引导老年消费。重视老年人的需求结构和需求层次,进行合理的市场划分,不断开发简单方便富有人性化的新产品和新的服务项目,以适应老年人的需求,引导老龄产业和老龄服务业的发展。要更新产业观念,特别是企业家要从社会全局和长远的利益,发展的角度来认识老龄产业和老龄服务业的极端重要性,克服急功近利只顾眼前利益的思想。

四、构建养老配套产业链

建立政府引导、部门推动、行业管理、社会参与、市场竞争的老龄产业发展机制。从满足老年消费需求出发,鼓励企业生产门类齐全、品种多样、经济适用的老年用品,逐步形成养老服务与商贸餐饮、医疗康复、教育培训、文化娱乐、体育健身、旅游度假等领域专业服务联系合作的网络,满足老年人的多种需求。

1. 促进老年用品、用具和服务产品开发

重视康复辅具、电子呼救等老年特需产品的研究开发。拓展适合老年人多样化需求的特色护理、家庭服务、健身休养、文化娱乐、金融理财等服务项目。培育一批生产老年用品、用具和提供老年服务的龙头企业,打造一批老龄产业知名品牌。

2. 加强老年旅游服务工作

积极开发符合老年需求、适合老年人年龄特点的旅游产品。完善旅游景区、宾馆饭店、旅游道路的老年服务设施建设。完善针对老年人旅游的导游讲解、线路安排等特色服务。规范老年人旅游服务市场秩序。

五、转变消费观念,提高老年人的消费能力

1. 提高老年人收入水平

在财政许可的条件下,可以适当提高退休金水平,扩大医疗保险范围,增加农村失去劳动能力老年人的转移支付。还可以通过支持兴办老年经济实体,挖掘和发挥老年人的潜力。利用他们丰富的阅历和工作经验开展有偿的信息咨询,鼓励合适老年人创办企业、兴办实业等。

2. 引导老年人转变消费观念,优化消费结构

要加大宣传力度,改变老年人传统陈旧的消费观念,引导老年人把钱花到为自己的身心保健的消费上,以及提高自身生活质量上。在满足基本物质消费需求的前提下,适当兼顾精神文化和生态消费的投入,使老年人生活丰富多彩。

3. 加强消费教育,提高老年人消费能力

开展专业技术培训和终身教育,提高老年人的自身文化水平,适应时代发展要求,如开办老年大学等。加强法制宣传教育,增强老年人的维权意识,保障自身利益不受侵犯,同时履行义务,保证自己的消费行为不影响他人正常的消费。通过多种形式,向老年人普及消费知识,帮助老年人科学消费。帮助他们建立健康的消费模式,促使老年消费市场健康、平稳、适度可持续发展。

六、大力发展老龄服务业,为老龄人提供完善的服务

目前,专为老年人提供的设施严重不足,服务的项目和内容不全,服务人员的素质参差不齐,老龄服务的数量和质量都远远不能满足市场需要。而未来老年服务市场将是一个浩大的工程,不仅服务的需求量会呈上升趋势,服务种类也要求

比较齐全,将包括各种有形和无形服务市场,如社会保障服务、家庭生活服务、精神慰藉服务等。

七、发展老龄房地产业,实施老龄安居工程

老年人适合两种居住方式:一是老年群体的集中居住,相互帮助,各自从对方得到心理上、社交上的补偿,社会学者称其为"补偿环境";另一种是和子女、家人的混合居住,从和身边亲人的互动来了解社会,接触社会,这被称之为"参与环境"。苏州除"三无"老人安置在敬老院、福利院外,绝大多数都属于"居家养老、社会服务"。因此,住房的好坏对老年人的健康和情绪影响甚大。随着苏州房地产业的发展,老年住宅市场也必将受到老年人和其子女的青睐,而且随着老年保障制度的完善,老年人对住宅有了较强的购买力。因此,苏州应按需开发一些适合老年人居住的住房,而方便、舒适、价格适度适宜的老年型住宅,将会成为地方房地产业的一个重要战略市场取向。

八、发展适合老年人再就业的产业,实现老有所为的目标

随着苏州经济的持续高速增长,以及医疗卫生条件的改善,苏州大多数 60 多岁的老年人身体健康状况仍然良好,还可以从事一些劳动和工作。而且一般说来、老年人经历了几十年的积累,即使离退休,其边际效益还没有结束,这时无需再投资,就可以获得较大的回报。所以苏州应积极发展老年人再就业产业,使之既有利于老年人个体,又有利于社会整体。对于老年经济,在各方面实行倾斜政策,给予必要的扶持与照顾。

九、开发老年医疗保健市场

体弱多病是老年人的特点、特别是患各种慢性病的老年人的增多和老年人平均住院时间的延长,会导致医疗费用的膨胀和医疗需求市场的扩大。对此,苏州可以根据地方老年人口的数量规模兴办一些老年医院。当然、这只能称得上是治标。真正治本就应该增强老年人的体质,实现健康老龄化。发展老年保健市场,对老年人进行健康教育,推广普及老年保健知识,鼓励老年人坚持体育锻炼。并定期进行健康检查以及制造一些老年人的保健用品等。目前,苏州每年 7 月份都开展一次 60 岁以上老年人的免费医疗检查。

十、发展老年文化、旅游产业，丰富老年人的精神文化生活

建立老年大学，利用广播、电视、网络、函授等多种分式，满足老年人的求知需求；随着旅游业的迅速发展和人们生活水平的提高，不少老年人对旅游有较大的兴趣，但出于老年人特殊的身体状况，外出旅游需要特殊的照顾安排，比如可以根据老年人的不同身心特征组建老年人旅游团；老年人为达到身心健康，可以参与既能娱乐又能强身健体的活动，这类活动既使参与的老年人心情愉快，又可强健身体。

总之，培育经济新的增长点不仅是保证苏州经济又好又快发展的需要，而且也是苏州面向 21 世纪的战略性选择。苏州是中国老龄人口绝对数较高的城市之一。其巨大的老年消费群体将形成效益可观的老年市场，从而使由老年市场需求的增长所带动形成的老龄产业成为苏州经济发展的一个新的增长点。

第六节 挖掘老龄劳动力资源

"人口红利"的消失，给经济发展前景提出了新的挑战，特别是在经济社会发展处于关键阶段的当下，决策者和社会各界应挖掘新的"人口红利"。

一、加快转变经济增长方式

要从根本上解决"人口红利"消失问题，就必须转变经济增长方式，提高劳动生产率，创造新的经济增长引擎。当前，转变经济发展方式已经成为各级政府的重点工作。"人口红利"的消失，意味着人口结构中投入生产的劳动者比例下降，劳动者负担上升。转变经济发展方式，是实现经济集约型增长、劳动者生产效率提高的关键途径，也是统筹解决经济发展和人口老龄化问题的重要节点。只要实现技术进步和产业升级，就能提高劳动生产率和核心竞争力，规避"人口红利"枯竭带来的巨大风险。

二、加大宣传力度，更新观念

进一步加强宣传教育和舆论引导，改变包括老年人在内的全社会成员对老年

人的态度。消除对老年人的偏见,强化老年价值意识,正确理解"老年"蕴藏的丰富内涵。通过"积极老龄化"改变"老年人是包袱"、"老年人是负担"的错误观念,确认"老年人也是财富"、"老年人人力资源开发"的新观念;改变"老年人完全依赖于社会和家庭养老"的旧观念,确立"社会、家庭和老年人共同养老"和"老年人自尊、自立、自强"的新观念;改变"老年无用"的消极观念,确定"老有所为"、"终身发展"、"活到老学到老"和"自我完善"的新观念;改变"老年享享清福"的旧观念,确立"发挥余热"和"参与经济和社会发展"的新观念;改变"老年人再就业与青年人争饭碗"的错误观念,确立"不分年龄共融、共建、共享"等新观念。

三、把老年人才开发纳入人才开发的整体战略中,列入经济社会事业发展规划

把老年人力资源转化为老年人才资源,让老年人才资源充分发挥作用是老年人力资源开发的重要任务。老年人才是整个人才队伍的重要组成部分,其开发利用不能只停留在自发、分散、无序的状态中,政府部门要把老年人才开发作为一项重要工作,明确老龄工作、人才开发工作范围和有关部门的职责范围。根据苏州人才、劳动力的紧缺程度及老龄化的程度,分阶段制定老年人才开发计划,做到有领导、有组织、有规划地开发老年人力资源。同时,要使这项工作逐步走向正常化、制度化。

四、为老年人力资源开发提供政策保障

1. 政府应制定退休弹性制政策,考虑到对不同的技能、身体状况和个人意愿。
2. 政府应制定老年人劳动保护政策,包括劳动时间半日制、弹性制、定期体检和健康评估制、工伤保险制等。
3. 建立由医疗技术人员、护理专业人员和周围人群参与的老年人在职健康和智能评估制度。
4. 设立和开发适合老年人的工作岗位和减轻老年工作岗位责任。如顾问、调研员、指导师、督查员、项目助理、以及社会团体职位,咨询、教育、培训职位,等等。
5. 制定鼓励企业使用老年人力资源优惠政策。
6. 政府创造条件,提倡和鼓励离退休老年人创办各种社会团体、非营利组织和经济实体,使他们依靠组织和实体提高组织化程度,实现"老有所为"。把对老年人协会、各种老年人专业协会等社会组织的经费扶持列入政府财政预算。
7. 政府指导和扶持社会组织,创办有关老年人力资源开发的服务项目,为老

年人提供创业和再就业培训、创业和就业信息、创业和就业指导、职业介绍、老年人才价值评估等无偿、低偿和有偿服务,对其取得的收入及其附属收入,可以视同老年业务,享受税收优惠政策,有关部门要简化审批手续,为其提供简便易行的服务条件。

五、发展老年教育,大力构筑终身教育体系

2002 年,中国第一部老年教育法规《天津市老年人教育条例》实施,标志着中国老年教育的法制化取向。建议苏州也应制定老年教育法规和政策,在市人大出台老年德育法规之前,政府或相关部门要出台政策文件,一是要强化各级政府对老年教育的领导,把老年教育列入社会事业发展规划;二是明确行政管理和部门职责,解决苏州市长期以来老年教育无主管的状况;三是要制定各类老年教育机构设置和工作考核的标推,提高老年教育办学和教学质量;四是鼓励多层次、多渠道、多形式发展老年教育,鼓励社会组织和个人捐资办学,各类老年大学可以按照有关规定合理收取学费等;五是要丰富老年教育内容,不仅要开展知识教育、素质教育、生活教育、健康教育,还要开展创业教育、创新教育、职业技能教育、等级职业技能教育等。

为老年人提供专业技术和职业技能培训,凡符合条件的老年人,均可以参加专业技术人员职业资格考试,考试合格取得证书者按规定予以登记注册。符合条件的老年技术人才、允许参加职业技能等级鉴定,取得相应的职业等级资格证书。

六、深化"银龄行动"工作

银龄行动是老龄办指导和协调,财政适当经济扶持。老年人组织为运作主体、组织老年人参与经济发展和为社会服务,特别是发挥老年人才优势,知识扶贫、技术扶贫,促进经济薄弱地区、知识贫乏地区的经济发展。银龄行动要成立专门办公室,有专项财政预算,有专人负责,建立供需沟通渠道,建立网络平台,列入工作考核,总结推广成功经验等,从而促使其进一步深入开展。

七、建立和完善老年人力资源开发服务管理体系

借鉴日本的"银色人才中心"和深圳市的"银色人才工程"老年人力资源开发服务管理提供的经验,建议:

1. 加强老年人力资源开发的组织管理

为改变苏州老年人力资源开发盲目发展的现状,全市各级老龄办都要把老年人力资源开发列入工作计划,确定专人负责,预算工作经费,协调人才市场和有关老年组织,统筹规划、指导和加强管理服务。

2. 构筑老年人力资源开发的平台

市、县可设立老年人才市场、老年人才中介机构以及老年人力资源信息交流网络平台,具体负责信息发布、推荐、咨询、评估等服务项目,可采用市场化运作方式。探索构筑老年人才集中、老年工作岗位适合的产业中心、能够充分满足老年人价值体现需求和展示社会发展中的地位,又不与年轻人发生冲突。

3. 建立老年人力资源信息库

市、县级人才交流机构和涉老部门应尽快建立老年人才资源档案库,及时摸清、收集各系统内老年人力资源的整体状况和老年人才拥有的研究成果,免费为老年人才登记入库;在此基础上,建立全市性的老年人才信息库、借助老年人力资源信息交流网络平台,实现老年人力资源信息共享,进而为各级政府部门规划、开发与利用老年人力资源,提供信息与决策依据;为社会各种经济组织、社会组织使用老年人才,提供信息服务。

第七节　完善老龄人口的社会管理体系

一、建立老年信息化管理平台

以推进老龄工作信息化互联互通、资源共享为目标,按照统一标准、联合建设的原则,将全市各类涉老服务机构的信息纳入到一个数据交换平台中工作,建成连接市、县级市(区)、街道(镇)的老龄工作信息网络系统,构筑集老年人基本信息、身体状况、养老需求、各类为老服务组织为一体的信息平台,实现为老年人提供生活照料、家政维修、精神慰藉、康复护理、文化娱乐、办理老年证等服务的信息化,改善为老服务手段,提升为老服务能力。

二、完善老年权益保障机制

拓展老年人维权法律援助渠道,扩大法律援助覆盖面。重点在涉及老年人医疗、保险、救助、赡养、住房、婚姻等方面，为老年人提供及时、便利、高效、优质的法律服务。加大对侵害老年人权益案件的处理力度，切实保障老年人的合法权益。各市、区建立老年人法律援助机构，各镇(街道)建立老年人维权示范岗，将侵害老年人合法权益的行为列入社会治安综合治理的内容。各市、区要联合有关方面共同做好司法救助、法律服务和法律援助，进一步健全老年人信访处理和跟踪督查及应急处置机制。加强老年人权益保障的宣传教育工作，广泛开展"敬老爱老助老主题教育"，认真落实老年人的各项优待政策，积极做好涉及老年人赡养、抚养、婚姻、财产纠纷及家庭和邻里纠纷的调处工作。加强无障碍设施的建设和改造，方便老年人的日常生活。

三、创新老年服务管理机制

按照"党政主导、老年参与、管理规范、服务完善、关系和谐"的要求，以完善老龄政策法规、发展老年群众组织、管理老年社会事务为目标，畅通老年人意见反映渠道，积极回应老年群体的利益诉求、化解涉老纠纷和矛盾、调整代际利益关系，培育敬老、爱老、助老的社会氛围。充分发挥各类老年人自治组织的作用，支持引导老年组织参与为老服务管理事务，倡导和支持老年人广泛开展自助互助，努力探索实现"老有所为"的新形式。鼓励和支持老年人继续参与经济社会发展，支持各类人才中介服务机构把老年人才纳入服务范围，拓宽老年人特别是老年专业技术人员(专家)参与社会工作的渠道。

第八节　提高老龄人口的生活品质

一、重视老年人精神关爱

实施"快乐晚年精神关爱"行动，每年各级福利彩票公益金留成中安排一定经费，用于文化教育、文艺活动、舆论宣传、心理咨询、疾病康复、志愿服务等方面的关爱活动。积极探索在养老机构和社区中建立社工服务站，及时疏导解决老年人由于个人或家庭纠纷等原因引起的心理障碍。培育扶持老年人心理服务组织，支持引导社会组织对高龄、空巢、独居、病残、临终老年人开展电话咨询、当面交谈、团体辅导、主题讲座、晚年生活规划设计、生命回顾访谈等方式的心理关爱和危机干预。引入竞争机制,扩大政府购买精神关爱服务,实现为老年人提供精神关爱多元化方式,增强多层次服务能力,不断满足老年人日益增长的精神文化需求,提高老年人的生活生命质量。

二、大力发展老年教育

老年大学不仅是广大老年人探求新知识的课堂,陶冶情操的熔炉,健康长寿的乐园,也是广大老年人老有所乐的天堂,老有所为的阵地。老年大学这种独具特色的教育,为众多的老年人提供了终身学习的机会。面对新的形势和新的任务,我们一定要继续抓好老年大学这个载体,大力推动老年教育事业的健康发展。

要坚持正确的办学方向,以"增长知识、丰富生活、陶冶情操、促进健康、服务社会"为宗旨,坚持"学、乐、为、教"相结合,积极探索既适应形势发展变化、又适合老年人实际需要的办学新路子,努力把老年大学建成广大老年人的学习之家。要拓宽办学渠道,以市级老年大学为重点,通过示范、辐射,向乡镇、街道、村居、企业、高等学校等社会领域延伸,努力构建三级办学网络,不断完善老年教育体系。

要大力整合各类教育资源,充分利用老干部活动中心、文化馆、图书馆、敬老院等场馆设施开办老年大学,不断扩大办学规模,提高普及率,把受教育的对象由离退休干部向全社会老年人拓展,努力让更多有学习能力的老年人能够进入老年大学。

要努力提高办学水平,积极采取开放、自主、实用的教育形式,由单一的课堂教授向多媒体网络教学拓展,以方便老年人及时接受教育。要根据不同老年群体的特点和需求,科学设置政治文化教育、科学保健教育、时事形势教育等教学课程,进一步丰富老年人的文化知识,引导他们树立科学的养生观,提倡科学健康的生活方式。要不断改进教学形式,突出老年教育特色,因需施教,寓教于乐,努力使老年人享受到学习的愉悦,不断增强老年大学的亲合力。

要切实加强师资队伍建设,努力培养一支政治素质高、责任心强、业务熟悉、服务热情的老年教育工作队伍。要教育引导老年大学的教师继续发扬爱老敬老、甘于奉献的精神,努力为老年人提供优质、满意的服务。

三、丰富老年人文体生活

物质生活解决之后,如何满足老年人日益增长的精神文化生活需求就成了一个重要课题,相关部门要加强教育工作、加强老年文体组织建设、加强老年文体设施建设、加强老年文体活动指导,各部门之间密切协作、齐抓共管,共同推进苏州市老年文教事业发展,进一步丰富广大老年人的精神文化生活。

首先,要加强老年文体组织建设。引导和支持老年人建立群众性文化、体育活动组织,加强老年艺术团等文体骨干队伍建设,加强各级老年文化艺术协会、老年体育协会等老年文体组织建设。全市重点扶持培养 1～2 个在全省有影响的老年文艺、体育团体,各市县区要成立老年艺术团,乡镇(街道)、村(居)要有老年文体组织。鼓励和支持各级广播电台、电视台积极开设专栏,加大老年文化传播和老龄工作宣传力度。支持老年群众组织开展各种文化娱乐活动,丰富老年人的精神文化生活。

其次,要加强老年文体设施建设。加强农村文化设施建设,完善城市社区文化设施。鼓励创作老年题材的文艺作品,增加老年公共文化产品供给。要把老年文体活动场所设施建设纳入城乡发展建设规划,结合城市和农村新型社区建设统筹老年人活动场所的规划建设和综合利用,努力做到共建共享,提高使用效益。文化惠民工程要增加面向老年人的项目,各级在体育彩票公益金留成中每年要安排一定经费支持开展老年人体育活动。建设有综合性老年文化体育场所,设置适合老年人活动的场地、设施和器材。

第三,要加强老年文体活动指导。把老年文体活动列入群众性文体活动的重要内容,组织引导老年人开展有益于身心健康的活动,丰富老年人文体生活。要适时组织举办老年文化艺术节、书画摄影展、体育运动会等活动,促进基层老年文体活动广泛开展。

四、扩大老年人社会参与

支持老年人以适当方式参与经济发展和社会公益活动。健全政策措施,搭建服务平台,支持广大离退休专业技术人员更好地发挥作用。重视发挥老年人在社区服务、关心教育下一代、调解邻里纠纷和家庭矛盾、维护社会治安等方面的积极作用。不断探索"老有所为"的新形式,积极做好"银龄行动"组织工作,广泛开展老年志愿服务活动,不断提高老年志愿者的比例。

重视老年人才资源的开发利用,鼓励专业技术型老年人才参与科学文化知识传播,从事科学研究,开展咨询服务。支持老年人参与公民道德建设、公益事业、社会治安、移风易俗、民事调解、社区文化活动等社会事务和社区工作。支持各类人才中介服务机构把老年人才纳入服务范围,定期举办各种形式的老年人才交流活动,根据市场需求和老年人的意愿,积极搭建老年人才与社会需求对接的服务平台。

五、改善老年人生活环境

1. 加快老年活动场所和便利化设施建设

在城乡规划建设中,充分考虑老年人需求,加强街道、社区"老年人生活圈"配套设施建设,着力改善老年人的生活环境。通过新建和资源整合,缓解老年生活基础设施不足的矛盾。利用公园、绿地、广场等公共空间,开辟老年人运动健身场所。

2. 完善涉老工程建设技术标准体系和实施监督制度

按照适应老龄化的要求,对现行老龄设施工程建设技术标准规范进行全面梳理、审定、修订和完善,在规划、设计、施工、监理、验收等各个环节加强技术标准的实施与监督,形成有效规范的约束机制。

3. 加快推进无障碍设施建设

突出高龄和失能老年人居家养老服务设施、环境的无障碍改造,推行无障碍进社区、进家庭。加快对居住小区、园林绿地、道路、建筑物等与老年人日常生活密切相关的设施无障碍改造步伐,方便老年人出行和参与社会生活。研究制定《无障碍环境建设条例》,继续开展全国无障碍建设城市创建工作。

4. 推动建设老年友好型城市和老年宜居社区

创新老年型社会新思维,树立老年友好环境建设和家庭发展的新理念。研究编制建设老年友好型城市、老年宜居社区指南,发挥典型示范作用。

附录 A 2007 年苏州户籍人口年龄金字塔数据

（单位：人）

年龄	男	女	合计	女－男
0～4 岁	103084	97862	200946	－5222
5～9 岁	106873	102712	209585	－4161
10～14 岁	131798	128151	259949	－3647
15～19 岁	201176	199921	401097	－1255
20～24 岁	196378	199026	395404	2648
25～29 岁	246368	252804	499172	6436
30～34 岁	211654	217690	429344	6036
35～39 岁	290911	302108	593019	11197
40～44 岁	329151	332923	662074	3772
45～49 岁	201311	198111	399422	－3200
50～54 岁	284476	275762	560238	－8714
55～59 岁	236079	235049	471128	－1030
60～64 岁	179930	173811	353741	－6119
65～69 岁	129352	128852	258204	－500
70～74 岁	105635	115389	221024	9754
75～79 岁	75266	95953	171219	20687

续表

年龄	男	女	合计	女－男
80～84 岁	38231	61082	99313	22851
85～89 岁	14437	30704	45141	16267
90～94 岁	3085	8780	11865	5695
95 岁及以上	533	1893	2426	1360
合计	3085728	3158583	6244311	72855

附录 B 2008 年苏州户籍人口年龄金字塔数据

（单位：人）

年龄段	男	女	合计	女－男
0～4 岁	107621	101855	209476	－5766
5～9 岁	106341	102589	208930	－3752
10～14 岁	122321	118581	240902	－3740
15～19 岁	190820	190214	381034	－606
20～24 岁	217541	218962	436503	1421
25～29 岁	236864	246211	483075	9347
30～34 岁	216908	222724	439632	5816
35～39 岁	270759	280029	550788	9270
40～44 岁	310174	316642	626816	6468
45～49 岁	238549	237794	476343	－755
50～54 岁	276320	266557	542877	－9763
55～59 岁	245695	243788	489483	－1907
60～64 岁	193214	189562	382776	－3652
65～69 岁	129293	127610	256903	－1683
70～74 岁	108043	116568	224611	8525
75～79 岁	77531	97150	174681	19619
80～84 岁	42272	65857	108129	23585
85～89 岁	15804	32987	48791	17183

续表

年龄段	男	女	合计	女－男
90～94 岁	3424	9769	13193	6345
95～99 岁	517	1743	2260	1226
百岁以上	73	254	327	181
合计	3110084	3187446	6297530	77362

附录 C 2009 年苏州户籍人口年龄金字塔数据

（单位：人）

年龄段	男	女	合计	女－男
0～4 岁	107543	101457	209000	－6086
5～9 岁	112339	108111	220450	－4228
10～14 岁	112834	109644	222478	－3190
15～19 岁	174502	172951	347453	－1551
20～24 岁	240416	241997	482413	1581
25～29 岁	217004	229685	446689	12681
30～34 岁	227694	233335	461029	5641
35～39 岁	252638	260778	513416	8140
40～44 岁	305093	314119	619212	9026
45～49 岁	268298	268422	536720	124
50～54 岁	248047	240057	488104	－7990
55～59 岁	260545	257236	517781	－3309
60～64 岁	203686	201475	405161	－2211
65～69 岁	138717	136415	275132	－2302
70～74 岁	109047	116399	225446	7352
75～79 岁	80106	99040	179146	18934
80～84 岁	45054	68818	113872	23764
85～89 岁	16875	34899	51774	18024
90～94 岁	3975	10883	14858	6908

续表

年龄段	男	女	合计	女－男
95～99 岁	557	1908	2465	1351
百岁以上	58	246	304	188
合计	3125028	3207875	6332903	82847

附录 D　2010 年苏州户籍人口年龄金字塔数据

（单位：人）

年龄段	男	女	合计	女－男
0～4 岁	114803	107848	222651	－6955
5～9 岁	114252	110119	224371	－4133
10～14 岁	109645	105702	215347	－3943
15～19 岁	159251	157377	316628	－1874
20～24 岁	245820	247512	493332	1692
25～29 岁	216251	232099	448350	15848
30～34 岁	229354	235352	464706	5998
35～39 岁	233075	240185	473260	7110
40～44 岁	303967	314712	618679	10745
45～49 岁	297610	299222	596832	1612
50～54 岁	227273	220429	447702	－6844
55～59 岁	271038	266941	537979	－4097
60～64 岁	210831	210204	421035	－627
65～69 岁	147424	144748	292172	－2676
70～74 岁	109429	115826	225255	6397
75～79 岁	82767	100921	183688	18154
80～84 岁	48155	72634	120789	24479
85～89 岁	18272	36689	54961	18417
90～94 岁	4277	11567	15844	7290
95～99 岁	589	2041	2630	1452

续表

年龄段	男	女	合计	女一男
百岁以上	70	277	347	207
总计	3144153	3232405	6376558	88252

附录 E　历年分地区城乡居民储蓄存款余额

（单位：万元）

年份	全市	市区	常熟	张家港	昆山	吴江	太仓
1952			146		73		77
1957			237		243	346	125
1962			479		272	206	343
1965	6474	3177	1393	389	517	253	745
1970	6594	2882	1372	628	401	366	945
1975	12166	5749	2510	1290	594	734	1289
1978	17650	8229	3502	1927	1151	966	1875
1980	36420	15751	7302	3859	3238	2394	3876
1985	148233	58320	28046	21082	11861	12565	16359
1990	733332	288239	145781	105913	63927	59407	70065
1995	2964938	1080244	575609	511887	301570	240825	254803
1996	4082649	1444360	837401	693996	398843	370600	337449
1997	5337778	1920057	1167116	836985	493287	476463	443870
1998	6490389	2329003	1412262	1018310	581477	614061	535276
1999	7512794	2692466	1637148	1177583	673184	731059	601354
2000	8036969	2899638	1688509	1280208	764219	779731	624664
2001	9369416	3462652	1920292	1447239	923303	915158	700772
2002	11643257	4504821	2342284	1719504	1138562	1131190	806896
2003	14705045	5963699	2791462	1989168	1488977	1497336	974403
2004	17122746	6925014	3187039	2285995	1827811	1747441	1149446
2005	20595197	8351265	3790046	2668182	2229722	2231149	1324832

续表

年份	全市	市区	常熟	张家港	昆山	吴江	太仓
2006	24274202	9930711	4207394	3162974	2740382	2715870	1516871
2007	25934127	10552093	4404905	3385526	3126929	2861672	1603002
2008	33373163	13594830	5545651	4393591	4148668	3648183	2042241
2009	39540797	16071252	6522628	5208800	4921289	4414443	2402385
2010	46555617	18837173	7563039	5970374	6092794	5155580	2936656

附录 F　城乡居民家庭人均收入和消费性支出

（单位:元）

年份	农村居民家庭人均纯收入	农村居民家庭人均生活消费支出	市区居民家庭人均可支配收入	市区居民家庭人均消费性支出
1985	739	661	918	787
1989	1470	1281	1865	1619
1990	1664	1415	2150	1805
1991	1731	1527	2427	2187
1992	2001	1722	2788	2199
1993	2558	1893	3695	3416
1994	3457	2676	4885	4027
1995	4444	3414	5790	4877
1996	5088	3804	6591	5264
1997	5219	4014	7479	5955
1998	5347	3958	7812	6289
1999	5308	3785	8406	6545
2000	5462	4073	9274	7027
2001	5796	4127	10515	7270
2002	6140	4229	10617	7682
2003	6681	4641	12361	9272
2004	7503	5436	14451	9783

年份	农村居民家庭人均纯收入	农村居民家庭人均生活消费支出	市区居民家庭人均可支配收入	市区居民家庭人均消费性支出
2005	8393	6143	16276	11163
2006	9278	6811	18532	12472
2007	10475	7623	21260	13959
2008	11785	8443	23867	15183
2009	12969	9354	26320	16402
2010	14657	10397	29219	17879

附录 G 2010 年末分地区养老、医疗保险人数

（单位：人）

地区	养老保险参保人数	医疗保险参保人数	其中	
			在职职工参保人数	离退休人员参保人数
全市	3467759	3911863	3248426	663437
市区	1034747	1300371	1007761	292610
♯吴中区	268019	275296	239787	35509
相城区	143238	124033	112482	11551
县级市				
常熟	432876	518212	432305	85907
张家港	404811	481208	401401	79807
昆山	885002	873082	775814	97268
吴江	446744	452981	392559	60422
太仓	263579	286009	238586	47423

注：以上数据来源于苏州市统计局。

参 考 文 献

[1] 邬沧萍,谢楠.关于中国人口老龄化的理论思考[J].北京社会科学,2011,01:
    4-8.

[2] 穆光宗,张团.我国人口老龄化的发展趋势及其战略应对[J].华中师范大学学
    报(人文社会科学版),2011,05:29-36.

[3] 杜鹏.推迟退休年龄应对人口老龄化[J].人口与发展,2011,04:26-30.

[4] 邬沧萍,杨庆芳."老有所为"是我国积极应对人口老龄化的客观要求[J].人口
    与发展,2011,06:32-34.

[5] 邬沧萍,王萍.积极应对人口老龄化[J].求是,2009,07:55-57.

[6] 童玉芬.人口老龄化过程中我国劳动力供给变化特点及面临的挑战[J].人口
    研究,2014,02:52-60.

[7] 田雪原.人口老龄化与养老保险体制创新[J].人口学刊,2014,01:5-15.

[8] 吕晓莉,李志宏.人口老龄化与社会代际矛盾及其治理[J].中国青年研究,
    2014,01:30-35+40.

[9] 孙蕾,常天骄,郭全毓.中国人口老龄化空间分布特征及与经济发展的同步性
    研究[J].华东师范大学学报(哲学社会科学版),2014,03:123-132+155-156.

[10] 杨庆芳,邬沧萍.老年教育是中国积极应对人口老龄化不可或缺的[J].兰州
    学刊,2014,01:68-72.

[11] 李玉梅,童玉芬.人口老龄化背景下的城乡劳动力资源变动趋势对比研
    究——兼论乡城劳动力流迁及其影响[J].辽宁大学学报(哲学社会科学版),
    2014,05:78-86.

[12] 童玉芬,李玉梅,刘传奇.我国城镇化进程中的城乡人口老龄化趋势及政策启
    示[J].人口与经济,2014,06:12-21.

[13] 杜鹏,王武林.论人口老龄化程度城乡差异的转变[J].人口研究,2010,02:
    3-10.

[14] 陈友华,沈晖.关于人口老龄化七大认识问题的反思[J].探索与争鸣,2010,
    06:20-23.

[15] 田雪原."未富先老"视角的人口老龄化[J].南方人口,2010,02:13-17+12.

[16] 李志宏.人口老龄化对我国经济社会发展的正面效应分析[J].老龄科学研究,2013,07:3-12.

[17] 杜鹏.中国人口老龄化现状与变化[J].中国社会保障,2013,11:13-15.

[18] 杜鹏 中国人民大学人口与发展研究中心.推迟退休年龄与应对人口老龄化[N].中国人口报,2011-08-15003.

[19] 王莹莹,童玉芬.中国人口老龄化对劳动参与率的影响[J].首都经济贸易大学学报,2015,01:61-67.

[20] 原新.中国如何应对人口老龄化挑战[J].国家治理,2014,21:13-18.

[21] 孙蕾,王亦闻,门长悦.中国人口老龄化的区域差异研究——基于省级面板数据的实证分析[J].当代经济科学,2015,01:18-24+124.

[22] 孙蕾,吴姝嫔.中国人口老龄化对居民消费影响的实证研究[J].统计与决策,2015,09:98-101.

[23] 原新.完善生育政策与人口老龄化的若干关系问题[J].人口与计划生育,2015,05:18-20.

[24] 杜鹏.中国人口老龄化形势与养老服务的发展[J].人口与计划生育,2015,07:27-28.

[25] 穆光宗.看待人口老龄化的四个关节点[J].人口与计划生育,2015,07:32.

[26] 姜向群.人口老龄化对退休金负担影响的量化研究[J].人口研究,2006,02:51-55.

[27] 姜向群,丁志宏.对我国当前人口老龄化问题研究的概念和理论探析[J].人口学刊,2004,05:10-13.

[28] 杨子慧.欢迎人口老龄化,审慎地解决好老年人口问题[J].市场与人口分析,2005,S1:13-17.

[29] 姜向群,万红霞.人口老龄化对老年社会保障及社会服务提出的挑战[J].市场与人口分析,2005,04:67-71.

[30] 周俊山,尹银.对人口老龄化下的职业教育的几点认识[J].中国职业技术教育,2008,19:49-52.

[31] 周俊山,尹银.积极应对人口老龄化——借鉴人口和计划生育工作的经验[J].理论界,2008,10:21-22.

[32] 李志宏.人口老龄化问题的本质和特征分析——兼论人口过度老龄化[J].老龄科学研究,2013,02:3-10.

[33] 原新.以少子化为特征的人口老龄化进程及其对家庭变迁的影响[J].老龄科学研究,2013,01:34-43.

[34] 陈友华.关于人口老龄化几点认识的反思[J].国际经济评论,2012,06:110-123+7.

[35] 南京大学社会学院教授 陈友华.仅靠经济发展与科技进步难以应对人口老龄化[N].人民日报,2013-04-14005.

[36] 杜本峰.人口老龄化对金融市场的影响分析[J].经济问题,2007,06:111-113.

[37] 隋澈.人口老龄化与劳动力供给[J].外国经济学说与中国研究报告,2014,00:479-487.

[38] 隋澈.人口老龄化与劳动力供给[J].外国经济学说与中国研究报告,2014,00:479-487.

[39] 田雪原等.老龄化——从"人口盈利"到"人口亏损"[M].北京:中国经济出版社,2006.

[40] 左玉珍.从道德选择式到市场选择式:我国养老模型研究[D].福建师范大学,2009.

[41] 任晓娜.社区居家养老服务中存在的问题及对策[J].法制与社会,2009(11):209-210.

[42] 邹农俭.养老保障·居家养老·社区支持:养老模式的新选择[J].江苏社会科学,2007(4):57-60.

[43] 徐林玲.居家养老的现状及发展[J].法制与社会,2009(18):216-217.

[44] 张再生,肖雅楠.全过程社会医疗保险费用控制模型初探[A].中国社会保障制度建设30年:回顾与前瞻学术研讨会论文集[C].2008

[45] 王超.我国人口老龄化对经济社会可持续发展的影响研究[D].四川省社会科学院,2008.

[46] 赵喜顺.人口老龄化的影响及发展老年产业分析[J].四川行政学院学报.2008(01).

[47] 周桂兰.安徽人口老龄化对社会发展的影响研究[D].安徽大学,2011.

[48] 任晓娜.社区居家养老服务中存在的问题及对策[J].法制与社会,2009,(11).

[49] 王莲青.中国城市社区养老体系建构研究[D].上海:同济大学,2006.

[50] 鞠秋锦,邓卫华.浅析中国的居家养老[J].辽宁经济,2004(12):45.

[51] 苏州市老龄办. 苏州市 2007 年老龄事业统计情况. 姑苏老年网,2008.7.8.

[52] 张运刚著. 人口老龄化背景下的中国养老保险制度[M]. 西南财经大学出版社,2005

[53] 骆克任、吴瑞君. 苏州市经济适度人口容量研究报告,2003:5-6.

[54] 丁仁船、吴瑞君等. 独生子女比例、婚育意愿变动对未来政策生育率的影响. 南方人口,2007(3).

[55] 于学军. 中国现行生育政策非一胎化各地可微调. 中新网,2007.7.15.

[56] 阎立. 2006 年蓝皮书——中国苏州发展报告. 苏州:古吴轩出版社,2007:20-26.

[57] 徐林玲. 居家养老的现状及发展[J]. 法制与社会,2009(18):216-217.

[58] 莫广礼. 人口老龄化对我国劳动力供求和经济影响的分析[D]. 中山大学硕士学位论文. 2009.

[59] Fougere Maxime and Marcel Merette, population Aging, intergenerational Equity andgrowth: analysis with an Endogenous Growth Overlapping—Generations Model, Using Dynamic Computable General Equilibrium Model for Policy Analysis, Contribution to Economic Analysis,2000b,

[60] Peter B, Dixofl'Maureen T, Rinlmer, Dynamic general equilibrium modeling for Forecasting and policy, Amsterdam: Elsevier,2000,

[61] Malmberg, Bo, Age Structure Effects on Economic Growth Swedish Evidence, Scandinavian Economic History Reviews, 1994:46, Auethach, Alan Land Laurenee J, Kotlikoff, Dynamie Fiseal Policy, Cambridge University Press, Cambridge, U, K,1987,

[62] Fougere Maxime and Marcel Merette, population Aging and Economics Growth in Seven OECD Countries, Eeonomic Modelling, VOL,16,D99, P411- 427,

[63] 朱步楼. 人口老龄化问题及其对策研究[J]. 唯实,2007(10).

[64] 孟双见,吴海涛. 日本人口老龄化对日本社会经济的影响[J]. 日本问题研究,2005,(4).

[65] 苏志炯. 对社会养老保险资金缺口的新思考[J]. 时代经贸,2008,(8).

[66] 王晓欢. 城市化进程中农村"空巢"家庭养老问题研究[D]. 湖南师范大学 2006.

[67] 路依婷. 上海市居家养老服务评估指标体系的构建[D]. 上海交通大

学,2007.

[68] 王辅贤.老年需求:社区养老助老服务的取向、问题与对策研究[J].社会科学研究,2004(6):110-113.

[69] 齐国华.我国人口老龄化对社会经济的影响及对策研究[D].东北师范大学,2005.

[70] 丁莹莹,王洁,刘谦.养老保障的新载体——社区服务[J].理论界,2005(7):99-100.

[71] 张车伟,吴要武.城镇劳动供求形势与趋势分析.中国人口科学[J],2005(5).

[72] 任素雅.人口老龄化背景下我国城市社区养老模式研究[D].河北大学2009.